KB268714

〈일본 스토리 여행〉

마츠야마
《도련님》
교토
《태양의 탑》
야나가와
《도쿄맑음》
다카라즈카
《철완 아톰》
사세보
《식스티 나인》
가고시마
오사카
《태양의 탑》
아지초
《세상의 중심에서 사
랑을 외치다》
야쿠시마
《원령공주》

오타루
〈러브레터〉
아사히가와
〈빙점〉
삿포로
이쿠도라
〈철도원〉
아오모리
〈인간실격〉
시라카미 산지
〈원령공주〉
사카타
〈오싱〉
에치고유자와
〈설국〉
쿠토
〈지금 만나러 갑니다〉
히가시무라야마
〈이웃집 토토로〉
코가네이
〈센과 치히로의 행방불명〉
도쿄
〈상실의 시대〉
〈4월 이야기〉
〈춤추는 대수사선〉
〈도쿄 맑음〉
요코하마
〈춤추는 대수사선〉
가마쿠라
〈슬램덩크〉
타마
〈귀를 기울이면〉
쿠니타치
〈4월 이야기〉

ぽっぽや
鉄道員
ワンマン

京の
版画
ざっか
妻
かし
呼鈴
美味ぐぐ
おすそわけ
しまだ
花ば茶漬

일본
스토리
여행

1판 1쇄 인쇄 2010년 4월 25일
1판 1쇄 발행 2010년 5월 1일

지은이_이형준
펴낸이_정원정, 김자영
편집_홍현숙
디자인_김민정

펴낸곳_즐거운상상
주소_서울시 용산구 문배동 11-14 이안1차 101동 오피스텔 202호
전화_02-706-9452 | 팩스_02-706-9458 | 전자우편_happywitches@naver.com
출판등록_2001년 5월 7일
인쇄_갑우문화사

ⓒ2010, 이형준
ISBN 978-89-92109-55-0

* 이 책은《소설과 영화를 찾아가는 일본 여행》의 개정증보판입니다.
* 이 책의 모든 글과 사진, 디자인을 무단으로 복사, 복제, 전재하는 것은 저작권법에 위배됩니다.
* 책값은 뒤표지에 있습니다.

일본 스토리 여행

 이형준 글·사진

CONTENTS

Chapter 3 | 토호쿠 東北・츄부 中部

Chapter 4 | 홋카이도 北海道

책과 영화 속 주인공들과의
행복한 만남이 있는 스토리 여행

《소설과 영화를 찾아가는 일본여행》이 세상에 모습을 드러낸 지 어느 듯 5년이 지났다. 출간 당시만 해도 소설과 영화의 무대를 테마로 한 여행서가 흔하지 않아서, 아이와 함께 소설 속 무대를 찾아가는 데 더 많은 정보를 원한다는 학부모부터 대학에서 지원을 받아 방학 동안 일본 여행을 떠나는 대학생들까지 많은 독자들로부터 메일을 받았다. 그 중에는 문학동호회와 애니메이션동호회에서 수십 명씩 소설과 애니메이션의 무대를 찾아 떠난다는 이야기와 두세 차례씩 다녀왔다는 동호회의 소식도 있었다. 다양한 독자들의 스토리 여행 이야기를 들으면 고마운 마음이 앞섰고, 여행작가로서의 책임감도 다시 한 번 느꼈다.

책이 나온 이후에도 나는 작은 산골 마을부터 언제나 화려한 도쿄의 긴자에 이르기까지 여전히 일본을 여행하고 있다. 《설국》의 무대인 에치코 유자와, 〈세상의 중심에서 사랑을 외치다〉를 촬영했던 아지초, 그리고 무수한 영화와 소설의 배경이 되었던 도쿄 등을 다시 여행하며, 이 책을 들고 여행하는 독자를 만나는 행운도 있었다. 그런데 몇몇 곳은 현지 상황이 출간 당시와 달라졌다. 특히 〈러브레터〉의 가장 중요한 배경이 된 오타루의 반 테르고 씨 주택이 화재로 전소되었다는 소식은 너무나 안타까웠다.

집주인 반 테르코 부부와는 7년 전 처음 인연을 맺었다. 〈러브레터〉의 무대인 오타루에 갔지만, 후지이 이츠키의 집은 개인 주택이어서 사진 촬영이 불가능하였다. 일본에 있는 지인의 도움을 받아 반 테르코 씨를 찾아갔고, 반테르코 씨 부부는 영화의 무대를 테마로 여행하고 있다는 이야기에 매우 고마워하며 나를 반겨 주었다. 덕분에 국내서에서는 찾아볼 수 없었던 후지이 이츠키의 집 내부 사진을 담을 수 있었다. 초판에는 부부와 나눈 이야기와 영화의 주요 배경이 된 집의 내부 사진이 실려 있는데, 이제는 모두 지난 이야기가 되고 말았다.

개정판의 필요성을 느끼고 있던 차에 오타루의 화재 사건이 계기가 되어 새로운 여행을 준비했고, 지난 1월 일본으로 떠났다. 홋카이도의 〈러브레터〉의 무대인 오타루, 〈빙점〉의 무대인 아사히가와, 〈철도원〉의 무대가 된 이쿠도라를 빠짐없이 둘러보았다. 5년 전에 비해 이쿠도라에도 몇몇 변화가 있었다.

무엇보다 이번 개정판에는 소설 세 편의 무대가 된 곳을 새로이 담았다. 오늘날 일본을 대표하는 작가 무라카미 하루키, 요시모토 바나 나에게 영감을 준 소설가이자 일본인의 영원한 연인으로 남아있는 다자이 오사무의 《인간실격》의 배경이 된 아오모리현 가나기 마을, 교토의 소설가로 불리는 모리미 도미히꼬의 《태양의 탑》 배경이 된 교토, 무라카미 류의 소설과 영화로도 제작된 《69 식스티 나인》의 무대가 된 사세보가 그곳이다.

많은 독자들이 좋아하는 작가들의 작품이고, 그 무대가 된 곳도 다양해서 여행의 즐거움은 더했다. 특히 다자이 오사무의 문학관이 있는 가나기 마을을 찾아 그의 끝모를 방황과 외로움을 조금이나마 이해할 수 있었던 것은 뜻 깊은 경험이었다. 사세보와 교토는 이미 여러 번 다녀온 곳이지만 소설의 흔적을 따라 항구와 거리, 골목을 걸으며 새로운 이야기들을 만날 수 있었다.

이번 개정판은 '소설과 영화의 무대를 찾아가는 일본 여행' 에서 의미를 조금 더 확장하여 《일본 스토리 여행》이라는 제목을 붙였다. 스토리 여행은 언제나 우리의 마음을 사로잡는 거리와 바다, 골목들과의 만남으로 이끈다. 소설과 영화 속 주인공들의 사건과 이야기가 일어난 거리를 따라 걷고, 강을 바라보고, 숲을 거니는 것만으로도 즐겁고 흥분되는 일이다. 평범한 골목이지만 스토리의 주인공이 거닐던 곳이기에 상상력을 더해주고 호기심을 자극하여 무언가 색다른 일이 벌어질 것 같은 기대감에 들뜨기도 한다.

책과 영화의 무수한 주인공들의 이야기는 '어떤 곳' 을 무대로 일어났고, 앞으로도 일어날 것이기에 스토리 여행은 앞으로도 나에게 무한한 여행의 영감을 줄 듯하다. 스토리를 따라가는 여행이야말로 작가로 사는 큰 즐거움이다. 많은 독자들이 그 즐거움을 만끽하는데 이 책이 도움이 되길 진심으로 바란다.

오타루에서 반 테르코 씨가 삿포로의 자녀 집에서 지낸다는 이야기를 전해들었다. 지인에게 부부의 거처를 확인해 달라는 부탁을 남기고 서울로 돌아왔다. 오타루 테미야 공원에 꽃이 피고, 이 책이 나올 때쯤이면 지인으로부터 부부의 거처를 찾았다는 전화가 올 것 같다.

2010년 4월

이형준

숨겨진 보물을 찾아가듯
설레는 이야기가 있는 여행지를 찾아

내가 처음 일본을 여행한 것은 1979년이었다. 벌써 26년이 지났다. 당시 도쿄의 모습은 나에게 충격이었다. 출근하는 직장인으로 인산인해를 이루는 도쿄와 신주쿠 역, 누구나 가지고 싶어하던 일본 전자제품으로 가득한 아키하바라, 쇼핑객으로 북적거리는 긴자, 도심 한가운데에 조성된 히비야 공원, 그리고 고즈넉한 분위기의 수이도바시와 간다에 이르기까지. 6박 7일 동안 나는 잠잘 시간을 쪼개가며 이름도 모르는 도로와 골목을 얼마나 헤매고 다녔는지 모른다. 지금 생각하면 웃음이 나올 정도다.

그리고 여행 자유화가 된 1988년부터 지금까지 나는 일본을 80여 회 넘게 여행했다. 도쿄에 가장 많이 갔지만 오사카와 홋카이도, 큐슈, 토호쿠 지역도 족히 10여 차례는 된다. 작은 시골 마을이나 섬을 둘러보기 위해서 열흘 이상 한 곳에 머문 적도 간혹 있었다.

처음 일본을 찾았던 당시는 물론이고 몇 년에 걸쳐 나의 시선과 발걸음을 잡았던 것은 일본의 수많은 빌딩과 깨끗한 거리, 화려한 전자제품과 쇼핑센터, 그리고 종종걸음으로 지하철과 전철역을 빠져나가는 시민들, 흔들리는 전철 속에서 독서삼매경에 빠져 있던 사람들이었다. 그 모든 것들이 경제 대국 일본을 만든 것이라 생각하며 일본의 겉모습에 매혹되었다.

그러나 여행을 거듭하면서 일본의 지역마다 독특한 볼거리와 풍부한 문화자산에 또 다른 매력을 느끼게 되었다. 1990년 봄 오사카 외곽에 있는 '나라'를 찾은 것이 큰 계기가 되었다. 우리 말 '나라'에서 유래되었다는 도시 이름에 이끌린 그 곳에서 나는 새로운 일본을 볼 수 있었다. 거대한 목조 건축물 도다이지(東大寺), 사슴과 인간이 친구처럼 어우러진 나라공원, 우리의 유물과 비슷한 전시품으로 가득한 나라 국립박물관, 그리고 호류지(法隆寺). 고등학교 때 교과서에서 배웠던 고구려의 승려 화가 담징의 벽화가 그려진 호류지 금당과의 첫 만남은 가슴이 뭉클할 정도였다.

이후 일본을 여행할 때면 취재 일정 등 바쁜 가운데도 늘 한두 곳의 문화유적지를 둘러보려고 애썼다. 그리고 언젠가는 일본에 관한 책을 써야겠다는 생각을 갖게 되었다. 당시 내가 쓰고 싶었던 내용은 소설과 영화의 무대가 되었던 배경지와 누구나 평등하게 하나되는 축제, 그리고 이야기가 숨어 있는 작은 마을이었는데 그 중 하나를 책으로 펴내게 되었다.

그리고 《소설과 영화를 찾아가는 일본여행》을 본격적으로 쓰기 시작한 올 봄부터 10월 중순까지 다섯 차례 일본을 찾았다. 올해 초 눈축제 촬영을 위해 찾은 것까지 합하면 올해만도 여섯 차례나 일본에 간 셈이다. 그리고 소설과 애니메이션, 영화의 무대가 되었던 곳을 집중적으로 둘러보았다.

이 책에 수록된 열 여덟 곳 가운데 몇 곳을 제외하고 많게는 수십 번, 적게는 서너 번은 다녀온 곳이고, 오래 전부터 자료를 모아왔기 때문에 큰 어려움은 없으리라 생각했다. 그러나 막상 책을 쓰기 시작하면서 많은 어려움이 도사리고 있었다. 다섯 곳 정도는 작은 마을이어서 협조를 받아야만 했고 사진 촬영을 위해 지인을 총동원하여야 했다. 《설국》의 작가 가와바타 야스나리나 《도련님》의 작가 나쓰메 소세키의 개인적인 공간 역시 촬영 협조가 필요했다.

누구보다 일본 여행을 많이 했고, 알고 있다고 자부했던 나는 《소설과 영화를 찾아가는 일본여행》을 쓰면서 일본에 대해 아직도 알아야 할 것이 많다는 것을 새삼 느꼈다. 명소와 역사적인 곳은 조금 더 알고 있을지 모르지만, 일본의 다양하고 풍부한 문화를 알기에는 너무 짧은 시간이었다. 내가 가지고 있는 자료 중에는 이번 책에 수록되지 않은 소설과 영화, 애니메이션의 무대도 조금은 더 있다. 허나 이것을 모두 합산한다고 해도 일본 문화의 다양성에 비추어 본다면 그저 흉내를 내는 수준에 불과하다는 사실이 한편으론 부끄럽다. 그러나 마음에 드는 곳이면 몇 번이고 계속 찾는데, 그 중 몇 곳을 이 책을 통해 독자에게 소개할 수 있어 무척 기쁘게 생각하다.

《상실의 시대》의 주인공 와타나베기 긷틴 오차노미즈의 거리와 《원령공주》의 배경이 되었던 야쿠시마의 숲에서 만난 7천2백 살 먹은 삼나무, 《러브레터》에서 주인공이 살았던 오타루의 아름다운 설경은 지금도 잊혀지지 않는다. 그리고 《4월 이야기》에서 벚꽃 눈이 내리던 사쿠라신마치의 낭만적인 장면에서 《철도원》의 모든 사연이 정차하는 간이역 이쿠도라 역까지, 소설과 영화라는 눈으로 들여다 본 일본 여행은 숨겨 놓은 보물을 찾는 느낌이었다. 내가 일본을 찾은 26년 동안 미처 발견하지 못했던 소중한 이야기를 이렇게 책으로 여러 사람과 나눌 수 있다는 것이 그저 행복하기만 하다.

《동화를 찾아가는 아름다운 여행》에 이은 이 책이 일본의 재발견이 되었으면 한다. 대도시 위주의 관광 코스에서 벗어나 일본의 문학과 대중 문화의 무대를 둘러보면서 여행의 진정한 의미를 느끼는데 보탬이 되었으면 한다.

한국과 일본은 어쩌면 영원히 가깝고도 먼 나라로 생각될지 모르겠다. 그러나 문화와 경제적인 면에서는 하루가 다르게 가까워지고 있음을 여행을 통해 피부로 느낀다. 이 책을 펴내면서 진심으로 바라는 것이 있다면, 보편적인 양식을 갖춘 많은 이들이 양국을 자주 왕래하여 서로를 바로 알고 이해하려는 노력이 있었으면 하는 점이다. 그래서 일본 문화에 관심이 많은 젊은이와 마니아들의 갈증을 풀어줄 책이 많이 나오길 간절히 바란다.

끝으로 이 책을 펴낼 수 있도록 많은 도움을 주신 김자경, 임우진, 다니 히로코, 나무라 히로키 님을 비롯하여 가족 같은 즐거운상상 식구들 홍현숙, 김희정, 정원정, 김민정, 이명선, 그리고 미국에서 이 책이 나오기를 기다리는 김자영 님께 감사 드리며 오늘도 나를 이해하려고 부단히 노력하는 아내와 나의 모델인 딸 이아에게 마음으로부터 고마움을 전하고 싶다.

2005년 12월 이형준

Chapter 1
간토 · 도쿄
關東
東京
三平
本館
クスリの
龍生堂
クスリの
龍生堂
TAITO STATION

BOOKS
KINOKUNIYA
紀伊國屋書店
BOOKS
KINOKUNIYA
紀伊國屋書店
BOOKS KINOKUNIYA
紀伊國屋書店
citi
シティバンク銀行

때로는 감미롭게, 때로는 허무하게
'상실의 시대'를 느끼며

"대체 여기가 어디란 말인가?
아무데도 아닌 장소의 한가운데에서 계속 미도리를 부르고 있었다."
- 《상실의 시대》 중에서 -

기차 안. 차창 너머로 풍경이 다가왔다 사라지기를 반복하지만 여자는 책읽기에 몰두해 있다. 아름다운 그녀는 도대체 무슨 책을 읽는 것일까, 궁금증이 이는 남자. 책의 제목을 보려고 애쓰다가 드디어 고개를 끄덕인다. 그녀가 읽던 책은 바로 무라카미 하루키의 《노르웨이의 숲》.

오래 전 텔레비전 광고 장면을 떠올리며 나는 후쿠오카에서 도쿄행 기차에 올랐다. 광고의 그녀처럼 나는 《상실의 시대》를 꺼내들고 몇 장면을 들쳐보고 있다. 열 아홉 살, 젊은 날의 하루키가 느끼는 사랑과 고민, 상실감, 방황이 가득한 그의 소설을 읽으며 '1960년대 후반의 도쿄'를 떠올려 본다. 그리고 나는 30년도 더 지난 시간을 가로질러 소설 속 '나(와타나베)'를 따라 도쿄로 가는 중이다.

일본에서 1987년 《노르웨이의 숲》으로 발간된 그의 소설이 우리나라에서는 출판사를 달리하며 《노르웨이의 숲》, 《상실의 시대》로 발간되었다. 20년이 넘은 지금도 사람들은 '하루키즘'이라는 열병을 앓는다. 그의 감성은 우리의 취향에 스며들어 하루키가 듣던 음악을 들으며 하루키가 좋아하는 미국 소설을 읽고, 가끔씩 맥주를 들이킨다. 그의 소설에는 유난히 작가를 느끼게 하는 책과 음악, 음식이 많이 나온다. 스콧 피츠제럴드, 트루먼 카포티, 포크너 등의 소설과 재즈 음악이 마치 BGM처럼 흐른다. 그래서일까, 그의 소설은 읽는다기보다 오감을 통해 느끼고 푹 빠져들게 만드는 힘이 있다.

《상실의 시대》는 서른 일곱 살이 된 '나'가 비틀즈의 노래 '노르웨이 숲'을 들으며 1969년 대학 시절을 추억하면서 시작된다. '나'와 고등학교 때 단짝인 '기즈키'가 자살하고, 나는 그의 애인인 '나오코'를 사랑하게 된다. 그러나 나오코는 마음의 병을 앓으며 교토의 요양원에서 결국 자살한다. 한편 '나'는 역극사 수업을 힘께 듣는 발랄한 '미도리'에게 마음을 빼앗기지만 '나오코' 때문에 갈등한다. 젊은 청춘들의 이야기가 때로는 감미롭고 섬세하게, 때로는 허무하게 그려져 있는 《상실의 시대》를 읽으며 소설 속 인물들의 상처와 상실의 아픔이 나에게도 전해오는 것 같다.

간다 천 바로 옆을 달리는 선로. 오차노미즈의 한적한 풍경은 나오코와의 추억을 떠올리게 한다.

진보초에서 시작되는 간다 고서점 거리의 모습. 밖에 내 놓은 헌 책을 고르는 재미도 쏠쏠하다.

오차노미즈 역 광장. 와타나베와 미도리의 추억이 있는 곳이다.

도쿄에 도착하니 비가 내리고 있다. 비틀즈의 노래 '노르웨이 숲'처럼 분위기가 우울하다. 가랑비가 내리는 시내를 지나 오차노미즈(御茶ノ水) 부근의 수이도바시(水道橋)로 향했다. 여행을 떠나기 전 신주쿠와 오차노미즈 중 어느 곳에 숙소를 정할까 고민하다가 첫 일본 여행 때 묵었던 수이도바시의 호텔로 예약하였다. 그 편이 《상실의 시대》를 느끼려는 이번 여행과 좀더 닮았다는 생각에서다. 수이노바시 골목에 위치한 작은 호텔은 26년 전 처음 일본에 와서 묵었던 호텔이다. 그 뒤로 몇 번 더 왔지만 그 때와 달라진 것이 거의 없다.

마침 비도 내리니 무거운 카메라 가방은 호텔에 두고, 이아와 함께 천천히 오차노미즈를 향해 걸었다. 내게 익숙한 이 거리는 평소도 조용한 편이지만 비 때문인지 더욱 차분하다. 나는 이아에게 오차노미즈의 유래와 간다 고서점 거리며, 대학들이 즐비하던 곳이라는 것과 도쿄 토박이들이 많이 살고 있다는 이야기를 들려주었다. 20분 남짓 걸었을까, 간다(神田) 천에 위치한 오차노미즈 역이 눈에 들어왔다. 소설에서 와타나베와 나오코는 십여 킬로미터에 달하는 거리를 산책하는데, 간다 강변과 간다 사거리, 그리고 오차노미즈 언덕을 지나간다.

많은 대학이 이곳에서 캠퍼스를 옮겨갔지만 아직 메이지 대학과 일본 대학 등 여러 대학의 캠퍼스가 남아 있어 대학가 분위기가 느껴진다. 최근에 지은 메이지 대학의 메인 캠퍼스와 몇몇 오피스텔이 아니라면 거의 변한 것이 없다. 하루키의 젊은 날 느꼈던 거리 풍경도 지금과 비슷하지 않았을까.

오차노미즈는 미도리와의 추억이 있는 곳이기도 하다. 미니 스커트를 입고 일요일 아침 '나(와타나베)'의 기숙사로 찾아온 미도리. 와타나베는 그녀와 함께 오차노미즈 역에 내려 병원으로 향한다. 우루과이에 있다던 그녀의 아버지가 사실은 병원에 입원해 있었던 것. 미도리 아버지와 짧은 만남이었지만 와타나베는 미도리를 부탁한다는 그녀의 아버지 이야기가 마음에 남는다. 그리고 며칠 뒤 그녀의 아버지는 세상을 떠난다. 미도리의 아버지가 입원했던 대학병원은 오차노미즈 역에서 다리를 건너면 보이는 도쿄 의과대학병원으로 추정된다. 내부는 달라졌겠지만 병원의 외관은 예전 모습과 똑같았다.

우리는 진보초(神保町)를 향해 걸었다. 도쿄에 오면 늘 찾곤 하는, 내가 가장 좋아하는 곳을 이아에게 보여주고 싶었다. 수백 년이 넘은

와세다 대학의 교양학부 건물.

미도리와 와타나베가 점심을 먹던 와세다 대학 문학부 건물의 학생 식당.

고지도와 고서적부터 최근 만화까지 많은 전문서적과 헌 책이 거래되는 진보초는 간다 고서점 거리로 불리는 곳이다. 내가 도쿄에서도 가장 추천하는 곳 중 하나로, 세계적인 고서점 거리라는 유명세뿐만 아니라 역사와 사연을 간직한 작은 카페와 일본 전통이 느껴지는 문화 공간들이 자리잡고 있기 때문이다.

'상실의 시대' 여행이라면 신주쿠(新宿) 지역과 와세다 대학을 빼놓고 말할 수 없다. 다음날, 우리는 신주쿠로 갔다. 와세다 대학 문학부에 다닌 하루키는 학교와 가까워 신주쿠의 레스토랑과 카페에 자주 드나들고 실제 아르바이트를 하기도 했다. 아마 소설의 주인공 와타나베의 모습에 작가의 모습이 투영되었을 것이다. 이곳은 나가사와 선배와 함께 신주쿠 가부키초에서 여자들을 꼬시기도 하고, 미도리와 함께 술을 마시고 이야기를 나누던 곳이다.

소설의 분위기를 느끼려면 밤 시간이 좋겠지만 이아와 함께 한 여행이라 조금 이른 시간에 신주쿠에 도착했다. 언제나 젊은이들로 복잡한 신주쿠 역에서 먼저 기노쿠니야 서점(紀伊國屋書店)으로 향했다. 기노쿠니야는 지하 2층, 지상 8층의 일본 대형서점 중 하나이다. 소설 속에서 책읽기를 즐기는 '나'는 이 서점에 들러 포크너의 《8월의 빛》을 산다. 하루키가 통근 전철처럼 혼잡하다고 묘사한 것처럼 서점 안은 지금도 여전히 사람들로 붐비고 있었다.

서점 근처에는 와타나베가 자주 들르던 'DUG' 카페가 있다. 직접 재즈 카페를 운영했었던 하루키는 DUG에 대해 좀 특별한 애정을 가진 것 같다. 기노쿠니야 서점 옆 빌딩 지하에 있던 카페는 1977년 야스

쿠니 거리로 옮겼고 1986년부터 모아빌딩 4층에서 'new DUG' 라는 이름으로 영업하고 있다고 한다. 신주쿠와 가부키초는 외형적으로는 소설의 분위기와 크게 달라지지는 않은 것 같다.

소설에서 대학의 실명이 나오지는 않지만 '이류 사립대' 라던가 신주쿠에서 가깝다고 한 것 등을 볼 때 와세다 대학(早稻田大學)이라는 것은 쉽게 짐작할 수 있다. 와세다 대학은 신주쿠에서 걸어서 30분 정도 걸린다. 길을 잘 안다면 걸어가는 것도 좋지만, 순환 전철인 야마노테센을 타고 타카노바바 역(高田馬場)에서 내려 버스를 타거나 걸어가는 편이 낫다. 하루키의 감성을 느끼고 싶고, 걷는 것을 끔찍하게 싫어하지 않는다면 말이다.

오랜 역사를 자랑하는 와세다 대학은 본관을 비롯한 메인 캠퍼스와 문학부, 이공학부, 그리고 기술 연구동의 3개의 캠퍼스로 나뉘어져 있다. 소설 속 와타나베는 문학부 학생으로 미도리와 함께 연극사 수업을 듣는다. 그리고 젊은 시절 하루키는 자료를 찾기 위해 연극박물관에 자주 들렀고 문학부 건물에서 강의를 들었다. 와세다 대학의 메인 캠퍼스를 이루는 30여 동의 건물 가운데 외관이 가장 아름다운 연극박물관은 현재 자료를 모아둔 전시장과 공연장으로 사용되고 있었다. 문학부가 있는 캠퍼스는 이곳에서 300여 미터쯤 떨어져 있다. 10여 개의 건물로 이루어진 캠퍼스는 학생식당과 체육관, 도서관 등 소설에 등장하는 장소가 꽤 많다. 나와 미도리가 함께 점심을 먹던 식당은 문학부 정문을 지나 왼쪽 건물인데, 아직 이른 시간이라 그런지 몇 명의 학생들만 있었다.

기치죠지의 주택가. 와타나베는 기숙사에서 나와 이곳 기치죠지 인근의 주택가로 이사를 한다.

이아와 나는 와세다 대학을 나와 니혼바시(日本橋) 다카시야마(高島屋) 백화점으로 향했다. 이곳은 2개월 동안이나 말없이 지내던 미도리와 함께 지하 식당에서 점심을 먹고 옥상 공원에서 첫 키스를 한 장소이다. 도쿄 역에서 걸어 10분 거리인 다카시마야 백화점은 일본의 고급 백화점답게 명품 브랜드로 가득했다. 1층 매장을 지나 지하 식당가로 향했다. 여러 식당 앞을 기웃거리다 친절한 직원의 미소에 끌려 우리는 일식당에서 점심을 먹었다. 호텔에서 간단하게 빵 한쪽을 먹고 나온 이아는 걸어다니느라 배가 몹시 고팠는지 튀김정식을 단숨에 먹고 내가 시킨 생선정식을 몇 점 먹고서야 젓가락을 놓았다.

소설의 주인공들처럼 우리도 쉬어갈 겸 옥상 공원으로 가기 위해

三平
本館
クスリの
龍生堂
クスリの
龍生堂
キャッチ・ザ・ハート
TAITO
TAITO
クスリの龍生堂薬局
質・金融
カワノ
TAITO STATION
TAITO STATION
TAITO
STATION
PENTAX

엘리베이터를 탔다. 옥상 공원은 잔디밭과 일본식 정원에 파라솔과 벤치까지 있어 아기자기한 모습이다. 우리나라 백화점들도 옥상에 공원을 가꾸어놓아 특별히 새로운 건 없지만, 이곳은 도쿄 도심을 둘러볼 수 있다는 것이 무엇보다 좋다. 소설에서는 옥상 귀퉁이 오락장 뒤에서 와타나베와 미도리가 키스를 한다. 1984년에 이곳에 처음 왔을 때 주차장과 공원 사이의 작은 공간은 데이트 장소로 적당해 보였다. 그때의 기억을 떠올리면 주차장과 공원 사이 어디쯤이 아닐까 추측해 보지만 지금은 애완동물 공원과 꽃과 동물용품을 판매하는 상점이 들어서 있어 위치를 가늠하기는 어려웠다.

와타나베는 1970년 봄, 기숙사에서 나와 기치죠지(吉祥寺) 교외로 이사를 간다. 주말에는 기치죠지 역 근처의 이탈리안 레스토랑에서 아르바이트를 하고 영화를 보거나 책을 읽거나 재즈 카페에서 음악을 듣는다. 그리고 스파게티를 만들고, 정원을 손질하고 편지를 쓴다. 대학가는 여전히 시위가 그치지 않고 학생들의 구호가 커지지만 와타나베는 주변 상황과 상관없이 자기 세계 속으로 빠져든다.

이아와 나는 기치죠지가 지금은 어떻게 달라졌을까 생각하며 신주쿠 역에서 주오센(中央線)을 탔다. 15분 정도 떨어진 기치죠지는 도쿄 인근의 베드타운으로, 소설의 '나'가 생활하던 당시의 딜리 복삽하고 활기찼다. 기치죠지 전철역에서 왼쪽으로 나와 조금 가다 보니 '피치나'라는 이탈리안 레스토랑이 보였다. 와타나베가 주말이면 기치죠지 역 근처 이탈리안 레스토랑에서 아르바이트하던 것이 떠올라 혹시 하면서 사진에 담았다. 소설에서와 마찬가지로 현재도 이 근처에서 이탈리안 레스토랑은 유일했다. 100여 미터쯤 더 가니 주택가로 이어진다. 비교적 한적한 주택가의 끝자락에는 이노가시라 공원이 자리하고 있다. 이아와 나는 쉬어갈 요량이었지만 마침 토요일이라 그런지 사람들로 가득했다. 우리는 공원을 둘러보면서 사진을 찍고, 분위기를 느끼는 것에 만족해야 했다.

《상실의 시대》 끝 부분에 '나'는 미도리에게 전화를 한다. "자기, 지금 어디 있는 거야?"라는 미도리의 물음에 '나'는 그곳이 어딘지 알 수가 없다. "대체 여기가 어디란 말인가? 아무데도 아닌 장소의 한가운데에서 계속 미도리를 부르고 있었다."

이 장면은 당시의 하루키 자신의 모습을 보여주기도 하지만 우리의 모습을 비춰주는 것이기도 하다. 하루키의 세계로 떠나는 여행에서 나에게 다시 묻는다. '지금 나는 어디에 있는가, 어디로 가야하는가…….' 소설이 발표된 지 20년이 다 되어 가는 지금도 하루키의 물음은 유의미하다.

도쿄 東京

· 가는 길

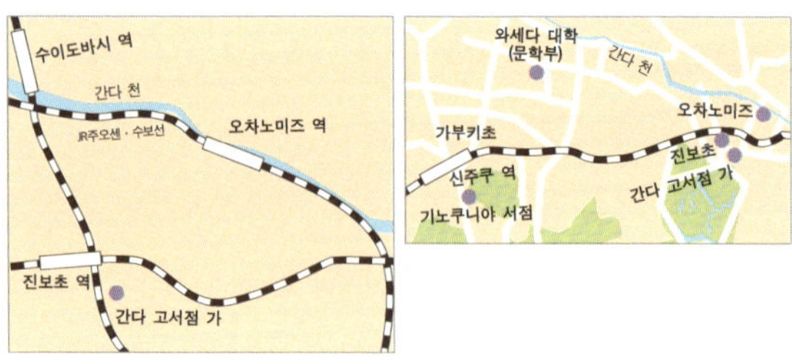

인천에서 도쿄 나리타 공항까지 매일 10편 이상의 직항편이 운행된다. 2시간 10분 소요. 나리타 공항에서 도쿄 역이나 신주쿠까지는 1시간 10분에서 1시간 30분이 걸린다. 김포공항을 이용할 경우 하네다 공항까지 비행 시간은 비슷하나 도심까지 20~30분이면 갈 수 있다.

· 숙박

- 도큐 스테이 요쓰야 : 콘도 형식의 호텔. 음식과 세탁이 가능하여 가족 여행에도 편리하다. 신주쿠와 도쿄 역 사이에 있으며 오차노미즈 역과도 가깝다. www.tokyustay.co.jp
- 토요코 호텔 : 저렴하고 편리한 숙소로 인터넷 사용이 가능하며 아침식사도 원하는 만큼 먹을 수 있다. www.toyoko-inn.com
- 유스호스텔 : 도쿄에는 요요기와 도쿄 국제유스텔이 있으나 저렴한 호텔과 가격 차이가 거의 없어 호텔을 이용하는 것이 나을 수도 있다. 요요기 유스호스텔 (www.jyh.or.jp), 도쿄국제유스호스텔(www.tokyo-ih.jp)
- 한국 민박집 : 도쿄민박 www.tokyominbak.com
- 일본유스호스텔협회 : 한국어 지원.www.jyh.or.jp/kr/main.htm

· 볼거리

- 신주쿠 지역 : 도쿄의 랜드마크인 도쿄도청과 기노쿠니야 서점, 그리고 신주쿠 공원이 유명하다.

- 와세다 대학 : 신주쿠에서 30분 거리. 오랜 역사를 자랑하는 사립 대학으로 중후한 분위기를 느낄 수 있다. 특히 연극 박물관과 문학부 캠퍼스는 사색의 장소로도 좋다.
- 오차노미즈 지역 : 간다 강변의 산책로와 진보초의 고서점 거리, 스포츠 용품과 악기를 취급하는 간다 지역이 유명하다. 오차노미즈 역에서 간다 사거리로 이어지는 구간에는 사립 대학의 캠퍼스를 구경해도 좋다.
- 니혼바시 지역 : 도쿄의 대표적 번화가 중 한 곳. 고급 백화점과 상가들이 있으며, 다카시아마 백화점이 있다.

• 기타 정보

www.welcometojapan.or.kr / www.tourism.metro.tokyo.jp

무라카미 하루키 (村上春樹, 1949~)

일본 교토에서 태어나 효고현에서 자랐다. 와세다 대학교 연극과에 입학하여 7년 만에 졸업하였다. 1979년 《바람의 노래를 들어라》로 '군조신인상' 을 수상하면서 등단하였다. 장편 소설 《양을 둘러싼 모험》, 《세계의 끝과 하드보일드 원더랜드》, 1987년 《노르웨이의 숲(상실의 시대)》을 발표함으로써 일본 문학사에 굵은 한 획을 긋게 된다.
대학 시절 결혼한 하루키는 재즈 카페를 운영하다가 29살 어느 봄날 글을 쓰기 시작했다고 한다. 카페에서 틈틈이 쓴 《바람의 노래를 들어라》로 등단한 이후 카페 문을 닫고 글쓰기에 집중한다. 매일 달리기를 한 덕분에 마라톤 풀코스를 뛸 수 있는 정도이며, 여행과 음악 듣기를 좋아한다. 베스트셀러 작가가 된 지금도 매일 원고를 쓰고 조깅을 하며 하루를 부지런히 생활하는 금욕적인 자기 관리를 하고 있다. 하루키는 대중 앞에 나서는 것을 싫어해 베일에 싸인 작가라는 이야기도 듣는다. 또한 최근작 《1Q84》로 밀리언셀러를 기록하며 십대부터 오십대에 이르는 폭넓은 독자층을 괴시했다.

 _ 도쿄, 쿠니타치, 마쿠하리

아름다운 벚꽃보다 당신이 더 빛난다

그리고 비오는 4월의 오후. 나는 다시 선배를 만났다.

내 머릿속에 마치 그림처럼 붙어서 떨어지지 않는 선배의 모습이 지금 내 앞에 있다.

내가 대학에 갔을 때 담임선생님은 기적이라 했다.

그러나 나는 사랑의 기적이라고 하고 싶다. 사랑은 이제부터 시작이다.

- 〈4월 이야기〉 중에서 -

봄은 희망이다. 그리고 설렘이다. 잔뜩 웅크리고 얼어 있던 몸과 마음에 따뜻한 기운이 퍼지고 새로운 것이 내 안에서 움터오는 기분이다. 그래서일까, 봄이 오면 마음도 가벼워지고 여행을 떠나는 발걸음도 덩달아 흔쾌해진다.

봄에 떠나는 여행길에 봄의 이미지를 품어 보면서 이와이 슈운지의 영화 〈4월 이야기〉의 촬영지를 찾아 나섰다. 영화의 스토리는 정말 간단하다. 여고 시절 짝사랑하던 선배를 좇아 대학에 진학하고, 선배를 만난 게 전부이다. 막 사랑이 시작될 것 같은 예감으로 영화는 끝난다. 화면을 가득 채우는 벚꽃과 아름다운 영상은 20여 년이라는 시간을 훌쩍 뛰어 넘어 갓 대학에 입학한 한 청년의 모습과 오버랩되었다. 맑고 순수해 보이는 우즈키(마츠 타카고), 새로운 아파트, 낯선 학교, 처음 만난 친구들과 쑥스럽고 긴장된 자기 소개 시간, 새 자전거, 서점, 그리고 새로운 것에 대한 설렘을 하나의 풍경으로 엮어주는 벚꽃의 아름다운 모습들……. 이 모든 것은 나의 대학 시절에 대한 아련한 감성을 자극하였다. 영상을 통해 짧지만 행복했던 대학시절로 돌아갈 수 있었다.

그리고 머릿속에는 벚꽃과 봄의 이미지가 겹쳐지면서 그곳에 가고 싶어졌다. 나도 우즈키처럼 무사시노를 동경하게 된 것이다. 이것이 이와이 슈운지 영상의 힘일까. 그 시절의 나도 우즈키처럼 순수하고 풋풋한 모습이었을까. 조각처럼 남아 있는 대학 시절의 기억이 햇살처럼 내리쬐는 4월, 나는 일본으로 향했다. 도쿄는 분홍의 꽃망울이 마치 팝콘처럼 달려 있었다.

'아름다운 벚꽃보다 당신이 더 빛난다' - 도쿄의 사쿠라신마치

〈4월 이야기〉는 소설 《빙점》의 무대인 후카이도 아사히카이에서 시작된다. 온통 하얀 눈으로 덮인 기차역에서 도쿄로 떠나는 우즈키를 배웅하기 위해 가족이 서 있던 곳은 바로 아사히카와 역이다. 가족의 환송을 받으며 열차에 오른 니레노 우즈키는 무사시노 대학이 있는 도시에 도착한다.

우즈키가 다니던 무사시노 대학은 도치기현의 하쿠오우 대학을 배경으로 촬영되었다.

‘아름다운 벚꽃보다 당신이 더 빛난다.’ 우즈키가 입학하던 날 학교에 걸려 있던 글귀이다. 가능성과 희망을 안고 대학에 입학한 신입생들의 모습은 그 어떤 꽃보다 더 빛나고 아름답다는 그 짧은 글귀가 마음에 와 닿았다. 신입생들은 그 의미를 알까, 그 때의 나는 몰랐던 것 같다. 인생에서 가장 아름답게 빛나던 시절이었다는 것을……．

우즈키가 입학하던 대학 정문과 입학식 장면, 낚시 동아리에서 릴을 던지던 장면은 도치기현에 있는 하쿠오우 대학에서 촬영되었다. 영화에 등장하는 대학과 도시의 실제 촬영지는 무사시노가 아니다. 그리고 우즈키가 자전거를 타고 다니던 거리의 모습, 서점이 있던 곳, 영화관 등은 도쿄도의 몇 개 도시에서 나누어 촬영되었다. 그러니까 영화에서 보여지는 무사시노의 모습은 실제 무사시노와는 관련이 없는 셈이다. 무사시노 대학은 무사시노시에 있는 일본의 명문 여자 대학으로, 두어 번 간 적이 있어 촬영지가 실제 무사시노가 아닐 거라는 생각은 했었다.

〈4월 이야기〉의 가장 인상적인 영상은 벚꽃이 온통 눈처럼 흩날리는 장면이 아닐까. 봄의 이미지를 그토록 섬세하면서도 아름답게 만들어내기는 쉽지 않을 듯 싶다. 영화에서 벚꽃이 날리던 거리에 기모노를 입은 신부가 차에 타는 장면과 이삿짐을 다 나른 우즈키가 주머니에 소복하게 쌓인 벚꽃을 털어 내던 장면을 기억할 것이다. 그곳을 찾아 도쿄의 사쿠라신마치로 향했다.

우즈키의 이삿짐을 실은 트럭이 택시 운전사에게 길을 묻던 바로 그 거리는 도쿄의 사쿠라신마치 부근이다. 덴엔토시센(田園都市線)을 타고 사쿠라신마치(櫻新町) 역에서 내려 약 1킬로미터쯤 가면 일본체육대학이 있고 이즈미교샤(和泉校舍)라는 곳에서 이 장면을 촬영하였다. 4월에 그곳을 찾았을 때도 영화에서처럼 벚꽃이 날리고 있었다.

우리나라보다 벚꽃이 조금 빨리 피는 도쿄에는 벚꽃을 즐길 수 있는 곳이 많다. 일본의 대표적인 정원이나 공원들은 잘 관리되어 인공적인 일본 조경의 특징을 물씬 풍기는데, 그 중에서도 황실의 영지였던 신주쿠교엔(新宿御苑), 일본 정원의 아름다움을 즐길 수 있는 코이시카와코라쿠엔(小石川後樂園), 일본의 5대 명원 중 하나인 리쿠기엔(六義園), 무코지마 백화원(向島百花園) 등은 아름다운 벚꽃을 감상할 수 있는 대표적인 곳이다. 하지만 사쿠라신마치 만큼 친근하고 예

뻔 벚꽃이 피어 있는 마을을 찾는 것은 쉽지 않을 듯 싶다. '새로운 벚꽃 마을'이라는 이름처럼 온통 벚꽃이 흐드러지게 피어 있다.

사쿠라신마치에는 우즈키가 새로운 생활을 시작하는 아파트가 있다. 아파트 외관의 페인트 색이 바뀐 것을 제외하면 영화에서 보았던 모습 그대로였다. 통신회사 NTT 타마가와나카마치 사택인 이 아파트는 모두 3~4층의 저층 아파트들인데 영화를 촬영한 곳은 3층 건물 두 동 가운데 안쪽에 위치한 아파트다. 우즈키가 생활했던 207호에는 현재 NTT에 근무하는 젊은 사원 가족이 살고 있었다. 영화에서는 빨간색 대문이던 것이 지금은 회색으로 바뀌어 있다. 영화 속에서 벚꽃이 휘날리는 장면과 우즈키와 청소년들이 자전거를 타던 아파트와 놀이터, 자전거 주차장 그리고 좁은 골목들은 지금도 그대로여서 어렵지 않게 찾을 수 있었다.

조용하고 한적한 주택가여서 도쿄 도심과는 다른 느낌이었다. 특별히 어느 때가 좋다고 말할 수 없지만 4월, 살랑살랑 봄바람이 부는 날 이곳을 찾는다면 좋을 것 같다. 흩날리는 벚꽃을 맞으며 우즈키처럼 자전거를 타고 주택가를 달리다 보면 갓 스물을 넘긴 순수한 모습의 '나'를 만날지도 모르겠다.

자전거를 타고 달리던 길 - 쿠니타치

우즈키가 극장에서 보던 흑백 영화를 기억할 것이다. 일본의 옛 영화인가 생각했는데 이와이 슈운지가 이 영화를 위해 따로 제작한 단편 영화 〈살아있는 노부나가〉라고 한다. 영화 속에서는 극장 신에서

사쿠라 신마치의 아파트 입구에 있는 자전거 보관소. 영화 도입부에 나온다.

잠깐 보여지는 정도이지만 출연한 배우들이 일본에서는 꽤 유명 배우라고 한다.

영화 속에서 낡은 흑백 영화를 상영하는 극장 안은 몇 명의 관객이 전부이다. 그런데 우즈키를 향해 다가오던 이상한 중년의 남자. 서점에서 산 책도 두고 허겁지겁 자전거를 타고 도망치는 우즈키에게 끝까지 뛰어와 책을 주고 가는 장면은 쿠니타치의 거리에서 촬영되었다. 쿠니타치시(國立市)는 도쿄 근교의 학원도시이다. 신주쿠에서 주오센(中央線)을 타고 35분이면 도착하는 이곳은 과거에는 한적한 농촌이었다. 1923년 관동대지진으로 피해를 입은 도쿄 상과대학이 히도츠바시(一橋) 대학으로 이름을 바꾸고 쿠니타치의 도심으로 옮겨오면

무사시노 서점의 입구. 실제 촬영한 서점은 지바현 마쿠하리베이타운에 있는 빌리지 뱅가드 체인점이다.

우즈키가 자전거를 타고 내려오던 육교와 선배인 야마자키가 근무하던 서점의 내부. 빨간 사다리도 그대로이다.

서 학원도시로 개발되었다. 우즈키가 자전거를 타고 달리던 대학로 양편에 늘어선 벚꽃도 도시가 개발되면서 심어진 것이라고 한다.

우즈키가 자전거를 타고 한적한 골목을 달리는 장면과 극장에서 두고 온 책을 전해주기 위하여 중년의 남자가 가파른 언덕을 달리던 곳, 깨끗하게 정리된 자전거 전용도로, 그리고 육교 등의 장면을 찾아 나섰다. 그러나 영화 속 장면을 찾기는 쉽지 않았다. 영화에서 쿠니타치라는 말이 단 한 차례도 등장하지 않은 것도 그렇고, 남 일에 무관심한 일본인들은 영화가 이곳에서 촬영된 사실조차 모르는 이도 꽤 많았다. 나도 쿠니타치에는 이번이 처음이었다. 마침 쿠니타치에는 비가 내리고 있어 벚꽃 잎이 떨어진 분홍빛 거리가 아름다웠다.

그러나 영화에서처럼 분분한 낙화를 사진에 담을 수 없어 4월, 다시 찾았다. 그 때는 일본에서 3년 동안 생활한 우진 씨와 동행했다. 현재는 서울시에 근무 중인데, 마침 일본 영화와 애니메이션에 관심이 많아 함께 가게 된 것이다. 그리고 우진 씨의 능숙한 일본어 덕분에 길 가던 청년에게 물어 우즈키가 자전거를 타고 내려오던 육교를 찾을 수 있었다.

사진을 찍고 걸음을 옮기기 시작하는데 "스미마셍"이라는 소리가 뒤에서 들렸다. 조금 전 길을 알려주던 청년이 중년의 남자와 함께 우리 뒤를 따라오면서 외치는 소리였다. 무슨 일인가 했더니 청년은 중년의 남자를 가리키며 영화에 대해 많이 알고 있으니 궁금한 게 있으면 물어보라는 것이다. 〈4월 이야기〉의 촬영 배경이 된 곳을 찾아 이곳에 왔다는 우리의 말에 그는 반색하며 영화를 촬영한 여러 곳을 자세히 알려주었다. 덕분에 우리는 쿠니타치 구석 구석을 둘러볼 수 있었다.

사람마다 좋아하는 영화가 다르듯 여행지도 사람에 따라 선호도가 다르다. 쿠니타치는 어떤 이에게는 평범한 도시일지 모르지만 내게는 소박한 매력이 느껴졌다. 쿠니타치 역에서 내려 히도츠바시 대학을 지나고 육교로 이어지는 약 2킬로미터에 이르는 거리의 풍경이 특히 멋진데, 3월 말부터 4월 초까지 벚꽃 아래 잘 정비된 자전거 전용도로를 따라 걷다 보니 영화 속으로 들어 온 듯한 착각이 들 정도다. 육교에서 내려다 본 시내의 정경도 이와이 슈운지의 영상처럼 맑고 깨끗한 수채화 같다.

"우산 돌려드리러 올게요." - 지바현의 마쿠하리

이 영화의 가장 중요한 모티프는 '무사시노' 이다. 짝사랑하는 선배가 무사시노 대학에 진학했다는 이유만으로 우즈키는 '무사시노' 라는 단어를 가슴에 품는다. 그녀에게 무사시노는 희망이자 꿈이었다. 그리고 그 꿈은 기적을 이뤄냈다. 그런 우즈키의 모습은 순수 그 자체로 여겨졌다.

그토록 좋아하는 선배가 일하는 곳, 책 하나하나에까지 선배의 손길이 닿았을 것을 생각하면 서점 어느 한 부분이라도 허투루 볼 수 없는 우즈키의 마음을 보여주듯 카메라는 서점 구석구석을 천천히 비춘다. 그곳에서 눈에 띄는 것은 빨간 사다리였다. 우즈키가 사는 아파트의 빨간색 대문과 서점의 빨간 사다리, 비오는 날 우즈키가 쓴 빨간 우

우즈키가 살던 207호 아파트 현관. 현재 NTT의 젊은 사원 가족이 살고 있는
이 아파트의 빨간색 현관은 회색으로 바뀌었다.

산은 자연스런 연결을 보여준다.

빨간 사다리가 인상적이었던 서점과 흑백 영화를 보던 영화관, 봄비가 오는 날 비를 맞으며 자전거를 타던 장면은 도쿄도와 접해 있는 지바현의 마쿠하리시에서 촬영되었다. 도쿄 역에서 JR 게이요센(京葉線)으로 30분 정도면 카이힌 마쿠하리 역에 도착한다. 개발된 지 10년 조금 넘은 신도시로, 프로야구팀 롯데 마린스의 스타디움과 컨벤션센터인 마쿠하리메세가 유명하다. 그리고 이승엽 선수가 롯데 마린스 소속으로 활약한적이 있어 조금은 친숙한 곳이기도 하다.

먼저 영화에 등장했던 빨간 사다리가 있는 서점으로 향했다. 40~50평 정도 됨직한 서점 안에는 소설과 각종 단행본, CD, DVD 타이틀 등이 잘 진열되어 있었다. 책을 찾던 그 빨간 사다리도 보였다. 이 서점이 맞구나 하는 확신이 들긴 했지만 그래도 하는 마음에 직원에게 〈4월 이야기〉에 나오는 그 서점이 맞는지 물었다. 맞는데, 어디서 왔냐고 되물어왔다. 한국에서 영화의 촬영지를 찾아 여행왔다고 하자 그는 무척 반가워하면서도 신기한 표정으로 자신을 서점의 지배인 가와치 쿠니히로라고 소개했다.

그리고 1990년 '북 플라자' 라는 이름으로 서점을 개업했을 때부터 아르바이트를 했으며, 우즈키의 선배 역을 맡은 야마자키와 서점 주인이 대화를 나누는 장면, 책을 정리하는 장면 등에 그도 등장했지만 편집에서 모두 빠져 영화에 출연하지 못했다는 이야기도 들려주었다. 또한 영화 《하나와 앨리스》의 주인공인 '스즈키 안' 도 이 동네 출신이어서 서점에 자주 들렀다는 것과 영화 덕분에 서점 매출이 올라 몇 해

전에 빌리지 뱅가드 체인에 가맹하게 된 뒷이야기까지 자세히 들을 수 있었다. 가와치 쿠니히로 씨 덕분에 영화 이야기도 듣고 서점 사진도 찍을 수 있었다. 빌리지 뱅가드(www.village-v.co.jp)는 잡화까지 판매하는 독특한 서점으로 전국 체인이라고 한다.

〈4월 이야기〉를 본 이들은 '무사시노'를 동경할지도 모르겠다. 〈로마의 휴일〉을 보고 로마를 동경했던 것처럼. 그리고 머리 속으로 분분히 떨어지던 벚꽃의 영상을 떠올릴 것이다. 봄의 이미지를 이토록 아름답게 심어준 영화가 있을까. 어쩌면 다음 해 4월이면 어김없이 일본의 작은 도시 '무사시노'를 떠올릴지도 모르겠다. 소박하면서도 섬세하고 아름다운 도심의 거리를 말이다. 영화가 아니었다면 쿠니타치를 찾았을까. 영화는 여행의 목적이 되기도 하고, 여행의 결과가 되기도 한다. 우리가 영화 이야기를 좇아 여행을 떠나듯……. 그리고 여행에서 이야기는 다시 시작된다.

쿠니타치 國立 ◦ 도쿄 東京

· 가는 길

① 사쿠라신마치 : 도쿄 시부야에서 도큐 덴엔토시센을 타고 사쿠라신마치에 하차한다. 10분 소요.

② 쿠니타치 : 도쿄 신주쿠에서 주오센 열차로 35분. 로컬 열차는 40분. 인근에 위치한 〈귀를 기울이면〉의 무대 타마시 세이세키사쿠라가오가 역에서 게이오 버스를 타면 23분, 〈이웃집 토토로〉의 무대인 히가시무라야마 세이부엔에서는 전철로 20분이면 갈 수 있다.

③ 마쿠하리 : 도쿄 역에서 JR 게이요센을 타고 카이힌 마쿠하리 역에 내린다. 30분 소요.

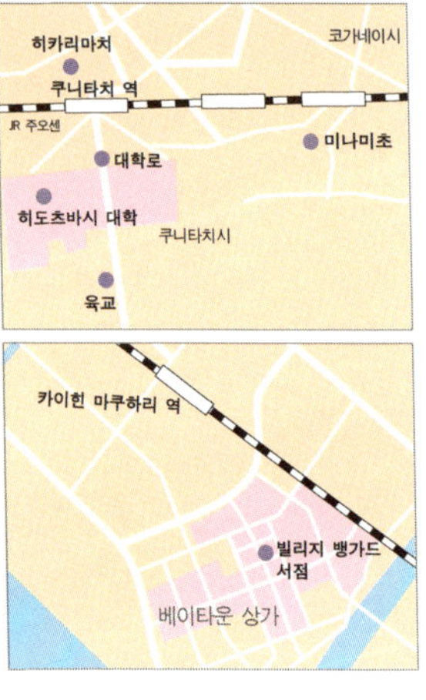

· 숙박

쿠니타치에도 숙소가 있지만 도쿄에서 하루에 100여 편의 기차가 운행되기 때문에 도쿄에 숙소를 정한 후 둘러보는 것이 더 편리하다.

- 게이오 프라자 인터컨티넨탈 : 신주쿠에 위치한 호텔로 가족 여행객이 묵기에 편리하다. www.keioplaza.co.jp, T. 03)3344-0111
- 토요코 인 호텔 : 저렴한 비즈니스 호텔로, 인터넷도 가능하고 코인 세탁기가 있어 배낭 여행객에게도 편리하다. www.toyoko-inn.com
- 유스호스텔 · 도쿄에는 요요기와 도쿄 국제유스텔이 있다. 그러나 저렴한 호텔과 금액 차이가 적어 저렴한 호텔을 찾는 편이 낫다. 요요기 유스호스텔 (www.jyh.or.jp), 도쿄국제유스호스텔(www.tokyo-ih.jp).

· 볼거리

- 히도츠바시(一橋) 대학 : 쿠니타치 최고의 명소 중 하나로, 봄에는 이름다운 벚꽃

과 대학가 축제를 볼 수 있다. 도심에 자리한 히도츠바
시 대학은 현역 정치인과 문학가를 많이 배출한 명문
이다.

무사시노 여자대학 : 쿠니타치에서 무사시노 여자대학
까지는 전철이나 버스로 30분 걸리는 가까운 곳이다.
영화에 나오지는 않지만 영화 속의 중요한 모티프가 되
었던 곳이다. 규모는 크지 않지만 정겨움이 느껴지는
캠퍼스와 주변 공원은 한번쯤 둘러보아도 좋을 성싶다.

• 기타 정보

www.welcometojapan.or.kr / www.tourism.metro.tokyo.jp

4월 이야기 (1998) ㅣ 감독 : 이와이 슈운지, 주연 : 마츠 다카코

화사한 벚꽃이 선사하는 봄의 싱그러운 느낌과 촉촉한 비가 희망적인 미래의 사랑을 예
감하게 하는 이와이 슈운지표 영화. 뮤직 비디오처럼 깔끔하고 세련된 영상은 지금 봐도
신선하다. 1998년 부산국제영화제에 출품된 이 작품은 예매 30분 만에 매진되는 등 〈러
브레터〉를 잇는 이와이 슈운지 감독의 영화에 대한 팬들의 반응은 뜨거웠다.

우즈키(마츠 다카코)가 극장에서 보던 낡은 흑백영화는 〈살아있는 노부나가〉로 이와이
슈운지가 직접 만들었다. 일본에서 유명한 배우 '에게치 요스케' 와 '코메코메클럽' 이라
는 그룹의 리드보컬을 하고 있는 '칼 스모키 이시이' 가 출연한 전통적인 사무라이 영화
로 '본능사의 변' 이라는 실제 역사적 사실을 배경으로 한다.

〈4월 이야기〉는 마츠 다카코를 위한 영화라고 할 정도로 그녀의 청순한 이미지가 유감없
이 드러나 있다. 마츠 다카코는 영화배우이자 가수, 연극 배우로 활동하는 일본 최고 스타
이다. 유명한 가부키 배우인 아버지 마츠모토 고시로와 언니, 오빠 모두 배우로, 영화의
첫 부분인 기차역에서 우즈키를 배웅하던 가족은 그녀의 실제 가족이라고 한다.

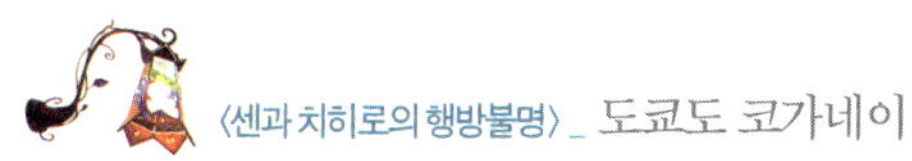

열살 소녀 '치히로'를 따라
이상한 세계로 들어가다

"유바바는 누구든 이름을 빼앗아 지배해.
센인척하고 본명은 숨겨.
이름을 뺏기면 돌아가는 길을 모르게 돼.
난 아무리해도 본명이 생각이 안나."
- 〈센과 치히로의 행방불명〉 중에서 -

문화강국 일본의 애니메이션은 세계 최고 수준이다. 팬층도 매우 두터워 애니메이션은 문화산업의 중심을 이룬다. 우리가 애니메이션 강국 '일본'을 이야기할 때 빼 놓을 수 없는 인물이 바로 미야자키 하야오이다. 도쿄에서 1941년에 태어난 이 노장 감독은 지금도 지브리 스튜디오에 출근하여 스태프들과 함께 일하고 있다.

일본인들이 사랑하는 미야자키 하야오가 10살 난 친구의 딸을 위

벚꽃 아래 소풍을 즐기는 사람들. 코가네이 공원의 모습으로, 에도 도쿄 다테모노엔은 이 공원 안에 있다.

해 영화를 만들고 싶었다고 말했을 때, 사람들은 어떤 작품이 나올까 모두들 궁금해 했다. 그리고 〈센과 치히로의 행방불명〉을 세상에 내놓았을 때, 거장의 진면목을 또 한번 느낄 수 있었다. 그는 일본 영화의 최고 흥행기록을 세웠고, 2002년 베를린 영화제에서 대상인 황금곰상을 수상하며 재패니메이션의 살아있는 전설이 되었다.

미야자키 하야오는 화면의 리얼리티를 살리기 위해 철서한 사전준비를 하는 것으로 잘 알려져 있다. 작품에 나오는 마을의 전경, 나무, 길, 건물 등은 실제의 장소나 대상을 취재하고 언젠가 본 기억 속에 풍부하게 저장된 그림 등을 끄집어낸다. 그래서인지 그의 작품은 마치 어디서 본 듯해 더욱 사실적인 공간감이 느껴진다. 물론 그만의 상상력이 덧붙여지겠지만 그의 작품에는 반드시 배경이 된 곳이 있는 셈이다.

이번 여행은 〈센과 치히로의 행방불명〉의 배경지를 담기 위해 지브리 미술관의 촬영 허락이 필요했다. 까다롭기로 소문난 곳이기에 약간 걱정을 했지만 무사히 허가를 받아냈다. 그리고 일본에서 생활했던 우진 씨도 동행하여 마음이 든든했다.

〈미래소년 코난〉, 〈이웃집 토토로〉, 〈원령공주〉 등 그의 수많은 작품 중에서 가장 사랑받는 작품은 무엇일까? 지브리 미술관의 광고·홍보를 담당하는 치히로 타스쿠에 씨에게 물었더니 〈센과 치히로의 행방불명〉이라고 한다. 역시 그랬다. 공식적으로 밝힌 것이니 신뢰해도 될 것 같다. 우리나라에서도 2002년에 개봉되어 200만 관객을 동원하였고, 그 흥행에 힘입어 미야자키의 과거 작품들이 차례로 극장에 걸리기도 했으니 말이다.

치히로가 헤매던 이상한 마을, 에도 도쿄 다테모노노엔

〈센과 치히로의 행방불명〉은 10살 난, 무뚝뚝하고 무기력한 전형적인 요즘 소녀가 겪는 모험이야기이다. 그래서 미야자키 하야오 판 '이상한 나라의 앨리스'라고도 한다. 지금부터 이상한 나라의 배경이 된 곳으로 떠나보자. 그곳은 에도 시대부터 도쿄 시대까지 역사적으로 귀중한 건물을 복원하여 전시하고 있는 코가네이시의 '에도 도쿄 다테모노노엔(江戶東京たても の園)'이다. 에도 시대는 도쿠가와 이에야스가 에도(현 도쿄)에 막부를 개설한 1603년부터 1867년까지를 이

르는데, 메이지 천황의 도쿄 시대에 이르기까지 주요 건물들을 한 자리에서 볼 수 있는 흥미로운 곳이다.

도쿄의 ‘에도 도쿄박물관’ 의 분원으로, 우리의 남산 한옥마을이나 민속촌과 비슷한 이곳은 지브리 스튜디오에서 걸어서 30분 정도 떨어져 있어 미야자키 하야오가 즐겨 찾았다고 한다. 그리고 길을 잃은 치히로의 부모가 음식을 먹어치우던, 간판이 늘어선 거리의 다양한 건물들의 아이디어를 이곳에서 얻었다고 제작 과정에서 밝힌 바 있다.

도쿄 신주쿠에서 출발하는 주오센(中央線)을 타고 30여 분 정도 뒤에 무사시코가네이(武藏小金井) 역에 도착했다. 가족 여행객이 제법 많았다. 역의 서쪽 출구를 빠져 나오니 에도 도쿄 다테모노엔 행 버스를 타기 위해 아이부터 할머니까지 수백 명의 사람들이 줄을 서 있다. 모두들 이상한 나라로 가기 위해서일까. 버스를 타고 코가네이(小金井) 공원에 도착하여 공원 내에 들어서자 화사한 벚꽃이 장관을 이룬 가운데 수많은 사람들이 인산인해를 이루고 있어 깜짝 놀랐다. 도시락을 먹는 가족, 잔디밭을 뛰어 다니는 아이들, 숲 속의 연인, 햇살 아래 낮잠 자는 사람들까지 모두들 여유로워 보였다. 이런 풍경을 사진기에 몇 장 담으면서 문득 일본의 휴일 문화가 서양과 닮았다는 생각이 들었다.

에도 도쿄 다테모노엔 입구에서 〈센과 치히로의 행방불명〉에 관한 영문지도를 얻어 별 어려움 없이 치히로가 사라진 ‘이상한 마을’ 을 찾을 수 있었다.

다테모노엔의 동쪽 지역으로 갈수록 조금씩 이상한 마을로 빠져드

에도 도쿄 다테모노엔 내에 있는 일본 정치인 다카하시 고레키오의 집. 전형적인 에도 시대 목조 건축으로, 정원은 가오나시가 비를 맞으며 서 있는 곳과도 유사하다.

치히로와 부모님이 이상한 마을로 들어서던 거리를 떠올리게 한다. 정면에 보이는 목욕탕과 양 옆에 늘어선 가게들이 영화의 모델이 되었다.

'건옥' 이라는 식당의 2층 방. 누마루 밖으로 거리의 모습을 구경하는 사람들.

는 기분이었다. 어느 곳을 보아도 새롭고 신기하고 낯선 풍경이었다. 처음 만난 건물은 2층으로 된 전형적인 에도 시대 목조 건축물로, 한 번의 총리와 여섯 번의 재무대신을 지낸 전설적인 정치인 다카하시 고레키오의 집이다. 1936년 2월 26일 황도파(皇道派)라고 불리던 일본 육군 장교들의 쿠데타 때 그는 이 집에서 암살되었다. 이 집은 센이 누 마루에 앉아 바다를 바라보던 장면과 용으로 변신한 하쿠가 상처를 입고 뛰어들던 장면이 쉽게 연상되었다. 또한 정원은 하쿠와 센이 처 음 만나 잠시 숨어 있던 곳이자 얼굴 없는 정령, 가오나시가 비를 맞으 며 서 있던 정원의 모습과 유사했다.

1층에 '건옥'이라고 적힌 건물 옆의 음식점은 센이 일하던 온천탕 직원들이 기거하던 집의 분위기와 흡사하다. 1층을 지나 2층에 올라가 자 누마루와 유리 문, 방의 구조와 문 등 영화와 비슷한 면이 많았다.

나무와 꽃이 어우러진 아담한 정원과 산책로를 따라 가다 보니 주 요 장소를 표시해 둔 애벌레 모양의 사인보드가 눈에 띄었다. 이 캐릭 터는 미야자키 하야오가 직접 그린 것이라고 한다. 애벌레 사인보드 를 따라 에도 시대 거리를 걷다 보니 노란 전차가 눈에 들어왔다. 센과 가오나시가 유바바의 언니 집을 찾아갈 때 탔던 기차의 모델이 된 전 철이다. 한 량짜리 이 전차는 에도 시대에 도쿄 신바시(新橋) 부근을 실제 오가던 도전(都電) 7500을 복원하여 옮겨 놓은 것이라고 한다. 많은 일본인들이 전차에 올라 기념사진을 찍고 센과 치히로에 관한 이야기 꽃을 피우고 있었다.

넓은 대로의 정면에 공중 목욕탕과 식당 건물이 눈에 들어왔다. 이

목욕탕과 식당은 센이 일하던 온천장 아부라야(油屋)의 배경이 된 건물로 알려져 있다. 목욕탕 안으로 들어가 보니 남녀 탕으로 나눠져 있고, 옷을 보관하는 바구니와 여자가 목욕하는 장면의 타일이 붙어 있어 당시 대중 목욕탕의 모습을 짐작할 수 있었다.

목욕탕을 중심으로 양쪽에 상점들이 늘어서 있다. 하야오는 그 가운데 삼성당 문구점 건물을 좋아했다고 한다. 삼성당은 현재 일본을 대표하는 굴지의 출판사이지만 에도 시대에 문구류를 파는 상점이었다. 이 건물은 가마 할아범의 작업장 배경이 되었다. 지하 창고와 자잘한 문구용품을 수납하는 물건보관함으로 꽉 찬 1층과 사무실인 2층으로 이루어진 이 건물은 내부가 상당히 독특했다. 지하에 10평 남짓한 창고가 있고, 1층과 2층은 계단으로 연결된 트인 공간인데, 1층 벽면에는 작은 상자와 서류 상자로 꽉 짜여져 있다.

인상적인 것은 역시 벽을 꽉 채운 작은 상자들이다. 가마 할아범이 긴 팔로 상자에서 온천탕에 쓸 약재를 꺼내던 장면을 기억할 것이다. 가제트처럼 팔을 쭉 늘려 그 많은 약상자에서 한번에 약초를 꺼내던 것을. 미야자키 하야오는 삼성당 문구점에서 가마 할아범이 일하던 작업장의 아이디어를 얻었다고 한다.

서너 명의 관광객이 상자의 속을 궁금해 하자 관리 할아버지는 몇 개의 상자를 열어 안을 보여 주었다. 그곳에는 문구류가 보관되어 있었다. 그리고 지하창고는 천장이 낮아 어린이만 들어가도록 하는데 관리인에게 부탁해 나도 들어가 보았다. 허리까지 구부리고 나무계단을 10개쯤 내려가자 천장이 1미터 조금 넘을까, 허리를 힘껏 구부려야 했다. 작은 백열등이 하나 켜져 있는데도 컴컴하고 약간 음습한 것이 어디에서 숯검뎅이 스스와타리가 나올 것만 같아 얼른 위로 올라왔다.

삼성당 문구점 주변에는 술, 간장, 된장을 만들어 팔던 상점과 각종 생활용품을 판매하는 상점이 자리잡고 있고, 그 가운데 넓은 마당에는 조그마한 야외 극장 겸 놀이공간이 있다. 하루에 몇 차례 에도 시대의 동화나 소설을 아이들에게 구연으로 들려주는데, 간소한 무대와 홍보용 포스터만 설치하고 벌이는 공연에도 제법 많은 이들이 진지하게 관람하고 있었다. 또한 당시의 놀이기구인 굴렁쇠와 대나무 기구로 부모와 아이들이 함께 전통놀이를 하는 모습도 보였다.

일본 전통 건물을 비롯해 서양 건축 양식이 혼합된 쇼와 시대 건물들을 한꺼번에 둘러보다 보니 시대나 국적을 구분하기 힘든 모호함이 있다. 영화에서 느껴지는 이런 모호함과 무국적의 느낌을 이 공원에서도 느낄 수 있었다. 그래서 치히로의 아버지가 말한 대로 마치 오래된 '테마 파크'가 연상된다.

에도 도쿄 다테모노엔의 규모는 제법 넓지만 애니메이션의 배경이 된 곳은 동쪽에 몰려 있어 쉽게 찾을 수 있었다. 그리고 도쿄에서도 가까워 한나절쯤 시간을 내서 둘러볼 수 있다. 낯선 공간으로 떠나온 여행은 짧았지만 강렬했다.

환상의 나라, 지브리 미술관

머칠 뒤 미타카시에 있는 지브리 미술관을 찾았다. 큰 토토로가 미술관을 찾는 이들을 반겨주었다. 푸른 녹지 위에 지하 1층, 지상 2층으

지브리 미술관의 내부 모습. 환상적인 그림이 그려진 천장의 둥근 창과 벽면의 타원형 유리창에는 주요 캐릭터가 스테인드글라스에 장식되어 있다.

로 된 건물은 미야자키 하야오가 직접 설계했다고 한다. 드높은 천장, 열어 보고 싶을 정도로 예쁜 문들, 나선형 계단과 구름다리, 옥상의 거신병까지 미술관의 모든 것들이 판타지 세계처럼 신나고 유쾌했다.

지하 1층에는 애니메이션의 역사와 제작 과정을 볼 수 있는 상설전시관과 단편 애니메이션 상영관이 있다. 1층에서 미야자키 감독이 직접 그린 원화를 본 다음 고풍스럽게 재현해 놓은 애니메이터들의 작업실을 구경하였다. 창문에는 미야자키 하야오 작품의 주인공을 넣은 스테인드글라스로 장식되어 있었다. 아주 정교한 그림들을 자세히 살펴보니 〈센과 치히로의 행방불명〉이 10여 점으로 가장 많았다.

계단을 따라 2층으로 올라가자 〈이웃집 토토로〉에 나오는 커다란 고양이 버스가 아이들의 신나는 놀이터 역할을 하고 있었다. 어린이만 탈 수 있다는 고양이 버스 옆으로 숯검뎅이 스스와나리의 깜찍한 모습이 보였다. 다시 나선형 계단을 따라 옥상에 올라가자 우거진 풀들 사이로 '천공의 성 라퓨타'에 나오는 거신병 로봇이 거대한 몸집을 드러냈다.

철저하게 아이들의 눈높이에 맞춘 지브리 미술관을 보면서 미야자키 하야오의 결코 늙지 않는 그 마음이 부러울 따름이었다. 또한 미술관의 모든 작품이나 모형들은 섬세하고 매우 정교하게 만들어져 있다. 오밀조밀하면서도 아름답게 만들어진 미술관에서 아이들은 물론 나조차도 영화의 한 장면으로 들어온 듯한 착각이 들었다. 지브리 미술관에서 나는 또 다시 꿈과 환상의 세계로 빠져든다.

코가네이 小金井

· 가는 길

신주쿠에서 JR 주오센 쾌속과 로컬에 따라 무사시코가네이 역까지 30~35분 정도 걸린다. 무사시코가네이 전철역 서쪽 출구에서 육교를 건너 12, 14, 15, 21번 버스를 타고 5분 정도 가면 에도 도쿄 다테모노엔 입구에 내린다. 역에서 걸어도 15~20분 정도면 충분하다.

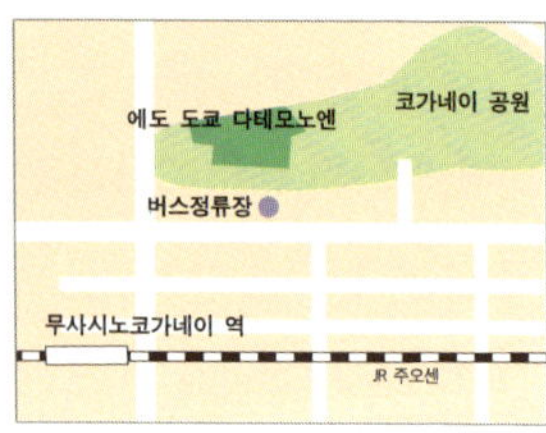

- Key Point : 타마에서 〈4월 이야기〉 무대가 된 쿠니타치시까지는 게이오센 버스 터미널(게이오 백화점 건물의 북쪽에 있음) 3번 게이트에서 쿠니타치로 출발하는 버스를 타면 23~25분 정도 걸린다. 오전 6시부터 10시까지, 매시간 3~6대 정도 운행. 요금은 270엔.

· 숙박

도쿄 근교로, 주오센이 지나는 신주쿠 부근이나 오차노미즈, 요쓰야 역 근처에 숙소를 정하고 여행하는 것이 편리하다.

- 게이오 프라자 인터콘티넨탈 : 가족과 함께 가면 좋을 고급스러운 호텔. 도쿄도청 부근에 위치하며 공항과 신주쿠를 연결하는 리무진 버스의 출발점이자 종착점으로 짐이 많은 여행객에게 편리하다. www.keioplaza.co.jp, T. 03)3344-0111

- 도큐 스테이 : 아파트 형식으로 음식을 해 먹을 수도 있고 세탁도 가능하다. 모든 직원이 영어를 할 줄 알아 편하고 안전하다. www.tokyustay.co.jp

- 토요코인 호텔체인 : 신주쿠 지역의 비즈니스 호텔로 로비의 컴퓨터는 24시간 인터넷이 가능하며 객실에도 인터넷 연결이 되어있어 노트북을 가지고 간다면 24시간 무료 이용이 가능하나. 코인 세탁기를 이용할 수 있다. www.toyoko-inn.com

- 유스호스텔 www.jyh.or.jp

- 에도 도쿄 다테모노엔 : 에도 시대와 도쿄 시대의 건축물을 볼 수 있는 야외 박물관. 넓은 공원 안에 있으며, 당시의 생활 모습을 느낄 수 있다. 개방시간 4~9월 9:30~17:30(10~3월, 오후 4시 30분까지) 월요일 휴관. 입장료 어른 400엔, 초등, 취학전 어린이 무료. www.tatemonoen.jp
- 코가네이 공원 : 에도 도쿄 다테모노엔이 있는 큰 공원으로, 벚꽃이 피는 3월말부터 4월초, 신록이 한창인 5월에는 인산인해를 이룬다. 도쿄 외곽의 대표적인 공원.

About Movie ●

센과 치히로의 행방불명 (2001)

미야자키 하야오가 은퇴 발표 후 4년만에 컴백한 작품이다. 3년 여의 제작 기간을 걸쳐 2001년 개봉되어 일본 역대 흥행 1위를 차지하며 전무후무한 흥행기록을 세웠다. 2천 350만 명의 관객 동원, 일본 내 최대 흥행 수익을 올렸다. 아카데미 장편 애니메이션 상을 수상하였고, 우리나라에서도 개봉되어 200만 명을 동원하였다.

이 작품은 그가 감독으로서만 참가한 최초의 작품이며, 지브리 스튜디오 최초로 100퍼센트 디지털 채색을 시도했다. 원화 작업이 늦어짐에 따라 한국프로덕션들이 제작에 참여하기도 했다.

〈센과 치히로의 행방불명〉의 주인공 소녀 치히로는 1990년 무렵에 태어나 유복한 가정에서 부모의 사랑을 받으며 자란 현대 일본 소녀의 전형이다. 뭐든 시큰둥한 치히로는 새로운 학교나 친구, 집도 별로 달가워하지 않고 모험심도 없는 나약한 모습이다. 그러나 돼지로 변한 부모와 헤어져 혼자 남게 되자 살기 위해 자신의 이름마저도 빼앗긴 채 마녀가 운영하는 목욕탕에서 일하게 된다. 그 과정에서 어린 소녀가 내적으로 성숙해 가는 과정을 매우 리얼하게 보여준다.

토토로가 살고 있는
'후치의 숲'

이웃의 토토로 토토로 토토로 토토로
숲 속에서 옛날부터 살고 있네.
- 〈이웃집 토토로〉 중에서 -

미야자키 하야오를 말할 때 흔히 '천재
성'을 이야기한다. 그러나 나는 그가 따뜻하고 다정한 마음을 가진 사
람이라고 믿는다. 그리고 〈이웃집 토토로〉에서 그것을 확인한다.

〈이웃집 토토로〉는 경이로운 자연의 모습과 천진난만한 아이들의
이야기를 담고 있는 애니메이션 영화이다. 들판은 온통 녹색의 물결
이고, 푸른 하늘에는 목화솜처럼 새하얀 구름이 걸려 있는 첫장면은
인상적이다. 울퉁불퉁한 시골길에 저 멀리 삼륜차 한 대가 털털거리

며 달려오고, 이삿짐을 실은 삼륜차의 짐칸에는 11살 소녀 사츠키와 4살 된 동생 메이가 타고 있다. 기대감에 한껏 들뜬 자매는 새로 이사갈 집이 궁금해 신이 나 있고, 느티나무는 이런 가족의 방문을 환영하기라도 하듯 길 양쪽에 늘어서 따가운 햇살을 가려준다.

먼지가 풀풀 날리지만 정겨움이 묻어나는 시골길, 송사리 떼가 훤히 들여다보이는 맑은 시냇물, 바람에 흔들리는 들꽃의 섬세한 움직임을 보고 있으면 당장이라도 그곳에 달려가고 싶어진다. 누가 평범한 시골 마을을 이토록 아름답게 묘사할 수 있을까? 마치 시골 외할머니 댁으로 가는 길가의 풍경처럼 정겹기만 하다. 점점 거대해지는 도시에 밀려 이제는 찾아볼 수 없는 우람한 숲의 모습, 사람이 자연 속에서 평화롭게 어울려 살아가는 모습은 내게 아련한 향수를 불러일으켰다.

〈이웃집 토토로〉의 무대를 찾아가는 길은 어렵지 않다. 애니메이션에서 마츠고 마을의 잡목림으로 나온 토토로의 숲은 히가시무라야마(東村山)와 사이타마현 토코로자와시에 걸쳐 있는 자그마한 언덕, '후치의 숲(淵林)'으로 알려져 있다.

신주쿠에서 출발하는 세이부 신주쿠센 전철을 타고 히가시무라야마 역에서 내려 세이부엔까지 가는 열차로 다시 갈아타야 한다. 갈아타는 표시가 잘 되어있어 헤맬 염려는 없다. 3분 쯤 가면 세이부엔 역에 당도하는데 역에서 길을 건너면 바로 후치의 숲이 있다. 싱싱한 풀 향기가 제일 먼저 여행객을 맞는다.

아담한 동산 크기의 작은 산(八國山)이지만 천천히 둘러 보고, 숲의 향을 들이마시며 산보하다 보면 서너 시간은 족히 걸린다. 오솔길

메이와 사츠키의 손을 잡고 산책하던 쿠시카베처럼 아이와 함께 걸어보고 싶은 오솔길이다.

후치의 숲에 누군가 붙여놓은 '토토로의 집' 안내판. 서툰 그림의 토토로가 더욱 정겹다.

은 경사가 완만해서 아이와 함께 걷는 이들의 모습도 종종 눈에 띤다. 마치 어린 메이의 손을 잡고 걷는 다정한 아빠 쿠사카베처럼 정겨워 보인다.

숲에는 참나무, 소나무, 아카시아, 상수리나무, 대나무 등이 사이좋게 이웃해 있고, 어딘가에는 토토로의 보금자리인 녹나무도 있을 법하다. 하늘을 가릴 정도의 울창한 숲은 거대한 터널을 이루는 듯하고, 산책로를 제외하고는 사방이 초록으로 가득하다.

숲과 마을 사이에는 작은 연못과 생태 공원이 조성되어 있다. 이 연못은 메이가 없어져 마을 사람들이 찾던 장면에서 나온다. 혼자 어머니를 찾아 병원으로 갔다가 길을 잃은 메이, 그러나 메이는 사라지고

72

샌들만 저수지에서 발견된다. 연못에서 200여 미터쯤 걸어 내려오면 초등학교가 나오는데 교정이 아담하다. 사츠키와 친구 밋짱이 다니던 학교가 아닐까 상상해 본다.

애니메이션에서도 묘사되었듯이 학교와 마을 사이에는 논과 밭이 자리하고 있고 들판 사이로는 바람이 시원스럽게 지나다닌다. 최근에 그곳에 생태 공원 '히가시무라야마 공원'이 조성되었다. 얼마 전까지만 해도 마을 공원이었던 이곳이 생태 공원이 된 데에는 '토토로의 숲'이 유명해지면서, 관광객이 많아진 이유가 크다. 지난 2005년 6월 1일 이곳은 신도쿄도 100경의 하나로 꼽혔다. 명소가 된 히가시무라야마 공원은 다른 생태 공원과는 차별을 두고 있는데, 바로 마을의 논과 밭을 그대로 공원에 편입, 활용한다는 점이다. 때문에 이곳에서는 농부가 직접 가꾼 벼와 밀, 콩을 비롯해 여러 식물의 생장 과정을 생생하게 접할 수 있다.

생태 공원 쪽에서 작은 시냇가와 주택지를 따라 10여 분쯤 걷다 보면 사츠키와 메이의 엄마가 입원했던 병원이 나온다. 애니메이션 속에서는 '시치코쿠야마(七國山) 병원'으로 묘사하고 있지만 실제는 '하치코쿠야마(八國山) 신야마노테(新山手) 병원'으로 후치의 숲 동쪽 끝 부분에 자리하고 있다. 병원의 모습은 영화와는 다르게 제법 큰 콘크리트 건물이다. 그러나 숲에 둘러싸인 모습만큼은 그대로이다.

이 병원은 미야자키에게도 의미가 깊은 곳이다. 그의 어머니는 척수 결핵으로 항상 병원에 있었고, 그 역시 사츠키와 메이처럼 가슴속에 슬픔과 불안을 안고 자랐다고 한다. 당시 그의 나이는 작품 속의 메이와 비슷했는데, 어린 나이에 그가 느꼈을 두려움과 초조함을 생각하니 가슴 한켠이 시큰하다. 〈이웃집 토토로〉는 그의 어린 시절의 추억과 맞닿아 있는 '소중한 일기장' 과도 같은 작품이다.

작가에게도, 또 작품을 보는 관객에게도 남다른 의미로 다가오는 후치의 숲. 그 후치의 숲이 한때 큰 위기에 처한 적이 있었다. 지난 1996년 이곳이 택지개발지로 지정되자 미야자키와 시민단체는 숲 살리기에 나섰다. 당시 토코로자와 시에 살고 있던 그는 일본 내셔널트러스트 협회와 함께 '후치의 숲 보존 연락협회' 를 만들어 전국적인 모금 운동을 시작했다.(내셔널트러스트 운동이란 지켜야 할 자연유산을 적극적으로 매입하여 후손에 물려주자는 시민운동이다.)

그는 회장직을 맡아 가면서 모금운동을 벌였고, 직접 3억 엔을 기부하기도 했다. 모금액은 모두 30억 엔이 넘어 숲을 구입, 시유지로 만들 수 있었다. 숲을 사랑하는 시민들 덕분에 토토로의 숲을 지킬 수 있었고, 영원히 사라질 뻔했던 숲이 이제는 모두에게 편안한 자연 휴식처가 되고 있다. 그래서일까? 그 푸르름은 더욱 값지고 소중하게 느껴진다.

〈이웃집 토토로〉가 어른들에게도 공감을 얻을 수 있었던 데에는 잡목이 우거진 숲, 실개천, 보리밭 듯 마치 우리나라 시골 모습 같은 아름다운 풍경이 매우 사실적으로 묘사되었기 때문이다. 특히 자연과 동떨어져 사는 도시인에게 깊은 감명을 주었다. 〈이웃집 토토로〉에 등장한 매력적인 시골 풍경은 히가시무라야마시를 비롯해 여러 곳이 배경이 되었다. 미야자키 감독이 과거 타마시 세이세키사쿠라가오카

"미술관 자체가 하나의 영화이고 싶다."는 미야자키 하야오 감독의 말처럼 지브리 미술관은 놀라운 조형물로 가득하다.

옥상 공원의 거신병 조형물. 사진 촬영이 가능해 관람객에게 가장 인기있는 곳 중 하나다.

에 있는 애니메이션 스튜디오에서 일할 때 그 주변의 배경과 그가 어릴 적에 보았던 간다 천(神田川) 주변의 풍경도 일부분 삽입되었다. 또한 미술 감독의 고향인 니가타(新潟)의 농촌 마을과 군마현(群馬縣)의 친척집 등 여러 장소의 이미지가 녹아 있다. 이렇듯 다양한 이미지가 어우러져 아름다운 마츠고 마을이 탄생할 수 있었다.

주요 무대가 된 히가시무라야마는 도쿄 인근의 도시이지만, 전철역 주변을 벗어나면 농촌 풍광이 많이 남아 있다. 주위 경관을 흐트러트리지 않고 올망졸망 모여 있는 예쁜 집들은 시골 마을의 운치를 더해준다. 농가와 주택 사이에는 수령이 700년 된 상수리나무가 있는 매암사(梅岩寺)를 비롯하여 덕장사(德長寺), 도쿄도 지역에서 유일하게 국보를 소장한 정복사(正福社) 등 오래된 사찰과 신사가 자리를 잡고 있다.

너구리와 올빼미를 묘하게 섞어 놓은 듯 귀여운 얼굴을 하고 늘 아이들 편에서 소원을 들어주는 토토로. 친근감이 느껴지는 토토로는 아무에게나 자신을 드러내지 않는 신비한 녹나무의 신령이다. 이런 토토로를 미타카에 있는 지브리 미술관에 가면 만날 수 있다.

미타카 역에서 미술관 버스를 타고 5분쯤 달리면 지브리 미술관에 이른다. 걸어도 좋을 거리다. 멀지 않을 뿐더러 미술관까지 가는 길 양옆으로 산수국과 영산홍이 피어 있어 향기로운 운치를 느낄 수 있다.

미술관 입구에는 1미터가 넘는 커다란 토토로가 금방이라도 하늘 높이 날아오를 듯 장난스러운 표정으로 방문객을 맞는다. 미술관으로 들어서면 넓은 홀에 애니메이션의 주인공인 대형 토토로, 사츠키와 메이가 스테인드글라스에 장식되어 있다. 입구 홀에서 계단을 따라 지하 전시장으로 가면 토토로가 이동할 때 사용했던 우산과 크고 작은 토토로 목각인형이 전시되어 있다. 매우 정교하게 조각해 놓아 보는 이들로부터 탄성을 자아내게 한다. 그러나 뭐니뭐니 해도 고양이버스가 제일 인기다. 애니메이션 속에서 등장했던 것과 모습이 똑같아 아이들은 좀처럼 이곳을 떠나지 못한다.

아이들이 이렇게 토토로를 좋아하는 데에는 이유가 있다. 토토로는 순수한 아이들의 눈에만 보이고, 아이들의 소원을 들어준다. 마당에 씨앗을 심고, 꼭 싹이 나오게 해달라고 빌면 한밤중에 찾아와 아이들에게는 무한한 자연의 능력을 보여준다. 토토로는 결국 아이들의 친구이자 인간의 영원한 이웃인 '자연' 그 자체를 상징한다. 그렇다면 우리는 그 이웃과 좋은 친구가 되기 위해 더 많은 노력을 해야 하지 않을까?

예전에는 귀여운 토토로의 모습과 천진난만한 아이들, 시골 마을의 정경이 평화롭다고만 느꼈다. 그러나 요즘은 이웃집 토토로가 담고 있는 메시지에 대해서 생각하게 된다. 우리 아이들이 미래에도 메이와 사츠키처럼 자연과 어울려 자랄 수 있을까? 어린 시절 추억을 떠올릴 때 그 기억 속에 도시의 빌딩이나 도로가 아닌, 커다란 나무와 바람, 산과 들, 깨끗한 냇물을 떠올리게 할 수 있을까? 그런 생각을 하면 마음이 무겁지만 그래도 희망을 버리진 말아야겠다.

나는 가을이 오고, 또 겨울이 지나는 토토로의 마지막 장면을 좋아한다. 계절이 바뀔 때마다 자연을 놀이터 삼아 자라는 아이들의 모습,

친구들과 함께 나무를 타며 놀고, 밤이나 콩 등을 구워 먹고, 토토로 모양의 눈사람을 만들어 진짜 토토로들을 당황하게 만들던 모습은 볼 때마다 미소가 떠오른다. 변함 없이 계절이 찾아 오고, 아이들이 자연 속에서 마음껏 뛰어 노는 장면을 보며 '이 작은 행복을 지켜야겠다.' 는 마음을 다진다. 그래서 미야자키 하야오는 나에게 희망이다.

히가시무라야마 東村山

· 가는 길

· 히가시무라야마 : 신주쿠에서 세이부센(西武線)을 이용하면 35분 소요. 히가시무라야마 역에서 세이부엔까지 기차로 3분 소요. 세이부엔 역 우측 출구를 나와 건널목을 건너면 바로 〈이웃집 토토로〉의 무대인 사야마 구릉의 '후치(淵)의 숲' 이다. 걸어서 3분 소요.

· 지브리 미술관 : 신주쿠에서 주오센(中央線) 쾌속을 타면 미타카 역까지 18분 소요. 남쪽 출구에서 미술관 고양이 버스(5분)를 타거나 걸어가면 (15분) 된다. 고양이 버스 왕복 300엔, 편도 200엔, 어린이 왕복 150엔, 편도 100엔.

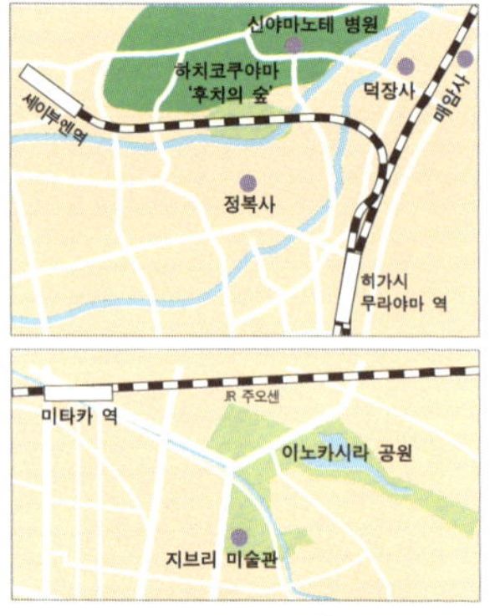

· 숙박

- 도큐 스테이 요쓰야 : 콘도 형식의 호텔. 음식과 세탁이 가능하여 가족 여행에도 편리하다. 신주쿠와 도쿄 역 사이에 있으며 오차노미즈 역과도 가깝다. www.tokyustay.co.jp

- 토요코 호텔 : 저렴하고 편리한 숙소로 인터넷 사용이 가능하며 아침식사도 원하는 만큼 먹을 수 있다. www.toyoko-inn.com

- 유스호스텔 : 도쿄에는 요요기와 노쿄 국제유스텔이 있으나 저렴한 호텔과 가격 차이가 거의 없어 호텔을 이용하는 것이 나을 수도 있다.

- 요요기 유스호스텔(www.jyh.or.jp), 도쿄국제유스호스텔(www.tokyo-ih.jp)

- 일본유스호스텔협회 : 한국어 지원. www.jyh.or.jp/kr/main.htm

· 기타 정보

- 히가시 무라야마시 상공회 www.shoukoukai.or.jp/guide/guide01.html
- 지브리 미술관 : www.ghibli-museum.jp, 매주 화요일 휴관, 반드시 날짜와 시간을 미리 결정한
  후 서울에서 입장권을 예매하고, 예약한 날과 시간에 맞춰 방문해야 한다. 입장 가능 시간 10시,
  12시, 14시, 16시. 입장료 어른 1000엔, 중고생 700엔, 소인 400엔. 지브리 티켓 서울 사무소 대
  한여행사 (02) 722-8188

※ 주의사항 - 옥상을 제외한 모든 공간 사진 촬영 금지. 이를 어기면 퇴장시킨다.

About Director ●

미야자키 하야오 (宮崎駿, 1941~)

1941년 도쿄의 유복한 가정에서 4형제 중 차남으로 출생. 고등학교 때부터 애니메이션
영화 감독을 꿈꾸었으나 가쿠슈인 대학(學習院大學) 정치경제학과에 입학했다. 경제학도
로 대학시절을 보내는 중에도 '청소년 신문'에 만화를 그려 꾸준히 기고했다. 1963년 대
학 졸업 후 도에이 동화사에 입사해 훗날 동업자가 된 다카하타 이사오를 만난다. 이후
1971년에 다카하타와 함께 A프로덕션으로 이직, TV애니메이션 〈미래소년 코난〉으로 데
뷔한다. 그는 〈미래소년 코난〉의 연출은 물론 콘티, 장면 설정, 캐릭터 디자인 등 제작의
전 분야에서 활약하며 감독으로 인정받는다. 1년 후에는 직접 연출한 극장용 애니메이션
〈루팡 3세 : 칼리오스트로성의 비밀〉과 〈바람 계곡의 나우시카〉를 제작, 흥행에 성공해
감독으로 확실한 입지를 굳힌다.
1985년 다카하타와 함께 도쿄 무사시노시의 기치죠지에 '스튜디오 지브리'를 설립하여
〈천공의 성 라퓨타〉, 〈이웃집 토토로〉, 〈마녀 우편배달부〉, 〈빨간 돼지〉 등의 역작을 발
표한다. 지브리 스튜디오 이름은 그가 가장 좋아하는 이탈리아 전투기 '지브리'에서 따
온 것으로, 어린 시절 큰아버지가 경영하는 비행기 회사에서 공장장으로 근무하던 아버
지의 영향으로 비행기를 좋아하게 됐다. 때문에 그의 많은 작품에 비행기가 등장한다.

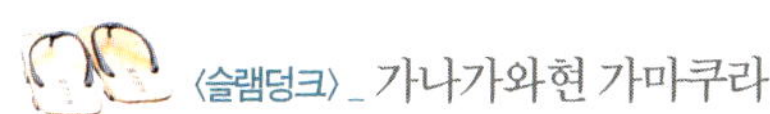

풋내기 농구 천재 강백호를 만나다

'백호 군은 우리 팀에 리바운드와 끈기를 더해 주었다.
태섭이는 스피드와 감성을, 대만이는 예전의 혼란을 딛고 비장의 무기인 3점 슛을,
태웅이는 승리에 대한 강한 의지를 보여줬다.
치수와 준호가 지끔껏 지탱해 온 토대 위에 이 만큼의 재능이 더해졌다.
이 것이 북산이다!'
- <슬램덩크> 중에서 -

스포츠를 일컬어 '각본 없는 드라마' 라고 한다. 손에 땀을 쥐게 하는 흥미진진함은 물론, 언제 어떤 반전으로 우리에게 감동을 줄지 예측할 수 없기 때문이다. 스포츠의 이런 묘미를 <슬램덩크>라는 만화를 읽으며 한껏 느꼈다. 슬램덩크는 축구나 야구외에 비인기 종목인 '농구' 에 열광하게 하고, 매달 만화책 발행되는 날짜를 손꼽아 기다리게 했다. 워낙 유명해서 나도 어떤 만화인가 궁금해 읽어보았는데 예상 밖으로 무척 재밌었다. 나이 들어 가장 열

심히 읽은 만화책은 슬램덩크가 처음이자 마지막이 아닐까 싶다.

〈슬램덩크(Slamdunk)〉는 1990년대를 풍미하며 독자의 사랑을 듬뿍 받은 스포츠 만화이다. 1996년 당시 슬램덩크가 7년 연재의 대장정을 마쳤을 때는 각 일간지에서 '슬램덩크의 연재가 끝났다.'는 기사를 내보낼 정도였고, 한국어판을 내는 '소년 챔프' 편집부에는 이 기사의 진위여부를 묻는 전화로 북새통을 이뤘다. 심지어 슬램덩크 연재가 끝났으니 그 잡지도 폐간되는 것이 아니냐는 뜬소문에까지 시달렸다고 한다.

농구를 좋아하는 이들은 물론, 농구에 문외한이었던 사람들까지도 농구에 열광하게 한 슬램덩크는 연재가 끝나고 10년이 지난 지금까지도 두터운 마니아층을 갖고 있다.

에노시마 해안을 바라보며 달리는 에노덴 전차와 쇼난 해안

슬램덩크의 무대는 무사시노와 아키타현에 이르는 제법 넓은 지역에 걸쳐 있다. 그 중 가장 중심이 되는 곳은 가나가와현 가마쿠라(鎌倉)이다. 도쿄 인근에 위치한 가마쿠라는 일본 최초의 막부시대를 열었던 곳으로, 유서 깊은 명소가 많다. 1185년부터 1333년까지 140여 년 동안 일본의 수도로서 지위와 명성을 누렸던 곳으로, 곳곳의 공방과 상점들까지도 오랜 역사와 전통을 자랑한다. 여러 대(代)에 걸쳐 가업을 이어온 상점들 대부분은 한 분야에서 최고를 자부하는 장인의 솜씨를 이어가고 있다. 그래서인지 유독 역사소설이나 그림 등의 배경으로 자주 등장한다.

시원스럽게 탁 트인 쇼난 해안. 강백호가 모래 사장에 앉아 소연이의 편지를 읽던 곳이다. 맑은 날에는 후지산이 보인다.

만화 속에서 자주 등장하는 에노덴. 차창 옆으로 아름다운 쇼난 해안의 풍경을 볼 수 있어 인기가 많다.

슬램덩크도 가마쿠라를 배경으로 한 만화이다. 시대물이 아닌 스포츠 만화로서는 드문 경우이지만 아이러니하게도 그것이 전혀 어색하지 않다. 1989년 이후 가마쿠라를 여덟 차례나 방문했지만 슬램덩크의 무대가 되었던 곳을 찾아 나서기는 처음이었다. 그래서일까? 예전과는 조금 다른 가마쿠라의 모습을 보는 듯했다.

슬램덩크의 주요 무대로는 가마쿠라 고등학교를 빼 놓을 수 없다. 가마쿠라 고등학교에 가려면 우선 도쿄에서 JR을 타고 후지사와 역에 내려 가마쿠라까지 가는 에노시마센을 갈아타면 된다. 에노시마센에는 관광열차 '에노덴'이 운영되고 있다. 개인 회사에서 운행하는 사철로, 두 량의 작은 열차이지만 차창 너머 펼쳐지는 에노시마 해변을 구경할 수 있어 인기가 높다. 또한 열차 앞 칸에 앉으면 좁은 선로 양옆으로 늘어선 주택가를 가로지르는 재미도 있다. 이 열차는 만화에서도 자주 등장한다. 북산고 농구부가 능남고와의 첫 시합을 위해 에노덴을 타고 경기장으로 향한다. 시합에 대비해 허리와 다리를 단련한답시고 팔짱을 끼고 엉덩이를 좌석에서 띄운 채 부들부들 떠는 장면을 기억할 것이다. 또 강백호가 중요한 시합에 늦어서 안절부절하며 타던 열차도 바로 이것이다. 덩치도 크고, 얼굴도 험상궂은 녀석이 기합이 잔뜩 들어간 표정으로 열차 안에서 오두방성을 떠는 모습은 지금 생각해도 웃음이 난다.

에노덴을 타고 조금 가려니 쇼난 해안(湘南海岸)이란 안내판이 보여 서둘러 내렸다. 멀리 후지산이 보이는 쇼난 해안은 도쿄 인근에 있는 유명한 해수욕장이자, 강백호와 서태웅이 만화의 마지막을 장식한 곳이기도 하다. 경기 중 부상으로 재활 치료를 받는 백호는 이곳 해변에 앉아 소연이의 편지를 읽으며 재활 의지를 다진다. 그런 그에게 주니어 국가대표로 뽑힌 서태웅이 다가와 유니폼을 '짠' 하고 펼쳐 보여 주는 장면은 피식 웃음이 나는 부분이다. 만나기만 하면 서로 으르렁대는 사이지만 그래도 좋아하는 농구에 있어서 만큼은 선의의 라이벌이었던 녀석들의 우정을 확인할 수 있어 기분 좋은 장면이다.

전국 재패의 신화, '북산고 농구부' 의 모델이 된 가마쿠라 고등학교

쇼난 해안을 둘러본 후 가마쿠라 고등학교로 가기 위해 다시 에노덴에 올라 탄 순간 나도 모르게 카메라 셔터를 눌렀다. 만화에서 보던 북산고의 교복과 똑같은 교복을 입은 학생들이 앉아 있는 것이 아닌가. 수업 받아야 할 이 시간에 학생들이 왠일이지? 통역을 맡아준 우진 씨가 묻자 학생들은 꿀 먹은 벙어리처럼 입을 꾹 다물고 우리 눈치를 본다. 안심시킬 요량으로 서울에서 슬램덩크의 무대가 된 곳을 찾아왔다고 하자 그제야 말문을 연다. 유명한 스모 경기가 있어 그걸 보느라 몇 시간 땡땡이를 쳤는데, 지금 학교로 돌아가는 중이라며 변명을 늘어놓는 모습이 귀엽기까지 하다. 아이들은 슬램덩크 이야기에 반색을 하며 자신들도 정말 좋아하는 만화라고 맞장구를 친다. 그리고는 자기네 학교가 바로 그 농구부의 모델이 된 곳이라고 자랑을 늘어놓는다. 학생들은 쇼난 해안과 가마쿠라 고등학교 역 부근의 건널목, 안 선생님이 입원했던 병원, 능남고의 무대가 된 무사시노키타 고등학교도 꼭 한번 가보라고 일러 주었다.

가마쿠라 고등학교의 정문과 체육관 내부 모습. 사방에 농구 코트가 설치되어 있을 정도로 규모가 크다.

아이들과 이야기를 하다 보니 어느 새 가마쿠라 고등학교 역이다. 역에서 멀지 않은 가마쿠라 고등학교는 약간 비탈진 언덕 위에 자리 잡고 있었다. 학교로 가는 길목에는 북산고 농구부와 능남고 농구부가 연습 경기를 위해 이동하던 건널목이 있었는데, 학생들이 일러 준 바로 그 건널목 같았다. 바다가 내려다보이는 풍경을 대하니 마치 만화 속에 들어와 있는 것 같은 기분에 조금씩 가슴이 뛰었다. 옆구리에 농구공이라도 폼나게 끼고 있었다면 분위기가 한껏 날텐데 하는 아쉬움이 들었다.

가마쿠라 고등학교에 도착한 우리는 슬램덩크의 주요 무대가 된 제1체육관을 보고 싶어 교내를 두리번거리다가 여자 체육 선생님과 만났다. 어른 둘이 슬램덩크에 관심 있어 이곳을 찾았다고 말하려니 왠지 쑥스러워 주저하고 있는데 선생님은 뜻밖에도 친절하게 대해 주었다. 그러나 체육관을 둘러보고 사진을 찍으려면 교장 선생님의 허락이 필요하다는 말에 우리는 뜻하지 않게 교장실로 불려가야(?) 했다. 예나 지금이나 교무실에 들어서면 긴장이 되는데, 교장실이라니 괜히 주눅이 들었다. 교장실 문을 열고 들어서니 가마쿠라 고등학교의 만이시노 이쿠야 교장은 우리를 반갑게 맞아 주었다. 차까지 대접받으며 교장 선생님과 슬램덩크에 대한 이야기를 1시간 넘도록 나누었는데, 이야기를 나누다 보니 교장 선생님이 한국과 남다른 인연이 있음을 알게 됐다. 부친이 경기도 평택의 초등학교 교장 선생님으로 근무한 적이 있고, 형은 평택에서 태어났다고 한다. 그 때문에 자신도 한국 친구가 많고 지금까지 좋은 관계를 유지하고 있다는 것이다. 덕분에 우리는 예상치 못한 환대를 받았다.

우리는 교장 선생님의 배려로 교감 선생님의 안내를 받으며 제1체육관과 학교를 두루 둘러볼 수 있었다. 강백호와 채소연이 처음 만나 덩크 슛을 시도했던 장소이자 농구부 팀원들이 맹훈련을 했던 체육관에서는 학생들이 수업을 하고 있었다. 체육관 규모는 생각보다 컸다. 천장에 매달린 농구대를 중심으로 사방으로 농구대가 설치된 체육관은 동시에 네 곳에서 게임을 치를 수 있을 정도의 규모이다. 사진기를 들고 체육관 중앙에 서자 왠지 모를 흥분과 열기가 느껴졌다. 그리고 어디선가 강백호가 나타나 내 턱 밑을 툭툭 치며 게임이나 한 판 하자고 할 것 같은 기분이다. 이런 흥분과 두근거림을 느껴본지가 대체 얼마만인가. 대학생 때이던가? 아니, 군대에 있을 때이던가? 아무튼 경기는 고사하고 변변한 체육 활동(?)도 제대로 못 하면서 숨가쁘게 살아온 내가 마흔을 훌쩍 넘어선 나이에 그것도 일본의 한 고등학교에서 이런 기분을 느끼다니 마음이 복잡해지기도 했다.

사진을 찍고 체육관을 나서며 입구를 한 번 더 찍었다. 그 모습을 보던 교감 선생님이 "그런 것도 중요합니까?"라고 의아해 하길래 나는 "당연히 중요하지요."라고 대답했다. 슬램덩크에 관한 것이라면 무엇이든지 담아가겠다는 의지가 느껴졌는지 교감 선생님은 체육관 입구에 있는 수도를 가리키며 '저 수도가 만화의 주인공이 연습을 마치고 세수를 하던 곳.' 이라고 일러 준다. 서태웅과 강백호가 땀에 젖은 티셔츠를 짜며 농구의 열의를 불태우던 곳 중의 하나인 듯했다. 또한 체육관에서 운동장으로 연결된 계단 위쪽은 강백호가 멀리 바다를

능남고의 모델이 된 도쿄 도립 무사시노키타 고등학교의 전경. 체육관과 학교 건물이 나란히 붙어 있다.

바라보며 생각에 잠겼던 곳이라는 설명도 해 주었다. 나는 그 계단에 앉았다. 멀리 바다가 바라다 보이고 사방이 고요하다. 잔잔하게 일렁이는 바다를 보고 있으려니 가슴 한 구석에 복잡하던 마음도 잠잠해지는 듯하다. 마치 맹렬한 속도로 코트를 누비다 숨을 고르기 위해 잠시 휴식을 취하는 선수의 기분이다. 생각을 정리하기에 이보다 더 좋은 곳도 없을 듯했다.

나의 긴 인생에서 문득 뒤를 돌아봤을 때, 지금까지는 괜찮지 않았나 싶다. 리바운드 외에는 그다지 잘하는 것이 없는 강백호도 농구를 할 때만큼은 행복한 것처럼 나 역시 사진 찍는 것 외에는 잘 하는 것이 없지만 여행을 하고 사진을 찍을 때만큼은 행복하다. 가끔은 좌절한 날도 있지만 보람된 날이 더 많았고 인생에서 후회 없는 전반전을 치렀다고 생각한다. 그리고 앞으로 남은 후반전에서는 더 멋진 경기를 펼쳐 보이리라.

가마쿠라 고등학교를 뒤로하고 미타카시에 있는 도쿄 도립 무사시노키타 고등학교를 찾았다. 이곳은 강백호처럼 자칭 천재가 아닌 진짜 농구 천재 윤대협이 다니던 능남고의 배경이 된 곳이다. 미타카 역과는 좀 떨어진 거리에 있어 찾아가기 쉽지 않았지만 가마쿠라 고등학교와는 전혀 다른 분위기여서 어렵게 찾아간 것이 후회되지 않았다. 특히 학교 담 옆에 길게 뻗은 길은 멋진 가로수와 어우러져 잔잔한 운치가 느껴졌다.

눈에 닿는 곳마다 전통과 장인의 숨결이 느껴지는 곳

가마쿠라는 교토와 나라에 버금가는 역사도시로, 도시 전체가 노천 박물관이라고 해도 과언이 아니다. 가마쿠라 고등학교 역에서 에노시마센을 타고 20여 분쯤 이동하면 가마쿠라 역이 나오는데, 역에서 멀지 않은 곳에 가마쿠라의 주요 보물을 소장하고 있는 국립 국보관을 비롯하여 각 나라의 인형을 모아둔 인형박물관, 대불 등 명소가 즐비하다. 그 중에서도 기차역을 기점으로 좌측 근실을 따라 늘어선 공방이 유명하다. 줄잡아 1백 곳이 넘는 공방에서 만드는 공예품은 다양하다. 독특한 문양과 그림을 그려 넣어 만든 거울을 비롯해 전통 우산 등을 만든다. 주로 목각품을 만드는데, 그 이유는 이곳의 나무질이 뛰어난 것도 있지만 전통 방식을 지키려는 신념 때문이라고 한다. 크고 작은 여러 공방에서는 전통방식의 생활 도자기와 전통 문양의 나염 제품도 만나 볼 수 있다. 또 골목을 돌아가면 골동품만을 취급하는 상점도 있다.

가마쿠라에서는 엔카쿠지(圓覺寺)도 빼놓을 수 없는 명소다. 중국 송나라의 만수사(万壽寺)를 기본틀로 13세기 후반에 완성한 고찰 엔카쿠지는 산문과 불전을 중심으로 마쓰미네인, 기겐인 등 40여 채의 건물이 있는 장대한 규모이다. 그러나 지금은 화재와 지진으로 17채의 건물만 남아 있다. 엔카쿠지는 소설가 가와바타 야스나리가 좋아한 곳으로도 이름나 있다. 야스나리는 1949년 엔카쿠지와 주위를 병풍처럼 둘러싼 산세에 감명을 받고 《센바즈루》라는 소설을 썼다. 우리나라에서는 《천 마리 학》이라는 제목으로 번역, 출판되기도 했다.

유서 깊은 사찰과 전통 문화가 숨쉬는 가마쿠라에서는 선종 사찰과 박물관, 독특한 공방, 도시를 에워싸고 있는 숲을 둘러볼 수 있다. 그러나 〈슬램덩크〉의 팬이라면 젊은이들의 패기와 열정, 그리고 우정이 진하게 배어 있는 도시 가마쿠라로 기억할 것이다. 어느 쪽이라도 가마쿠라는 여행객의 기대를 저버리지 않는 멋진 도시이다.

가마쿠라

鎌倉

· 가는 길

- 신주쿠에서 가마쿠라 : 신주쿠에서 상
  남 신주쿠센(相南新宿線)을 타고 후지
  사와 역까지 47분 소요. 에노시마센
  으로 갈아타고 에노시마 역과 가마쿠
  라 고등학교 역까지 20~25분 소요.
- 도쿄 역에서 가마쿠라 : 도쿄에서 JR
  동해도본선을 타고 가마쿠라 역까지
  57분 소요. 가마쿠라 역에서 에노덴
  을 타고 가마쿠라 고등학교 역과 에노
  시마 역까지는 25~30분 걸린다. 에노
  덴은 사철로 JR패스를 이용할 수 없
  으며, 1일권은 580엔(2005년 기준).
  코스별 요금 적용.

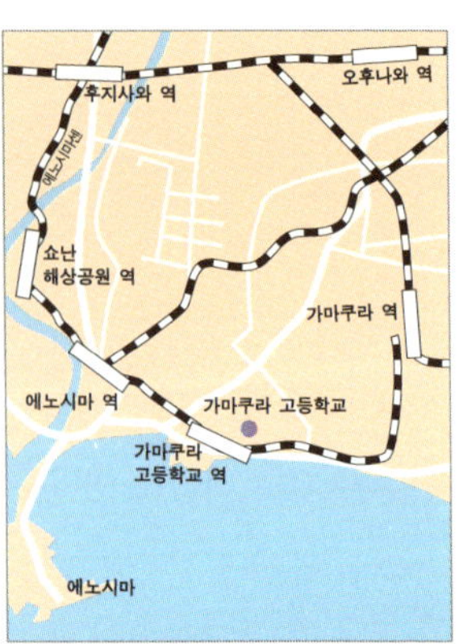

· 숙박

가마쿠라 고등학교가 있는 지역은 가마쿠라 외곽으로 숙박시설이 없다. 인근의 에
노시마에는 호텔과 료칸이 제법 많다. 도쿄에서 당일 여행이 가능해 도쿄에 숙소를
정할 수도 있다.

[가마쿠라 지역]

- 가마쿠라 하세 유스호스텔 : 영어 지원 www1.kamakuranet.ne.jp/hase.yh

- 가마쿠라 아키타야 여관 www.rintei.jp/contents/akitaya.html

- 가마쿠라 가키야 여관 www.kakiya.co.jp

- 가마쿠라 관광협회 · 다양한 숙박정보를 얻을 수 있다.
  www1.kamakuranet.ne.jp/kamakura/info/accommodation.html

[도쿄 지역]

- 일본 유스호스텔협회 : 한국어 지원 www.jyh.or.jp/kr/main.htm

- 볼거리
- 에노시마 : 일본 100경 중의 하나로, 이 지역 최고 명소. 섬에는 울창한 나무와 식물원, 전망대, 해변, 신사 등이 있고, 특히 석양이 멋지다.
- 엔카쿠지(圓覺寺) : 13세기에 세워진 선종의 본산으로 가마쿠라 최고의 명소. 산문과 불상, 범종 등이 일본 국보급으로 지정될 정도로 중요 유물을 많이 소장한 곳이다.
- 즈이로쿠 산 전망대 : 엔카쿠지에서 즈이로쿠 전망대까지 가는 등산로는 울창한 숲으로 둘러싸여 웰빙 여행지로 손색 없다. 이곳 전망대에서 바라보는 에노시마와 주변 해안 풍경은 탄성을 자아낸다.
- 가마쿠라 대불 : 13.5미터에 이르는 큰 불상. 여러 차례의 지진과 해일에도 끄떡 없었던 불상으로 에노덴을 타고 하세 역에서 내려 찾아갈 수 있다. 가마쿠라 역과 가마쿠라 고등학교 사이에 위치해 있다.

- 기타 정보
- 가마쿠라 : www.welcometojapan.or.kr / www.city.kamakura.kanagawa.jp
- 에노덴 : www.enoden.co.jp

About Writer ●

이노우에 다케히코 (井上雄彦, 1967~)

가고시마현 출생. 1988년 제 35회 데즈카상을 수상하며 데뷔했다. 1990년대에 〈슬램덩크〉로 스포츠 만화계를 평정했다. 처음에 농구 만화를 그리겠다고 했을 때, 일본 슈에이사 소년점프 편집부의 입장은 냉담했다. 그러나 사실적이고 역동적인 묘사, 농구에 대한 전문적인 지식, 다양하고 개성 있는 캐릭터를 바탕으로 펼쳐지는 이야기는 출판사의 걱정과 달리 독자의 뜨거운 반응을 얻었다. 1억 부 이상의 단행본 판매라는 세계적인 기록을 세웠다. 그러나 엄청난 인기는 작가에게 부담을 안겨 주었고, 슬럼프로 이어졌다. 이노우에는 웹 연재만화 《버저비터》와 휠체어 농구 만화 《리얼》이라는 후속작을 발표했지만 독자의 반응은 냉담했다. 독자들은 그가 농구 만화에서 그치는 것이 아니냐는 우려를 했지만, 이노우에는 1998년 〈모닝〉지에 일본의 전설적인 검객인 미야모토 무사시의 일대기를 다룬 《베가본드》라는 작품을 연재하면서 재기에 성공했다.

사진을 매개로 한
슬프고 서정적인 사랑 이야기

"결혼하고 처음 보는 혼자만의 요코.
요코가 나 없이도 살아갈 수 있다는 사실은
가슴을 아린다."
- 〈도쿄 맑음〉 중에서 -

한 남자가 있다. 그는 항상 사진기를 들고 다닌다. 거리에서도, 전철에서도, 식당에서도 사진기는 늘 그의 곁에 있다. 사진기는 그가 늘 끼고 있는 안경같다. 잠에서 깨어나면 안경을 찾아 끼고 잠들기 전 벗어두는 것처럼.

그리고 그에게는 사랑하는 아내가 있다. 만지면 깨질 것처럼 맑고 순수한 감성을 지닌 아름다운 여인이다. 그들은 처음 사랑을 시작하는 연인처럼 연애감정을 지닌 채 살아간다. 이들의 아름다운 사랑 이야기가 도쿄의 조용하고 서정적인 풍경에 실려 느리게 전해 오는 영화 〈도쿄 맑음〉.

영화는 제목처럼 도쿄를 배경으로 밝고 예쁜 모습을 담고 있다. 일본 근대 건축을 상징하는 도쿄 역과 스테이션 호텔, 명품 브랜드가 총망라되어 있는 화려한 쇼핑거리 긴자, 비즈니스 거리 마루노우치, 고즈넉하고 낭만적인 유라쿠초, 간다 거리가 등장한다. 뿐만 아니라 직장인들이 즐겨 찾는 선술집 거리, 기차 길을 따라 난 좁은 길, 작은 공원과 한적한 골목까지 일상의 공간을 세밀하게 담고 있어 도쿄라는 도시의 매력에 푹 빠져들 정도이다. 특히 빛의 예술이라고 할 정도로 사진은 광선에 따라 피사체의 느낌이 달라지는데, 시간에 따라 달라지는 도시 풍경을 매우 섬세하게 담은 화면은 내게 특히 인상적이었다.

나는 영화를 보는 내내 도쿄가 저토록 아름다웠던가를 되뇌었다. 도쿄라면 나도 꽤 알고 있다고 자신하는 곳이다. 도쿄에만 30여 차례 넘게 여행을 했고 체류한 날을 합하면 1년은 족히 될 것이다. 더욱이 사진 찍는 일을 업으로 하다 보니 웬만한 명소와 길은 걸어다녔기 때문에 그렇게 생각한 것도 무리는 아니었다. 그런데도 영화를 보면서 "어! 저 곳은 어디더라? 어디서 본 듯도 한데.", "저 공원도 오후의 햇살을 받아 꽤 멋있네."하는 생각이 꼬리를 물며 이어졌다.

그리고 〈러브레터〉에서 청순한 이미지를 보여주었던 나카야마 미호의 여전히 아름다운 모습과 〈쉘 위 댄스〉에서 열정적인 춤과 인상적인 연기를 보인 다케나카 나오토가 사진작가 시마즈로 나와 섬세한 연기를 보여 주었다. 특히 주연과 감독까지 맡은 다케나카 나오토는

도쿄 역의 모습. 암스테르담 역을 모델로 한 서양식 건물로, 제2차 세계대전 때 공습을 받아 1947년 새로 지어졌다.

거리를 걷고 있는 도쿄 시민들. 영화에서 시마즈는 사진기를 들고 도쿄 도심의 거리를 걸어다니며 사진을 찍는다.

유라쿠초 기차선로 주변의 모습. 저렴하게 술과 식사를 할 수 있는 식당과 술집이 많아 직장인들이 즐겨 찾는 곳이다.
시미즈와 동료들이 함께 술을 마시던 술집도 이 거리에 있다.

지금까지의 코믹한 조연의 이미지와 전혀 다른 모습이었다.

사실 영화를 볼 때까지만 해도 모델이 된 실존 인물이 있다는 것을 몰랐다. 더구나 언제나 화제를 몰고 다니는 세계적 사진작가 아라키 노부요시 부부라는 것은 상상도 못했다. 그래서 처음 영화를 볼 때는 도쿄의 풍경에만 관심을 두다가 다음에는 시미즈와 사진기, 그들 부부의 일상을 좀더 유심히 보았다.

다케나카 나오토는 요코의 글과 아라키의 사진으로 구성된 포토 에세이를 서점에서 우연히 보고 영화로 만들 결심을 했다고 한다. 도쿄의 풍경을 고집스레 담았던 아라키의 이야기니 만큼 그의 영화는 도쿄 모습을 아름답게 담는 데 중점을 두고 있다.

만약 도쿄를 제대로 느끼고 싶다면 〈도쿄 맑음〉의 장면을 따라 걸어보라고 권하고 싶다. 그 중에서도 가장 걷고 싶은 곳이라면 유라쿠초(有樂町)에 위치한 토키와바시 공원(常盤橋公園)을 꼽을 수 있다. 일본 최초의 서양식 석교 토키와바시(常盤橋)가 있어 붙여진 이 공원은 아주 작지만 거리를 걷다가 잠깐 쉴 수 있는 곳이라 오랫동안 시민들의 사랑을 받아왔다. 특히 긴자와 마루노우치, 유라쿠초 등의 직장인들이 점심 후 잠깐 쉬어가기에 안성맞춤이다. 또한 에도 성곽의 흔적도 남아 있어 역사의 흔적과 세월의 깊이를 느낄 수 있다.

영화에서는 요코(나카야마 미호)가 여행사에서 나와 시내를 걷다가 이곳 공원의 성벽이 보이는 벤치에 앉아 있던 곳이다. 그리고 젊은 청년이 다가와 요코에게 책을 빌려주며 이야기를 나누고, 이 모습을 언덕 위에서 지켜보던 시마즈(다케나 나오토)는 요코가 떠난 뒤에 괜스레 청년에게 다가가 "무슨 책을 읽느냐"며 묻는다. 뭐 특별할 것 없는 이런 풍광들을 통해 '삶과 사진은 하나'라고 말한 아라키의 생각을 잘 보여 주는 것 같았다.

아담한 석조 다리인 토키와바시를 건너면 긴자 거리이다. 메이지 시대 이후 도쿄의 대표적인 상업지역인 긴자(銀座)에는 세계적인 유명 브랜드가 모여 있다. 파리와 뉴욕보다 더 많은 명품브랜드 쇼핑몰이 모여 있다는 긴자는 도쿄의 대표적인 문화공간이기도 하다. 크고 작은 갤러리와 영화사, 극장을 비롯하여 일본의 예술과 문화를 상징하는 공간들이 다 모여 있기 때문이다.

영화에서 등장한 긴자의 거리는 꽤 많다. 요코가 시마즈와 미즈타니(마츠 다카코)와의 약속 장소에 가기 위해 길을 묻고 건널목을 건너다 교통 사고를 당한 곳은 긴자의 쁘렝땅 백화점 앞이다. 쁘렝땅 백화점에서 긴자 역을 향해 걷다가 왼쪽으로 꺾어지면 시계탑이 있는 와코(和光) 백화점이 위치한 긴자 4가 거리가 나온다. 요코와 시마즈가 긴자의 번화가를 걷던 길 중의 하나로, 와코 백화점은 긴자에서 가장 번화한 곳이자 약속 장소로 유명하다. 긴자 거리는 언제 와도 사람들로 활기가 넘친다.

도쿄를 상징하는 오래된 건물 중 하나는 도쿄 역이다. 1918년에 세워진 도쿄 역은 네덜란드 암스테르담 역을 모델로 한 서양식 건물인데, 제2차 세계대전 때 공습을 받아 1947년 새로 지은 것이다. 신칸센을 비롯해 수천 편의 열차가 출발하고 도착하는 도쿄 역은 이 영화에 자주 등장한다. 역의 남쪽 출입구에서 요코가 시마즈를 향해 손을 흔들던 장면과 요코와 시마즈가 함께 식사를 하던 장면은 도쿄 역 스테이션 호텔 레스토랑에서 촬영되었다. 클래식한 분위기에서 식사를 하면서 시마즈는 요코에게 야나가와로 여행을 떠나자고 말한다. 차분하고 조용한 영화 분위기와 잘 어울리던 그곳은 스테이션 호텔 바라(Bara) 레스토랑으로, 스테이션 호텔이 촬영을 허가한 것은 이 영화가 처음이라 화제가 되기도 했다.

나는 영화의 분위기를 느껴보고 싶어 바라 레스토랑에서 차를 마셨다. 오랜 전통을 자랑하는 호텔의 레스토랑답게 시설도 좋고 서비스도 훌륭했다. 느긋하게 창문을 내려다 보니 행선지가 다른 기차를 타고 떠나거나 도착하는 사람들의 모습은 바빠 보였다. 그들 중 누군

가는 나처럼 여행을 왔을 테고, 또 누군가는 다른 지방으로 여행을 떠날지도 모르겠다. 한참을 사람들에게 눈길을 빼앗기다 보니 아련한 추억이 있는 옛 서울역 그릴이 생각났다. 역에 있는 레스토랑은 실내의 분위기와 상관없이 그런 감상에 빠지게 만드는지도 모르겠다.

스테이션 호텔을 나와 유라쿠초 역 쪽으로 천천히 걸었다. 선로를 따라 오래된 듯한 분위기가 느껴지는 레스토랑과 카페가 늘어서 있었다. 이곳은 도쿄 시내에서 가장 저렴하게 식사하고 술을 마실 수 있는 곳으로, 퇴근길 직장인들이 즐겨 찾는다. 시마즈가 후배인 미즈타미를 우연히 만나 함께 차를 마시던 찻집도 이곳에 위치해 있다. 영화에서 묘사된 것처럼 주머니 사정이 빠듯한 젊은 직장인들이 편하게 즐길 수 있는 분위기이다.

스키야바시는 유라쿠초와 긴자의 교차점으로 작은 공원이 조성되어 있는데, 이곳에서 긴자가 시작된다. 요코가 신호등을 기다리며 서 있던 곳이 바로 스키야바시이다. 이 영화는 유난히 도쿄의 도심, 그 중에서도 전통적인 번화가인 긴자 일대의 풍경과 옛 향수를 느끼게 하는 곳이 많이 나온다. 그 중 하나가 고서점가로 유명한 간다 지역이다. 요코와 시마즈가 늦은 밤 골목을 걷던 곳으로 간다 지역을 걷다 보면 낭만적인 분위기가 느껴진다. 이 거리에는 산세이도(三省堂)를 비롯해 쇼텐 그란데 등 대형 서점과 고지도나 의학서, 중국서 등 전문서적을 취급하는 고서점이 100여 개가 넘고, 많은 출판사들이 몰려 있다. 이곳에서는 언제나 시간을 잊어버리기가 일쑤다. 없는 게 없을 만큼 다양한 책을 구경하다 보면 어느새 어둑어둑해지곤 한다. 또한 현대

식 건물 사이사이 오랜 역사를 자랑하는 건물과 골목마다 카페나 음식점 등을 구경하는 것도 여간 재미있지 않다.

또 하나 중요한 공간인 시마즈와 요코가 살던 집은 세타가야쿠 고덕쿠지(世田谷區 豪德寺) 주변인데, 아라키 노부요시의 집을 취재한 후 그대로 재현하였다고 한다. 아라키 노부요시는 2002년 서울 일민미술관에서 한국에서의 첫 개인전을 열었는데, 그 때 전시된 작품 중에는 널찍한 베란다가 있는 아라키 노부요시의 아름다운 집이 나온다.

센티멘털 여행, 야나가와

〈도쿄 맑음〉의 후반부는 큐슈의 아름다운 도시 야나가와(柳川)의 멋진 수로와 전통 여관, 한적한 어촌의 풍경을 볼 수 있다. 요코와 시마즈가 신혼여행을 떠났던 곳인데, 일본의 '리틀 베네치아' 라고 불리는 야나가와는 후쿠오카에서 기차로 50분이면 갈 수 있다. 작은 역에 도착해 보니 리틀 베네치아라는 이름이 무색하지 않을 정도로 예쁜 항구도시였다. 10분 남짓 걸어가자 수로를 따라 상가와 주택들이 즐비하고, 수양버들이 길게 늘어서 있는 좁은 수로를 따라 앙증맞은 집과 나무들, 하늘거리는 코스모스와 가족이 여유롭게 낚시하는 모습까지 처음보는 풍경이지만 왠지 느낌이 좋았다.

요코와 시마즈가 배를 타던 선착장도 영화 속 모습 그대로였다. 이곳의 풍경에 즐거워하는 이아와 함께 선착장에서 작은 유람선을 탔다. 노부부와 40대의 부부, 명랑한 아가씨 다섯 명, 뱃사공까지 오붓한 분위기였다.

야나가와의 전통 혼례 모습. 혼례식을 마친 신랑 신부가 배를 타고 떠나고 있다.

10월 첫째 주에 열리는 야나가와 축제 '마차 경주대회'의 모습.

뱃사공까지 모두 12명을 태운 유람선은 유유히 나아갔다. 50대 중반의 가이드 겸 뱃사공은 이곳 토박이로, 쾌활하고 유머가 풍부해 함께 탄 일본인들은 계속 함박웃음을 터트렸다. 나와 이아, 그리고 부산에서 왔다는 두 명의 아가씨는 뱃사공의 농담에 타이밍을 놓치곤 했지만.

뱃사공의 재미난 설명에도 나는 이색적인 풍광을 놓칠세라 연신 사진기의 셔터를 눌렀다. 전체 수로를 쭉 따라 가다 보니 영화에서 나온 부분은 야나가와 수로의 극히 일부분이고, 전체 분위기를 느끼기에는 턱없이 부족할 정도로 아주 매력적이었다. 이토록 아름다운 곳을 영화에서 비교적 평범하게 처리한 것이 아쉬울 정도였다.

좁은 수로를 따라 이어진 정겨운 집들과 이름 모를 꽃과 누렇게 익어 가는 논, 그림처럼 예쁜 거리 풍경, 숲을 이루는 울창한 나무들. 야나가와의 아름다운 정취를 담기 위해 족히 100번은 셔터를 눌렀을 것이다. 그리고 전통 결혼식을 보는 행운까지 따라주었다. 순결을 상징하는 흰색의 기모노를 입은 신부와 전통 예복을 입은 신랑, 양가의 가족이 모여 두 사람의 앞날에 행복을 기원하는 결혼식 장면은 언제 봐도 행복해진다. 결혼식 후 작은 보트가 신랑 신부를 태우고 출발하는 것은 이 도시만의 특색인 것 같았다. 이아도 무척 인상적이었는지 이날 저녁에 쓴 일기장에는 온통 결혼식 이야기였다.

영화에서 시마즈가 이발소에 들러 머리를 손질하다 잠시 잠든 사이 요코는 어디론가 사라진다. 시마즈가 요코를 찾아 마을 이곳 저곳을 헤매던 곳은 유람선 투어가 거의 끝나는 지점이었다. 배에서 내려 영화에 나온 이발소를 찾아보았지만 지금은 없었다. 다만 두 사람이 산책하던 작은 다리와 갯벌, 신작로는 그대로였다. 신작로를 따라 이아와 함께 두런두런 걷는데, 마치 시골 외갓집을 찾아가는 듯 정겹고 편안했다.

야나가와에서 머무른 며칠 동안 우리는 여행이 가져다주는 유쾌한 행운을 모두 누릴 수 있었다. 전통 결혼식을 본 것도 그렇고, 지역 축제를 본 것도 그랬다. 해마다 10월 첫째 주에 열리는 야나가와 축제의 공식 이름은 '마차 경주대회.' 사람이 직접 끄는 제법 큰 마차 위에는 무대가 마련되어 있고, 그 위에서 악기를 연주하며 노래를 부르고 시내를 행진하는 퍼레이드였다.

일본에 두 번째 온 이아는 이런 모든 것들이 너무 신기한지 나를 앞서가며 뛰어 다녔다. 시간이 지날수록 여행의 감흥이 조금씩 무더져 가는 나에게 해맑게 좋아하는 이아의 모습은 또 다른 자극이 되었다.

도 쿄 東京

야 나 가 와 柳川

· 가는 길

① 도쿄 : 도쿄까지 가는 방법은 인천공항에서 니리타로, 김포공항에서 하네다 공항으로 들어가는 2가지가 있다. 하네다 코스가 시간적인 면에서 편리하고, 나리타 행이 저렴하다. 나리타 공항에서 도쿄 역이나 신주쿠까지는 1시간 10분에서 1시간 30분 소요. 하네다 공항에서 도심까지 20~30분 소요.

② 야나가와 : 인천에서 후쿠오카까지 운행하는 아시아나항공과 대한항공 이용. 1시간 5분 소요. 셔틀버스로(10분 소요) 국내 청사로 이동, 지하철로 후쿠오카 역까지 간 다음 텐지 역에서 니시테쓰 오무타센을 타면 야나가와로 갈 수 있다. 소요시간 46분.

· 숙박

영화의 분위기를 만끽하려면 도쿄 역에 있는 도쿄 스테이션 호텔에 투숙하는 것이 가장 좋다.

- 로얄 파크 호텔 : 가족이 함께 하기 좋은 호텔로 니혼바시 지역에 있어 쇼핑과 관광에 최적이다. www.royalparkhotels.co.jp/nihonbashi

- 토요코 호텔 : 저렴하고 편리한 숙소로 인터넷 사용이 가능하며 세탁은 무료. 아침식사도 원하는 것만큼 먹을 수 있다. www.toyoko-inn.com

- 유스호스텔 : 도쿄에는 요요기와 도쿄 국제유스텔이 있으나 저렴한 호텔과 가격 사이가 거의 없어 호델를 이용하는 것이 나을 수도 있다. 요요기 유스호스텔(www.jyh.or.jp), 도쿄국제유스호스텔(www.tokyo-ih.jp)

- 일본유스호스텔협회 : 한국어 지원. www.jyh.or.jp/kr/main.htm

• 볼거리

- 야나가와 유람선 투어 : 수로를 따라 연결된 풍광이 아름답다. 일본 내에서 '리틀 베네치아'로 불리는 곳. 유람선 투어 요금은 어른 1500엔, 어린이 800엔. 1시간 10분 소요.
- 기타하라 하쿠슈 생가 : 메이지 시대를 대표하는 시인으로 평가받는 기타하라 하쿠슈 생가는 현재 기념관으로 사용하고 있다. 조선 시가와 민요에 지대한 관심을 갖고 있었으며 조선의 시가와 민요의 수준을 높게 평가했던 작가다.

• 기타 정보

www.welcometojapan.or.kr
www.tourism.metro.tokyo.jp

About Movie ●

도쿄 맑음 (1997) | 감독 : 다케나카 나오토, 주연 : 나카야마 미호, 다케나카 나오토

사진작가 아라키 노부요시는 〈사상의 과학〉이라는 잡지에 부인 요코가 쓴 글과 함께 사진을 3회 연재 중 요코가 암으로 세상을 떠난다. 잡지에 연재된 내용은 이후 〈도쿄 맑음〉이라는 포토 에세이집으로 발간되었다. 다케나카 나오토는 우연히 서점에서 〈도쿄 맑음〉을 보고 영화화하기로 마음먹었다고 한다. 아라키 노부요시는 가학적인 여인의 모습이나 도시의 뒷골목, 일상의 모습을 담은 사진으로 많은 화제를 낳은 세계적 사진작가이다. 감독 다케나카 나오토의 계획은 〈러브레터〉를 제작했던 마츠시다 치아키가 프로듀서로, 요코 역에 나카야마 미호, 시미즈의 동료 미즈타니로 마츠 다카코가 참여하면서 1997년 영화로 제작되었다. 우리나라에는 4년 뒤 2001년에 개봉되었다. 다케나카 나오토는 〈쉘 위 댄스〉(1998), 〈으랏차차 스모부〉(1992)로 먼저 알려졌다. 그는 이 영화에서 감독과 주인공 시미즈를 연기하여 새로운 모습을 보여 준다.

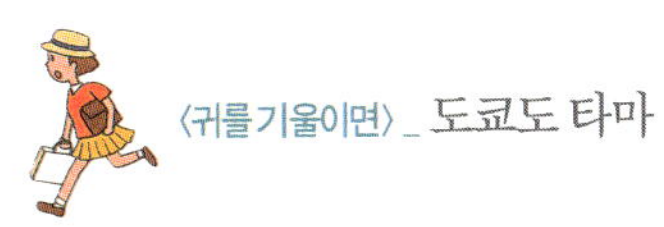

"네 마음의 소리에 귀를 귀울여 봐"

"콘크리트 로드~ 어디까지나 숲을 자르고 계곡을 메우고
웨스트 도쿄 마운트 타마 고향은 콘크리트 로드~."
- 〈귀를 기울이면〉 중에서 -

학창 시절, 내가 가장 좋아하던 노래 중의 하나인 존 덴버의 'Take me home, country road'는 누구나 좋아하는 노래인지도 모르겠다. 아니면 '콘크리트 로드~'로 귀엽고 깜찍하게 개사한 때문인지 〈귀를 기울이면〉을 보고 난 뒤 자꾸 이 노래가 흥얼거려졌다.

소설 읽기를 좋아하는 귀여운 여중생 시즈크와 바이올린 장인을 꿈꾸는 의젓한 세이지의 풋사랑을 그린 〈귀를 기울이면〉은 '소박하

다' 는 말이 딱 어울린다. 요란하게 꾸미지 않고 있는 그대로의 중학생 모습과 도시인들의 일상 생활을 기막히게 잘 묘사하였다.

고개를 들어 하늘 한번 제대로 보기 힘들고 흙을 밟을 일도 별로 없는 도심에서 살다보면 자연의 변화를 느낄 새도 없이 계절은 가고 또 와 있다. 그럴 때면 시골길을 걸으며 맑은 공기를 마시고 햇살도 마음껏 쬐고 싶어진다. 콘크리트 로드는 도시인들의 그런 소망을 살짝 바꿔 개사한 것일 텐데, 그 생각이 귀엽기도 하고 재미있었다. 누가 가사를 썼을까 궁금했는데, 역시나 미야자키 하야오가 썼다고 한다. 그의 동심은 못 말릴 것 같다.

책읽기를 좋아하는 여중생 시즈크는 글쓰기에 관심이 많고 상상하기를 좋아한다. 중3 여름방학, 친구 유우코는 학원 공부에 바쁘지만 시즈크는 도서관에서 책 20권 읽기를 목표로 바쁘다. 그런데 이상하게 빌리는 책마다 대출카드에는 아마사와 세이지라는 이름이 적혀 있다. 도대체 누구일까 궁금해하는 시즈크. 어느 날 아버지에게 도시락을 가져다 주기 위해 전철을 타고 시내로 나간다. 전철에서 고양이를 만나고, 고양이를 따라 언덕의 주택가를 헤매다 지구야(地球) 앤티크 가게에서 니시 할아버지와 고양이 인형 '바론 남작' 을 만난다.

이 작품은 지브리 스튜디오의 차세대 투사 콘도 요시후미의 감독 데뷔작이다. 뭔가 삭막해져 가는 일본 사회에 예전에 느꼈던 동심, 순수함의 행복을 애니메이션에 담아 사람들에게 전해주기 위해 미야자키 하야오가 기획하고 각본을 썼다.

아름다운 도시의 골목과 집, 거리의 전경과 친근한 사람들의 모습

타마시 세이세키사쿠라가오카 인근의 시내 전경.

시즈크가 타고 내리던 게이오센 세이세키사쿠라가오카 역사와 전철역 내부의 모습.

이 잔잔한 감동을 주는 〈귀를 기울이면〉은 도쿄의 서남쪽에 위치한 타마(多摩)를 배경으로 하였다. 나는 딸 이아에게 타마를 보여주고 싶었다. 이아가 몇 년 뒤 시즈크 나이가 되면 아마 미래에 대한 꿈으로 열병을 앓을지도 모른다. 그럴 때 〈귀를 기울이면〉을 보고 타마에 갔던 추억이 조금은 힘이 되지 않을까, 그런 생각이 들어서였다.

이아와 함께 신주쿠 역에서 타마시를 연결하는 게이오센 열차에 올랐다. 열차가 도쿄 도심을 벗어나자 한적하고 아담한 신도시들이 나타난다. 30분도 안 돼 종착역인 타마시의 세이세키사쿠라가오카(多摩市 聖蹟櫻ヶ丘) 역에 도착했다. 이곳은 시즈크가 세이지의 할아버지 공방이나 도서관에 갈 때 내리던 전철 역으로, 게이오 백화점이 들어서 있는 타마의 중심지이다. 영화에서도 묘사되었던 KEIO 마크를 확인하면서 서쪽 출구로 나왔다. 그리고 사방을 한번 휘 둘러보았다. 영화에서 그려졌던 풍경과 비슷한 것이 아니라 아예 똑같다. 〈귀를 기울이면〉이 1995년 일본에서 개봉되었을 때 '실제 풍경을 지극히 사실적이고 아름답게 그려내 많은 도쿄도민들이 자신들이 사는 곳에 대해 긍지를 가지게 되었다.'고 했는데, 과장이 아니구나 싶었다. 타마는 구릉과 강을 끼고 형성된 전원도시이다.

백화점을 뒤로하고 구릉이 보이는 방향으로 200여 미터쯤 가자 작은 개천이 나왔다. 폭이 50~60미터쯤 될까, 오쿠리카와(大栗川)로 불리는 이곳은 애니메이션에서 자주 등장하던 곳 중의 하나이다. 개천을 따라 난 길은 자동차 한 대와 자전거 한 대가 지나갈 정도로 좁은데, 시즈크가 유우코 그리고 세이지와 종종 걷던 길이다. 우리가 찾았

시즈크가 언덕 위의 도서관과 지구야로 가기 위해 걷던 이로하자카 거리의 모습.

을 때는 소박한 들꽃이 피어 있어 나도 모르게 '컨트리 로드'가 흥얼
거려졌다. 이아는 "시즈크 언니와 세이지 오빠를 만날 수 있을 것 같
아."라며 힐끗 나를 향해 돌아보는데 '시즈크를 닮았네' 하는 생각이
얼핏 머리를 스쳤다. 그런 모습을 놓칠까 나는 카메라 셔터를 누르며
이아를 따라 걸었다. 이아의 말처럼 타마의 풍경은 영화에서 묘사된
것과 너무도 똑같아 우리는 훌륭한 입체 지도를 미리 보고 온 듯한 느
낌을 받았다.

다리를 건너 구릉에 위치한 도서관으로 향했다. 구불구불하고 가
파른 길은 걷기가 쉽지 않았지만 조용하고 깨끗해서 좋았다. 이 길도
영화 속에서 묘사된 그대로이다. 천천히 걸으며 사진도 찍고, 힘들면

시즈크가 지구야에서 도서관으로 갈 때 이용하던 계단. 위에서 내려다보면 푸른 녹음이 터널처럼 보인다

세이세키사쿠라가오카를 가로 질러 흐르는 오쿠리 강변.
자전거를 타고 가는 이의 앞으로 게이오센 전철이 지나간다.

한번씩 뒤돌아 쉬며 500미터쯤 걸었을까, 시립 도서관이 보였다. 시즈크의 아버지가 사서로 근무하는 곳이자 시즈크가 자주 찾던 도서관이다. 이곳 역시 어디서 본 것처럼 익숙하다. 전철에서 만난 고양이를 따라 언덕 위 주택가를 헤매다 시즈크는 앤티크 가게 지구야(地球屋)를 발견하게 되고, '바론'이라는 고양이 인형과 아름다운 시계에 이끌려 시간가는 줄도 모른다. 아버지의 도시락도 잊은 채 허겁지겁 도서관으로 달려가는 시즈크는 그때까지 도시락을 잊어버린지도 모른다. 도서관 입구에 도착했을 때, 자전거를 타고 나타난 세이지가 시즈크에게 도시락 가방을 전해준다. 그때의 배경이 된 곳이 시립 도서관이다. 소설을 많이 읽어 상상력이 풍부하고 호기심이 가득하지만 약간 덜렁대는 시즈크의 성격이 잘 나타난 장면이었다.

"건망증이 심하구나. 근데, 네 도시락 엄청 큰 걸." 하고 세이지가 장난스럽게 던진 말에 "아니야, 아니야." 라며 펄쩍 뛰는 시즈크의 모습이 너무 귀여웠다.

도서관을 지나 지그재그로 이어진 도로를 따라 조금 더 올라가자 작은 공원이 나왔다. 높은 축대 아래로 타마 시가지와 개천, 그 너머 타마 강의 정경이 한눈에 들어왔다. 이 공원은 영화의 마지막 장면에 세이지가 바이올린 장인이 되기 위해 이탈리아에서 2개월의 실습을 마치고 돌아온 후 시즈크에게 좋아한다고 고백을 하던 곳이다. 이른 새벽, 둘은 자전거를 타고 공원을 향해 달려간다. 자전거를 밀고 끌며 힘겹게 오르막을 오른 뒤 해가 떠오르는 모습을 함께 바라보던 곳으로, 두 사람의 미래에 대한 희망을 암시하는 중요한 공간 중의 하나이다.

아주 오래 전 일이지만 나에게도 시즈크와 세이지 같은 시절이 있었던 것 같다. 중학교 3학년 때 처음 수동 카메라를 선물로 받고 얼마나 좋았던지, 눈에 보이는 모든 것은 다 찍고 싶어 안달을 했다. 결과적으로 나는 사진학과에 진학했고, 지금까지 그 일을 업으로 삼고 있다. 그 때의 카메라 한 대가 결국 내 인생을 결정한 셈이다.

공원과 도서관은 불과 100여 미터 정도 떨어져 있는데, 도서관까지는 가파른 S자형 도로가 나 있다. 그리고 시즈크가 지구야 가게에 갈 때마다 오르내리던 긴 계단은 도로를 질러가는 길로 200여 개는 족히 되는 것 같았다. 나도 꽤 다리가 아픈데, 이아도 힘든 모양이다. 그나마 계단 양쪽의 울창한 나무들이 신록을 뽐내고 있어 덥지 않은 게 다행이었다.

계단을 오르다 보면 왼쪽으로 작은 신사가 있는데, 이곳은 야구부원인 스기무라가 시즈크에게 좋아한다는 고백을 하던 곳이다. 신사에서 건널목을 지나 100여 미터쯤 더 올라가면 할아버지의 앤티크 가게가 있던 지점에 이른다. 그러나 가게는 찾아볼 수 없었다. 고급 주택이 늘어선 곳으로 가상의 공간인 듯했다. 이아와 나는 '마치 하늘에 떠 있는 것 같다.'고 시즈크가 말한 곳이 이 지점이 아닐까 추측하면서 시내를 내려다보았다.

타마는 개발된 지 30년이 넘어 이제는 신도시라기보다 편안하고 푸근한 느낌을 주는 전원 도시로 불릴 만했다. 시즈크가 학교 가던 길이며, 도서관 가던 길, 언덕 위에서 미래를 다짐하는 공원까지 걸었으니 꽤 힘들었을 텐데 이아는 피곤한 기색도 없었다. 좋아하는 걸 보니

도서관으로 올라가는 상당히 가파른 거리. 차들이 주로 다니고 사람들은 계단을 이용하는 경우가 많다.

타마에 함께 오길 잘했다는 생각이 들었다. 그리고 이아도 자신 안에 있는 원석을 찾아내 빛나는 보석으로 연마하기를 바래본다. 타마는 볼거리가 많은 곳이 아니었지만 '시즈크와 세이지'의 추억이 있고, 우리 부녀의 추억이 있어 두고두고 떠올릴 곳이 되었다.

타마
多摩

• 가는 길

게이오센을 이용하는 방법과 JR를 이용한 다음 버스를 타는 방법이 대표적이다.

① 사철 게이오센 기차 : 신주쿠 역에서 게이오센(京王線)으로 45분. 가장 빠르고 저렴하다. 단 타마시 세이세키사쿠라가오카(多摩市 聖蹟櫻ヶ丘) 방향인지 꼭 확인할 것. 1번 플랫폼인 경우가 많으며, JR 패스 사용이 안 된다.

② JR 패스 : JR을 타고 쿠니타치에 도착, 역 앞 정류장에서 버스를 타고 타마로 갈 수 있다. 게이오센을 타는 것보다 시간이나 요금이 더 든다. 소요시간 55분.

- Key Point : 타마에서 〈4월 이야기〉 무대가 된 쿠니타치까지는 게이오센 버스 터미널(게이오 백화점 건물의 북쪽에 있음) 3번 게이트에서 쿠니타치 행 버스를 타면 23~25분 정도 걸린다. 오전 6시부터 10시까지, 매시간 3~6대 정도가 운행.

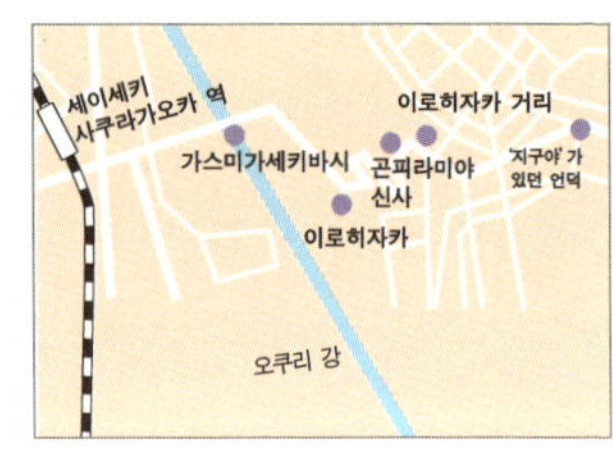

· 숙박

도쿄의 위성도시로 작은 호텔이 몇 개 있다. 도쿄에서 당일 여행이 가능하기 때문에 신주쿠에 숙소를 정하는 것이 편리하다.

- 게이오 프라자 인터컨티넨탈 : 신주쿠에 있는 호텔로 가족들이 함께 이용하기 좋다. 신주쿠의 비즈니스호텔로 24시간 무료 인터넷 사용이 가능하다. 코인 세탁기도 있어 장기 여행객에게도 편리하다. www.keioplaza.co.jp
- 일본유스호스텔협회 : 한국어 지원, 일본어 페이지에서는 국내의 유스호스텔 검색이 가능 www.jyh.or.jp/kr/main.htm

· 기타 정보

- 타마 : www.city.tama.tokyo.jp

About Director ●

콘도 요시후미 (近藤喜文, 1950~1998)

1950년 생인 그는 애니메이터로서 경력을 쌓기 시작할 때부터 미야자키, 다카하다와 함께 일해왔다. 그는 지브리 스튜디오에서 〈미래소년 코난〉(1978), 〈빨강머리 앤〉(1979), 〈반딧불의 묘〉(1988), 〈마녀 배달부 키키〉(1989), 〈추억은 방울방울〉(1991), 〈붉은 돼지〉(1992), 〈평성너구리 전쟁〉(1993) 등의 작화 감독과 캐릭터 디자이너로 활동했다.
그리고 1995년 〈귀를 기울이면〉으로 첫 감독 데뷔하였다. 이 작품은 개봉 전부터 화제를 일으켰다. 미야자키 하야오의 작품 가운데 처음으로 현대 일본을 배경으로 한 순수한 사랑의 이야기라는 점과, 지브리 스튜디오의 차기 주자인 콘도 요시후미가 감독을 맡은 점, 원작 만화를 바탕으로 한 점 등이었다. 그러나 그는 1998년 동맥파열로 갑작스런 죽음을 맞아 많은 이들을 안타깝게 했다.

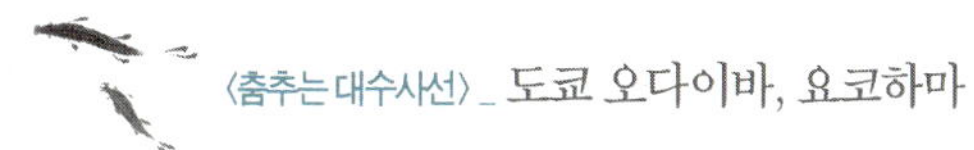

도쿄가 숨겨 둔 즐거운 사건의 현장

"사건은 사무실에서 일어나는 게 아니야, 현장에서 일어나는 거야!" (1편)
"사건은 사무실에서 일어나는 거야." (2편)
- 〈춤추는 대수사선〉 중에서 -

사건이 어디에서 일어나든지 상관없다. 재미만 있다면 말이다. 우리나라에도 많은 마니아를 확보하고 있는 영화 〈춤추는 대수사선〉 시리즈는 일본형 블록버스터의 대표로 꼽힌다. 일본식 관료주의를 풍자해 큰 인기를 끌었던 이 영화는 원래 1997년 후지TV를 통해 방송된 인기 드라마 시리즈였다. 이를 영화로 제작하여 1편은 700만 관객을 동원했고, 2003년 7월에 개봉한 〈춤추는 대수사선2 ; 레인보우 브릿지를 봉쇄하라!〉는 흥행수입 173억 엔, 관객

오다이바의 중심지인 오다이바 광장에 세워진 자유여신상과 그 뒤로 레인보우 브릿지가 보인다.

동원 1,260만 명을 동원하였다. 이는 애니메이션 영화를 제외하고 일본 역대 1위라는 놀라운 사건을 만들었다.

이 영화의 무대는 도쿄와 요코하마다. 그렇지만 실질적인 촬영의 대부분은 도쿄 오다이바(お台場)에서 이루어졌다. 오다이바는 하루가 다르게 변해 가는 천의 얼굴을 가진 지역으로 등장한다. 1편 당시 온통 공터뿐이던 오다이바는 5년 후 2편에서는 첨단 빌딩들이 들어서고, 관광명소가 되어 사람들로 넘쳐난다. 그러던 어느 날, 흉악한 사건이 연속적으로 발생하고, 아오시마, 스미레, 유키노, 와쿠 등 1편에서 활약을 펼쳤던 수사 팀이 다시 조사에 착수한다. 그러나 서로 얽히고 설켜 있는 사건들, 음모와 진실은 '오다이바'를 배경으로 꼬리에 꼬리를 물고 이어진다.

도쿄의 새로운 명소로 부상한 오다이바는 춤추는 대수사선 외에 〈도쿄 러브 스토리〉, 〈퍼팩트 러브〉 등 여러 작품의 무대가 되었던 곳으로 도쿄 연인들에게 최고의 데이트 코스이자 한류 스타들의 기자회견이나 팬사인회가 자주 열리는 지역이다.

우선 즐거운 사건 현장, 오다이바로 가는 방법은 여섯 가지가 있다. 항구 풍경을 즐기려면 유람선을 타고 가거나 모노레일을 이용하는 방법, 지하철과 전철을 이용하는 방법도 있다. 나는 모노레일과 유람선을 많이 이용하는데, 낭만적인 분위기와 아름다운 풍광을 잘 느낄 수 있기 때문이다.

영화 〈도쿄 맑음〉의 주요 무대인 유라쿠초와 긴자 인근 신바시(新橋)에서 출발하는 모노레일을 타고 오다이바 역까지 가는데 불과 20분. 하지만 이 짧은 구간은 일본의 미래도시가 어떻게 변해갈 것인지를 느낄 수 있는 중요한 곳이다. 신바시에서 시오도메와 다케시바를 잇는 구간에는 세계적인 건축가 케빈 로슈가 설계한 시오도메 시오사이트와 마츠시타 도쿄 본사 등 최첨단 빌딩들이 숲을 이루고 있다. 1990년대 초반부터 빌딩이 들어서기 시작한 이 지역은 신주쿠, 유라쿠초와 더불어 도쿄 3대 스카이라인을 형성하고 있는데 아름다움으로 치면 최고로 손꼽힌다.

빌딩 숲을 지나면 레인보우 브릿지가 나온다. 이곳은 범인들이 트럭을 몰고 형사 아오시마(오다유지)를 우롱하며 달리다 결국 헬리콥터를 타고 출동한 특수경찰대에 붙잡히는 장면과 경찰과 도로, 항만 관

계기관이 도로 봉쇄 문제로 마찰을 일으키는 장면 등을 촬영하였다.

레인보우 브릿지를 둘러보려면 오다이바가이힌 공원(台場海浜公園) 역에 내려야 한다. 역에서 신바시 방향으로 5분쯤 걸으면 만날 수 있는 레인보우 브릿지는 1993년 완공되었다. 총 918미터의 길이에 2층 구조로 이루어져 있는데 1층은 일반 차량과 모노레일이 운행되는 선로와 인도, 2층은 고속도로이다. 영화의 주요 장면은 레인보우브릿지 2층에서 촬영되었지만 직접 감상하는 것은 곤란하다. 1층에서 다리 위를 걸으며 도쿄 도심과 오다이바 지역을 둘러보는 것으로 만족해야 한다. 단, 해가 진 늦은 시간에는 출입을 통제한다.

레인보우 브릿지에서 오다이바의 중심지에 해당하는 오다이바 광장으로 가려면 오다이바가이힌 공원 역에서 모노레일을 타거나 걸어가야 한다. 혼자만의 사색을 즐기기에 매력적인 곳이기 때문에 걸어가는 편이 더 좋다.

레인보우 브릿지에서 해안을 따라 이어진 낭만적인 산책로를 20분쯤 걸으면 자유의 여신상을 만나게 된다. 영화에서 아오시마와 스미레가 범인을 잡기 위해 뛰어다니며 수색을 하던 곳이다. 자유의 여신상을 지나 시계탑이 설치된 계단을 오르면 오다이바 광장에 이른다. 영화에서는 완간 경찰서에 근무하는 유키노기 협박전화를 걸고 있는 범인들을 추적하다 오히려 인질로 잡힌다. 이를 발견한 스미레와 범인들이 서로 대치하던 장면을 촬영한 곳이다.

영화 촬영 장소도 좋지만 오다이바 광장의 최고 매력은 역시 주변의 풍광이다. 광장의 발코니에 서면 도쿄 항구와 레인보우 브릿지, 후

요코하마의 대표적인 상징물 가운데 하나인 요코하마 다리.

오다이바 광장에서 후지TV 빌딩을 배경으로 기념사진을 촬영하는 학생들. 후지TV 는 오다이바의 명물 중 하나이다.

지 TV, 자유의 여신상, 아쿠아시티, 그리고 초호화 호텔 등 사방이 볼거리다. 도쿄 항에서 아쿠아시티와 광장을 바라보고 서 있는 자유의 여신상은 뉴욕의 그것보다 작지만 필수코스 1순위. 자유의 여신상을 배경으로 기념사진을 촬영하면 멀리 도쿄의 도심과 레인보우 브릿지도 한 화면에 담을 수 있다.

이곳을 찾는 여행객이라면 사진 촬영 후 잠시 고민에 빠지게 된다. 주변의 많은 볼거리 중 과연 어떤 곳을 먼저 보아야 할지. 나의 경험으로는 날씨가 좋을 때는 해안선과 들판에서 휴식을 취하거나 시오카제 공원이나 팔레트 타운을 산책하고, 비가 오거나 추운 계절에는 후지TV와 아쿠아시티, 도쿄 빅사이트 등 실내에서 시간을 보내는 것이 좋다.

오다이바 광장 부근에 있는 시오카제 공원은 사진 촬영하기에 좋은 곳이다. 뚜렷한 사계절을 충분히 느낄 수 있는 숲이 있고 해안선을 따라 이어지는 산책로에서 바라본 풍광이 아름다우며, 흥미로운 박물관과 온가족이 음식을 만들어 먹을 수 있는 공간이 있어 어느 때라도 살아있는 사진을 담을 수 있다.

시오카제 공원과 주변에 있는 배 과학관, 일본과학 미래관, 오에도 온천 지역을 돌아본 후 텔레콤센터 역에서 모노레일을 이용하여 두 정거장을 가면 국제전시장에 닿는다. 일명 도쿄 빅사이트로 불리는 국제전시장, 이곳에서 아오시마와 스미레 형사가 베이사이트 카지노장 개막행사에 참여하는 여자를 경호하는 장면과 여학생을 골라 피해를 입힌 치한과 소매치기 가족을 추적하는 장면을 촬영했다. 이곳에는 실제 카지노 시설은 없으며 제품 전시장이 있다.

그리고 오다이바의 명물 후지TV빌딩에 들러보는 것도 좋다. 영화에서 여러 차례 등장하는 이 빌딩은 일본의 대표적 현대 건축가인 단게 겐조(丹下建三)가 설계하였다. 지상 100미터에 이르는 후지TV 빌딩은 자랑거리가 많지만 밝은 회색의 원구모양을 한 전망대는 필수관람코스다. 전망대에서 바라본 도쿄와 오다이바의 풍광은 도쿄타워에서 바라보는 것과 비교할 수 없을 정도로 아름답다. 특히 레인보우 브릿지와 바다가 어우러진 경치가 멋지다.

인공적인 아름다움을 추구하는 일본의 또 다른 얼굴 오다이바. 지금도 오다이바는 최첨단 빌딩 숲과 바다 바람 속에 〈춤추는 대수사선〉의 흔적을 고스란히 숨기고 있다. '사무실, 아니면 현장? 사건은 과연 어디에서 일어날까?' 새로운 즐거움을 찾는 이들에게 오다이바는 분명 즐거운 사건으로 가득한 현장이다.

도쿄 東京

요코하마 橫濱

• 가는 길

① 도쿄 : 인천에서 도쿄 나리타 공항까지 2시간 10분 소요. 나리타 공항에서 도쿄 역이나 신주쿠까지는 1시간 10~30분이 걸린다. 김포공항을 이용할 경우 하네다 공항까지 비행 시간은 비슷하나 도심까지 20~30분이면 갈 수 있다. 도쿄 신바시(新橋)에서 모노레일을 타고 오다이바 역까지 20분 걸린다.

② 요코하마 퀸즈스퀘어 : 하네다 공항이나 나리타 공항에서 출발하는 익스프레스 기차(50~70분)를 타고 요코하마 역까지 간 다음 JR로 갈아타고 사쿠라기초까지 1시간 10분~40분 걸린다. 역에서 10분쯤 걸으면 광장에 도착한다.

• 숙박

오다이바 지역에는 세계적인 유명 호텔이 많지만 가격이 너무 비싼 것이 흠이다. 신주쿠와 신바시 역 근처 혹은 요코하마에 머무르는 것이 좋다.

- 토요코 호텔 : 저렴하고 편리한 숙소로 인터넷 사용이 가능하며 아침식사도 원하는 만큼 먹을 수 있다. www.toyoko-inn.com
- 유스호스텔 : 도쿄에는 요요기와 도쿄 국제유스텔이 있으나 저렴한 호텔과 가격 차이가 거의 없어 호텔을 이용하는 것이 나을 수도 있다. 요요기 유스호스텔(www.jyh.or.jp), 도쿄국제유스호스텔(www.tokyo-ih.jp)
- 일본유스호스텔협회 : 한국어 지원. www.jyh.or.jp/kr/main.htm

• 볼거리

- 오다이바 광장 : 오다이바 지역의 최고 명소. 레인보우 브릿지와 자유의 여신상과 쇼핑몰 등이 있다.
- 시오카제 공원 : 오다이바 광장에서 도보로 5분이면 갈 수 있는 공원으로 영화 속

에 등장했던 오브제를 만날 수 있으며 나무와 잔디가 어우러진 초원에서는 운동과 산책은 물론이고 음식을 먹기에도 좋다.

- 후지TV 빌딩 전망대 : 오다이바의 명물로 알려진 후지TV 빌딩 전망대에서 도쿄의 아름다운 야경과 멋진 풍광을 접할 수 있으며 방송을 제작하는 과정도 볼 수 있다.

- 요코하마 퀸즈스퀘어 : 춤추는 대수사선의 무대로 알려진 장소로 최고급의 브랜드만을 판매하는 쇼핑몰부터 락카페, 음식점, 그리고 고급 숙박시설까지 갖추어진 종합 쇼핑 공간이다.

• 기타 정보

- 도쿄 지역 : www.tourism.metro.tokyo.jp
- 요코하마지역 : www.qsy.co.jp 혹은 www.city.yokohama.jp

춤추는 대수사선 (1997, 2003)

· '아오시마 순사쿠' 역의 '오다 유지' : '사건은 사무실에서 일어나는 게 아니라, 현장에서 일어나는 거야' 라는 명대사를 남긴 오다 유지는 1987년 〈쇼난 폭주족〉으로 영화에 데뷔했고 가수로도 활발한 활동을 했다. 1991년 후지 TV의 드라마 〈도쿄 러브 스토리〉로 스타덤에 올랐고, 1998년 〈춤추는 대수사선〉을 통해 국내에도 알려졌다.

· '무로이 신지' 역의 '야나기바 토시로' : 권력과 조직을 위해 동료를 버리는 차가운 인물로 나오는 야나기바 토시로는 원래 '게키오토코 잇세이후비' 라는 인기 그룹의 멤버였다. 그룹이 해체한 뒤 배우로서의 활동을 시작했다. NHK TV 드라마 〈만개한 꽃〉에서 배우로 데뷔했고, 86년 〈남으로 달려라, 바닷길을〉로 영화에 첫 출연했다.

· '온다 스미레' 역의 '후카츠 에리' : 후카츠 에리는 1986년 미스 하라주쿠 콘테스트에서 '그랑프리' 수상을 시작으로 스크린에 발을 디뎠다. 1988년 그녀의 데뷔작 〈1999년의 여름방학〉에서 소녀가 아닌 소년 역으로 큰 인기를 끌었고, 〈하루〉에 출연하면서 18회 요코하마 영화제 여우주연상 등 각종 상을 휩쓸었다.

Chapter 2

큐슈 · 시코쿠 · 간사이

九州 · 四國 · 關西

- 《태양의 탑》_ 교토, 오사카

- 《69식스티나인》_ 나가사키현 사세보

- 《원령공주》_ 가고시마현 야쿠시마, 아키타현 시라카미산지

- 〈세상의 중심에서 사랑을 외치다〉_ 카가와현 아지초

- 《도련님》_ 에히메현 마츠야마

- 〈철완아톰〉_ 효고현 다카라즈카

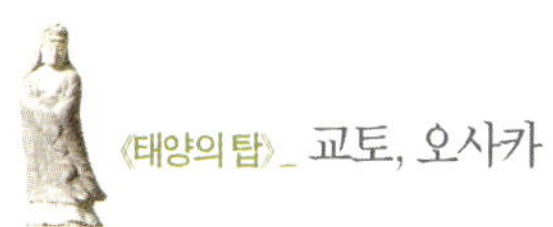

천년 고도 교토에서 만난
엉뚱 발랄 대학생들의 이야기

히에이 산 기슭에 있는 하숙집에서 나는 전기 히터를 화로처럼 끌어안고 있었다.
12월로 접어들어 히가시 산의 단풍도 바람에 흩날려 버리고,
교토의 추위는 더욱 매서워졌다.
그리고 내가 사는 초라한 누옥은 동장군과 대결을 벌일 장소치고는 너무도 허술하다.
- 《태양의 탑》 중에서 -

봄이면 환한 벚꽃들의 향연이 펼쳐지고, 여름이면 대나무 숲으로 초록빛 바람이 스치고, 가을이면 붉은 단풍과 단아한 절집이 어우러지는 곳. 겨울이면 고즈넉한 절집과 신사를 천천히 걸어다니며 전통공예 등을 체험하기에 좋은 교토. 마이코(舞妓)와 기온 마츠리(祇園祭), 절과 신사, 무사의 집, 전통공예, 교토요리 등 무엇 하나 빼놓을 수 없을 정도로 아름다운 자연과 역사, 문화 유산을 간직한 교토는 어느 때 찾더라도 멋진 추억을 만들 수 있는 곳이다.

교토대학의 본부 건물. 소설의 주인공이 탔을 법한 자전거가 캠퍼스 곳곳에서 보인다.

일본 궁정문화가 꽃핀 헤이안(平安) 시대(794~1185년)부터 메이지유신(明治維新)으로 도쿄로 천도한 1868년까지 천년 넘게 일본 문화 중심지였던 교토에 오면 늘 새로운 정취와 볼거리에 빠지게 된다.

그런데 이번 여행은 어느 때와 조금 달랐다. 교토는 시간이 천천히 흘러 삶의 속도가 한 박자 느려지는 것 같은 도시인데, 특히나 대학교와 교토 사람들이 옹기종기 모여 사는 주택가 작은 골목길, 히숙촌 등을 찾아 다닌 이번 여행에서는 더욱 그러했다.

2009년이 끝나갈 무렵 모리미 도미히코의 소설 《태양의 탑》을 읽으며 또 한번 교토 여행을 계획하였다. 우리나라에서 큰 인기를 끌고 있는 일본 소설의 매력이 뭘까, 궁금하던 차였다. 젊은 작가 중에서도 모리미 도미히코는 특이하게도 교토를 배경으로 한 소설을 계속 쓰고 있는데,《여우 이야기》를 재미있게 읽었고 자연스레 데뷔작인《태양의 탑》으로 이어졌다. 이 소설은 교토대 학생인 '나'를 주인공으로 한 독백소설로, 고풍스러운 문체와 시니컬한 유머, 엉뚱하면서도 소소한 이야기들이 매력적이다. 이 작품으로 그는 2003년 일본판타지노벨대상을 받았고, 일본 문단으로부터 '교토의 천재', '21세기 일본의 새로운 재능'이라는 화려한 수식어를 얻었다.

특히 소설의 주요 배경이 되는 교토대학과 대학 생협에서 운영하는 서점, 햐쿠만벤 교차로, 긴카쿠지 등은 사진을 찍기 위해 자주 걷던 곳들이었다. 주인공과 함께 자전거를 타고 교토의 주택가를 달리고, 함께 영화를 보고, 대학의 교정을 거니는 듯한 즐거운 상상이 이어졌다.

고즈넉한 분위기가 감도는 겨울, 나는 그렇게 교토를 찾았다. 교토는 세계문화유산을 비롯한 무수한 일본 유적들과 아름다운 자연 경관을 자랑하지만, 이번 여행은 소설의 배경이 된 교토대학과 주택가, 기온, 카마강변을 천천히 걸으며 생활 터전으로서의 교토를 느껴볼 수 있었다. 대학 도시라 일컬을 만큼 교토에는 교토대학을 비롯하여 도시샤대학, 리츠메이칸대학, 산교대학, 세이카대학 등 여러 대학들이 많다. 그만큼 여러 지역에서 온 대학생들이 많이 사는 젊은 도시이기도 하다.

화려함 뒤에 아련한 그리움을 감춘 기온

교토 역 광장, 이제는 너무나 친숙해진 아톰의 사진을 몇 장을 찍고 교토대학을 향하여 걸음을 옮겼다. 역에서 교토대학까지는 걷기에 꽤 먼 거리이다. 허나 사진 찍는 일이 주업인 나는 습관처럼 교토의 시내를 걸어 다닌다.

익숙한 지름길을 따라 30분쯤 걸으니 붉은색 기둥으로 장식된 야사카 신사가 눈에 들어왔다. 교토의 대표적인 신사인 야사카 신사 대각선 지역이 바로 기온(祇園)이다. 교토하면 가장 먼저 떠올리는 곳 가운데 하나가 기온일 정도로 대표적인 관광지이자, 번화하고 활기가 넘치는 곳이다. 특히 땅거미가 지고 밤이 찾아오면 어김없이 화려한 의상에 진한 화장으로 치장한 게이샤들이 인력거를 타고 내리는 이 지역은 화려하고 낭만적인 교토의 밤 문화를 상징한다.

그러나 지금은 이른 오전이라 게이샤는 찾아볼 수 없고 기온 회관 앞에는 동시상영을 알리는 네온사인 광고판만 돌아가고 있다. 《태양의 탑》에서 주인공은 기온 회관에서 동시상영 영화를 보곤 하였다. 나는 예전에 기온 회관을 몇 번이나 지나쳤지만 동시상영관이란 사실은 소설을 통해 처음 알았다.

12월의 교토 날씨처럼 오전의 기온 거리는 특별할 것 없이 조용하기만 하다. 바람 부는 날 주인공이 애지중지하는 자전거 ‘마나미호’를 타고 골목을 질주하면서 느꼈을법한 을씨년스러운 고독감이 감돌고 있다. 그러나 오후가 되면 기온 거리는 서서히 깨어나 밤이 되면 활기를 더해 갈 것이다.

교토를 여행하는 사람들이 좋아하는 거리 중 하나가 기온 회관에서 교토대학으로 이어지는 곳이다. 2층 목조 주택이 늘어서 있고, 어쩌다 나타나는 오피스 빌딩을 제외하면 건물들은 하나같이 나지막하

각종 술집과 음식점, 골동품 가게가 즐비한 기온 거리.

기온 거리에 자리한 교토의 대표적인 신사 야사카. 언제나 찾는 이들로 북적이는 곳이다.

주인공이 종종 들러 동시 상영 영화를 보던 기온회관.

고 세월의 깊이가 느껴져 정감이 간다. 현대 일본에서 훌쩍 시간을 거슬러 온 듯한 기분은 교토의 거리를 걸을 때 누릴 수 있는 즐거움 중 하나다. 곧장 펼쳐진 도로를 따라 북쪽으로 30분쯤 걷자 자전거를 탄 젊은이들이 많이 보이기 시작한다. 그리고 대학 병원 너머로 일본 지성의 상징, 교토대학이 눈에 들어왔다.

뭔가 다른 독특함을 지닌 교토대학교

교토대학교는 도쿄대학교와 더불어 일본 최고의 명문으로 꼽힌다. 또한 소설의 주요 무대이자, 작가인 모리미 도미히코의 모교이기도 하다. 1979년 생으로 응용생명과학을 공부하고 작가의 길을 선택한 독특한 이력을 지닌 그는, '교토 작가'로 불릴 만큼 교토에서도 특히 교토대가 있는 사쿄구(左京區)를 무대로 작품을 써 오고 있다. 그 이유가 궁금했다. 우리나라 한 신문과의 인터뷰를 보니 궁금증이 조금은 해결되었다.

"교토는 학창 시절부터 계속 살아온 곳이다. 익숙한 일상적 풍경을 배경 삼지 않으면 상상력이 잘 가동되지 않는다. 다른 이유는 독자들이 '오래된 도시라면 불가사의한 일이 일어날 법하다.'는 기대를 품기 때문이다. 내 소설이 교토 아닌 곳을 무대로 했다면 황당무계하다는 반응을 들었을 것이다."

하긴 그의 소설이 엉뚱하고 신통치 않은 대학생들의 생활과 욕구, 그리고 기괴한 상상이 곁들여져 있어 처음에는 "이게 뭐야?" 그런 생각이 들기도 했다. 반면 고상한 어휘와 고풍스러운 문체를 구사하며 현실과 판타지를 오가는 부분에서 고도 교토와 어울린다는 생각이 들었다.

교토대학은 소설 속 묘사와 비슷하다. 실용주의 학문으로 유명한 교토대학은 생각보다 넓지는 않다. 우리나라 대학 캠퍼스와 비교해보면 어쩌면 좁다는 표현이 더 적합할지 모르겠다. 제법 높은 건물도 있지만 비교적 나지막한 붉은 벽돌 건물들로 인해 교정은 차분하고 아늑하다. 운동장도 없고 고풍스러운 건물도 없어 조금 밋밋한 느낌이 들지만 학문에 매진하기에 더없이 좋은 환경인 것 같다.

먼저 히가시오지 거리에 면해 있는 교토대 생협 서점을 찾았다. 콘크리트로 지은 생협 서점 앞에는 자전거 주차장이 있다. 대학가라 그렇기도 하지만, 일본에는 자전거 타는 사람들이 유난히 많다. 소설의 '나'는 비가 오나 눈이 오나 늘 자전거 '마나미호'를 타고 산기슭의 하숙집에서 내려와 이곳 서점을 찾곤 하였다. 특히 여자와의 연애를 금기시하는 주인공이 대학시절 이 서점에서 책을 읽던 미즈오에게 '반한' 사건(?)이 일어난 곳이기도 하다. 나는 곧장 서점 안으로 들어섰다. 대학 서점이라기 보다 도심의 대형서점 같은 분위기로, 환한 공간에 책들이 잘 진열되어 있고, 사람도 꽤 많았다. 일본도 온라인서점의 발달로 서점을 찾는 이들이 많이 줄었다고 하지만 교토대학 생협 서점에는 학생과 교수, 인근의 주민들까지 꽤 많은 사람들이 책을 보고 있었다. 책을 읽는 사람들을 살피며 사진을 찍다보니 주인공이 미즈오를 몰래 훔쳐보기에 나름 효과적이라고 한 것이 떠올라 나도 모르게 고개가 끄덕여졌다.

서점을 둘러보고 2층 식당으로 올라갔다. 소설 속에서 주인공과 동

교토대학교 생협 서점. 주인공이 즐겨 찾던 서점으로, 여자 후배 '미즈오'를 몰래 훔쳐보던 곳이다.

아리 친구들은 식당에서 '잘나간다' 이벤트 동아리의 광고를 보고 이에 대항하는 '못나간다' 이벤트 동아리 '사내줍'이라는, 기상천외한 모임을 만든다. 소설에는 주인공인 '나'와 친구인 시카마, 이도, 다카야부가 인기 없고 별 볼일 없으면서도, 남녀의 연애지상주의를 경멸하고 자기들만의 온갖 방법으로 세상과 투쟁하는 엉뚱하다 못해 오다쿠적인 교토대 학생들의 이야기가 계속 이어진다.

식당에는 간단한 국수에서 카레, 돈가스와 초밥까지 메뉴가 다양했는데 질에 비해 가격도 저렴했다. 대학 생협 서점 건너편엔 교토대학 종합 박물관이 있다. 시간이 허락되면 박물관에 들러 유물을 감상하는 것도 좋겠다. 생협 서점과 박물관에서 햐쿠만벤 교차로까지는 3분 정도 거리이다.

햐쿠만벤 교차로에서 시조카와라마치쪽으로 이동하다보면 북쪽으로 농학부 건물이 있다. 대학 본관의 북쪽, 캠퍼스 안쪽 끝에 자리한 농학부는 여러 개의 건물로 이루어져 있다. 모리미 도미히코는 농학부 본부 건물과 뒤편 국제 학생교류관이 있는 건물을 오가며 학부와 대학원 생활을 하였을 것이다. 나는 건물 안으로 들어가 게시판과 강의실, 동아리 방을 둘러보았다. 우리나라 대학과 비슷하지만 정갈하면서도 학구적인 분위기가 인상적이었다.

농학부 동쪽에는 소설에도 등장하는 천황의 묘가 있다. 경주에 있는 신라왕의 무덤이나 조선 왕조의 능처럼 웅장하지는 않지만 잘 가꾸어진 나무 사이에 자리한 무덤을 보니 경건한 마음이 든다. 교정에 천황의 무덤이 자리한 것을 보니 새삼 교토대학 자리가 명당이구나 싶다.

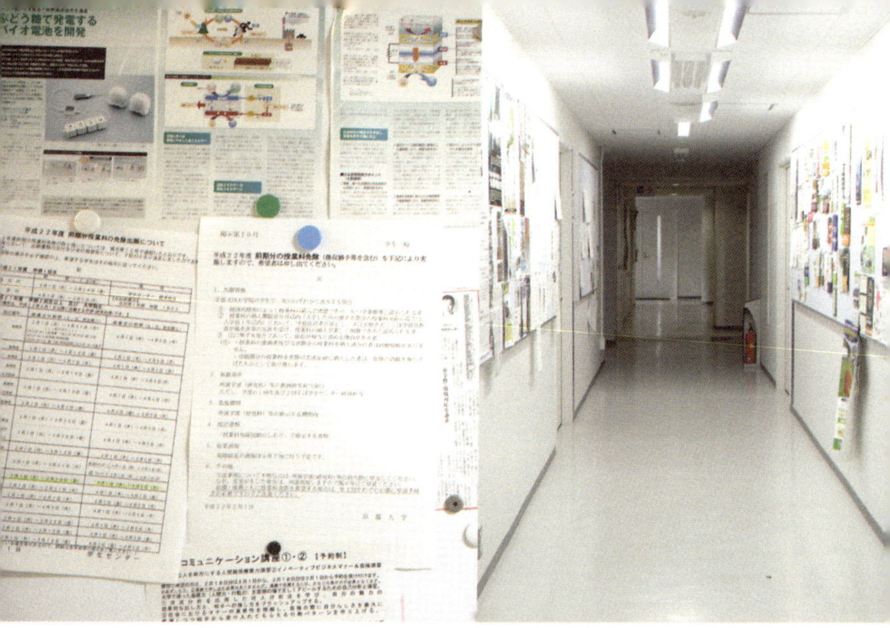

작가 모리미 도미히코가 다녔던 교토대학교 농학부 복도와 게시판.

히에이 산 기슭의 하숙집

"교토대 앞 햐쿠만벤 교차로는 집으로 돌아가는 자동차와 학생들로 붐비고 있었다. 북서쪽 모퉁이에서는 파칭코 가게가 환하게 불을 밝히고 있었다. 횅한 햐쿠만벤 위로는 어슴푸레한 저녁 하늘이 펼쳐져 있었다."

햐쿠만벤 교차로는 소설에서 가장 자주 등장하는 곳이다. '나'가 자전거를 타고 생협 서점을 찾거나 늦은 밤 편의점을 갈 때, 초밥집 배달을 할 때 등 어김없이 지나쳤던 곳이다. 여러 빛으로 장식된 파칭코 가게에서 게임에 몰입하고 있는 사람들을 보고 있노라니 곧 머신과 사투를 벌이다 패잔병의 모습으로 터덜터덜 걸어 나올 모습이 어렴풋

소설에서 가장 자주 등장하는 햐쿠만벤 교차로. 주인공이 마나미호를 타고 늘 달리던 거리이다.

햐쿠만벤 교차로에 있는 파칭코 가게.

이 그려진다. 교차로 서북쪽에 위치한 파칭코, 그 남쪽에 자리한 생협 서점과 대학, 그리고 동쪽으로 이어지는 시조카와라마치 거리는 주인 공과 애차 '마나미호'가 내달리던 길 그대로이다.

시조카와라마치와 히가시오지 거리가 만나는 작은 삼거리는 마나 미호를 탄 주인공이 늘 경계를 풀지 않고 달리던 거리이다. 화려한 크 리스마스 장식등에 이끌려 어디로 끌려가지나 않을까하는, 한마디로 헛된 망상 때문이다. 그런데, 소설 속 주인공처럼 조심스럽게 자전거 를 타는 사람들이 보인다. 원래 조심성 많은 일본인들이어서일까.

히가시오지 거리는 교토대학교 앞을 지나 야사카 신사로 이어지며 교토의 남북을 꿰뚫는 도로이다. 이 거리에 면한 주택들은 아담한 주 택부터 척 보아도 부호임을 알 수 있는 저택이 공존하고 있다. 작지만 독특한 외관을 갖춘 집들도 그렇고 개천을 따라 자리한 저택들이 곳 곳에 보여 분위기 있었다. 기요미즈데라(青水寺) 지역에 터를 내린 고 풍스러운 주택보다는 못하지만 나름 낭만적이고, 교토 사람들의 일상 을 느낄 수 있어 좋았다.

히가시오지 거리를 따라 북쪽으로 계속 가면 작은 하천을 가운데 두고 나있는 미카게 거리가 나온다. 이 거리는 주인공이 산기슭의 하 숙집에서 시내로 향할 때 늘 지나는 거리이다. 상점과 꽃가게가 자리 한 미카게 거리가 끝나는 지점에 기타시라카와 벳토 교차로가 있다. 소설 속 묘사와 똑같은 위치에서 24시간 빛을 밝히는 편의점을 우측 으로 끼고 산 중 고갯길로 향하는 미카게 길을 오르면 주인공의 하숙 집이 있는 히에이 산자락으로 접어 든다.

교토에서 가장 낭만적인 기요 미즈 지역. 고풍스런 교토의 분위기를 만끽하며 걷기에 좋다.

주인공이 하숙하던 히메이 산기슭의 마을 풍경과 주인공의 애차 '마나미호'를 떠올리게 하는 자전거.

"기타시라카와 벳토 교차로에서 동쪽으로 꺾어 미카게 거리를 거슬러 올라갔다. 이 길은 그대로 산중 고갯길이라 불리는 좁은 길로 이어져 비와 호수 쪽으로 빠진다. 붕괴해 가는 내 하숙집은 미카게 거리가 한 단계 좁아지고 경사가 급해져 산중 고갯길로 변모한 조금 앞쪽 지점에 있었다."

소설에서 묘사된 그의 집을 찾아 미카게 거리의 언덕을 올랐다. 이 지역은 교토의 동북쪽 끝자락으로, 히에이 산 아래 계곡을 사이에 두고 마을이 형성되어 있었다. 구체적으로 어느 집이 소설 속 하숙집인지 알 수는 없지만 나는 천천히 마을을 걸었다.

그런데 소설에서 묘사된 것처럼 '붕괴해' 가거나 '어둠 속에 잠겨 흡사 폐허와 같은 아파트'는 찾기 어려웠고, 오히려 편안하고 푸근함이 느껴졌다. 그리고 거리에서 마나미호가 아닐까, 싶은 자전거를 발견하고 사진에 담아 두었다.

긴카쿠지, 철학의 길

소설 속에는 긴카쿠지(銀閣寺)가 자주 등장한다. 긴카쿠지는 비슷한 발음 때문에 킨카쿠지(金閣寺)와 종종 헷갈리기도 하는데, 교토의 대표적인 사찰 중 하나로 소박하면서도 은근한 멋이 있어 교토 사람들은 킨카쿠지보다 긴카쿠지를 더욱 좋아한다고 한다. 아담한 모래 정원이 인상적이고, 일본 최초의 차실이라 일컫는 다다미 네장 반 크기의 좁은 방은 일본인의 소중한 정신적 문화유산이 되었다. 긴카쿠지는 일본 국보이자 유네스코 문화유산이다.

긴카쿠지의 또 다른 매력은 약 2킬로미터에 달하는 수로를 따라 이어진 호젓한 산책길이다. 교토대학교 교수인 니시다 기타로가 거닐던 산책로로, 근대 철학의 아버지인 그를 기려 '철학의 길'이라 불린다. 커피를 좋아하는 주인공은 이 거리의 커피 집에서 원두를 사고, 벤치에 앉아 엽기적인 바퀴벌레 선물을 포장하고, 친구와 걸으며 엉뚱한 망상을 풀어놓던 곳이다. 30분 정도의 이 거리는 봄이면 벚꽃이 흐드러지고 가을이면 단풍이 아름답다. 한적한 분위기에 카페와 레스토랑도 있어 산책하다가 쉬어가기에 그만이다. 이 거리에 자그마한 초밥집이 여러 곳 있어서 자연스레 초밥집에서 아르바이트를 하던 소설 속 '나'가 떠올랐다.

긴카쿠지 뒤쪽으로는 등산로를 따라 걸으면 다이몬지 산을 오를 수 있다. 절친인 시카마와 함께 '나'는 고기와 정종, 숯을 싸들고 겨울 매서운 눈바람을 뚫고 다이몬지 산을 오른다. 그리고 숯에 불을 붙이기 위해 신문지를 태우다 불똥이 날려 산비탈을 뒹굴며 동분서주하고, 크리스마스를 앞둔 교토 시내를 내려다보며 비장하게 '에에자나이카 소동'을 벌일 결심을 다지는 장면에서는 웃음이 절로 났다.

오묘한 아우라가 감도는 오사카 '태양의 탑'

소설의 제목이자 중요한 모티브인 '태양의 탑'은 1970년 오사카 엑스포를 기념하여 만든 탑이다. 오카모토 타로의 디자인으로, 높이 70미터, 직경이 20미터에 이르는 거대한 크기에 앞뒷면에 얼굴을 새겨넣은 특이한 모양새를 마주하면 누구나 약간의 충격에 빠져들게 된

태양을 형상화한 얼굴의 '태양의 탑'.

다. 작가는 소설에서 그 느낌을 이렇게 묘사하고 있다.

"늘 이상하고, 늘 무섭고, 늘 위대하고, 늘 어딘가 수상쩍다. 몇 번이나 가 봤지만 갈 때마다 익숙해지기는커녕 점점 더 무서워진다… 그 속에서 콸콸 솟구쳐 나오는 이차원 우주의 기운에 전율하라… 이계(異界)로 들어서는 입구가 그곳에 있다."

소설 속의 '나'는 미즈오와 사귀면서 평소 좋아하던 오사카 엑스포 공원에 있는 태양의 탑으로 그녀를 데리고 간다. 그리고 미즈오는 '우주 유산'으로 지정해야 한다는 과장된 칭찬을 하며 태양의 탑을 열렬히 좋아하게 된다.

나는 한큐 백화점, 다카시마야 백화점과 쇼핑몰이 즐비한 오사카의 번화가 우메다 지역에서 엑스포 공원을 찾아갔다. 주인공이 사안(邪眼)이라며 극도로 기피하던 대학 친구 우에무라를 만났던 우메다 지역은 언제나 사람들로 북적인다. 크리스마스와 연말이 겹치는 시즌이면 특히 활기가 넘친다. 우메다에서 지하철과 모노레일을 타고 40분 남짓 가면 엑스포 공원 역에 도착한다.

역에서 내려 10분정도 걷자 언덕 위에서 점점 그 모습을 드러내는 거대한 조형물이 보였다. 일본 내에서도 가장 특이하다고 꼽히는 '태양의 탑'이다. 거대한 규모와 독특한 모양으로 인해 유명세를 타고 있는 태양의 탑은 아무리 살펴보아도 인간의 작품이라기보다 우주의 산물처럼 느껴진다. 갑자기 우주에서 미아가 되어 떨어진 듯한 탑의 모습은 어쩌면 '일상의 90퍼센트는 머릿속에서 일어나는' 정신적인 일탈을 일삼는 주인공의 마음을 잘 대변하는 듯하다.

판타지 소설로 분류되는 《태양의 탑》은 작가의 자전적인 이야기와 실제 대학생활, 동아리 등의 이야기와 생각을 담고 있다. 그리고 잘 알려진 교토라는 도시와 학교, 골목 등 실제 장소를 배경으로 하고 있어 판타지 소설이 아니라 현실을 옮겨놓은 다큐멘타리를 연상시킨다. 모리미 도미히코가 자신의 이야기를 중심으로 사소해 보이는 것 속에서 우리가 놓치기 쉬운 것들을 기발하고 재미있게 그려내고 있어 더욱 그런 듯하다.

모리미 도미히코의 소설과 함께 한 교토 여행에서 나는 무수한 거리와 골목들, 서점과 편의점, 교정의 대학생들, 시조가와라마치 거리의 교토 시민들을 만났다. 작가가 가장 좋아하는 건 "일상적인 배경에

서 어슬렁거리다가 우연히 알지 못하는 세계로 들어가고, 다시 거기
서 현재의 자리로 돌아오게 되는 얘기"라고 하였는데, 나도 어느새 예
전 교토 여행에서 만났던 여러 이미지들과 소설 속 이미지가 뒤섞여
마치 교토의 어느 거리에서 살았던 듯한 착각에 빠져들었다. 교토의
거리가 마치 서울의 어느 거리처럼 익숙하게 느껴지니 말이다.

교토 京都

• 가는 길

① 비행기 : 아시아나 혹은 대한 항공을 타고 오사카 간사이공항으로 이동한다. 소요시간 1시간 45분.

② 간사이공항에서 교토 : 버스와 기차를 이용할 수 있다. 기차의 경우 JR 하루카 75분, 일반 열차는 90분 소요된다. 버스는 약 2시간이 걸린다.

• 숙박

일본 최고 관광지인 교토에는 최고급 전통 료칸부터 저렴한 비즈니스호텔과 유스호스텔까지 다양한 숙박시설이 수백 곳 있다. 다만 다른 지역에 비해 조금 비싼 편이다.

- 호텔 그란비아 : 교토 역에 위치한 고급 호텔 중 하나로 편리한 교통과 극진한 서비스를 제공하는 숙박시설로 유명하다. www.granvia-kyoto.co.jp

- 교토 타워호텔 : 교토의 상징 가운데 하나인 타워에 자리한 숙박시설로 교토 역 바로 앞에 있다. 중급 비즈니스호텔로 가격대비 시설이 좋다. www.kyoto-tower.co.jp

- 교토 뉴한큐호텔 : 타워호텔 바로 옆에 위치하여 접근성이 좋다. 아늑한 객실, 친절한 서비스를 제공하는 비즈니스호텔이다. www.kyoto-newhankyu.co.jp

• 볼거리

- 킨카쿠지(金閣寺) : 교토를 상징하는 명소 중 한곳으로 잘 가꿔진 산책로와 화려한 일본 건축물, 전통 정원을 감상할 수 있다.

- 기요즈미데라(淸水寺) : 킨카쿠지와 더불어 교토를 상징하는 명소로 아름다운 산에 건축한 거대한 목조 건물과 계절마다 아름다운 꽃을 감상할 수 있는 곳이다.

- 히가시혼간지(東本願寺) : 1602년 도쿠가와 이에야스 의하여 세워진 웅장한 사찰

이다. 동서 200미터 남북 400미터에 달하는 고에이도(어영당)는 나라의 대불전 다음으로 큰 목조 건물이다.
- 교토 국립박물관 : 각국의 유명 회화와 조각을 비롯하여 다양한 전시회가 열리는, 교토 예술을 상징하는 곳이다.

· 주변 볼거리
- 나라 : 일본 문화와 역사가 시작된 고도. 일본 최초의 유네스코 문화유산으로 지정된 법륭사를 비롯하여 일본 최대 규모를 자랑하는 동대사, 고대 유물을 전시한 국립나라박물관 등이 있다.
- 오사카 엑스포 공원 : 오사카 엑스포를 기념한 공원으로 각종 식물과 어린이 문학관, 태양의 탑 등이 있다.

· 기타 정보
교토 여행가이드 : 헤이안 시대 이후 오늘날까지 일본 문화의 정수를 엿볼 수 있는 교토 여행과 문화에 관한 정보를 제공한다. www.kyoto.travel

About Writer ●

모리미 도미히코(森見登美彦, 1979~)

1979년 일본 나라현 출생. 교토대학과 대학원을 졸업하였다.《다다미 넉장 반 세계일주》, 《달려라 메로스》 등 다섯 작품 모두 교토대학이 있는 교토시 사쿄구(左京區)를 무대로 하고 있어 '사쿄구의 천재' 또는 '교토 작가'라 불린다. 2006년 출간된 《밤은 짧으니 아가씨여 걸어라》는 제20회 야마모토 슈고로상을 수상하고, 전국 서점 직원들이 직접 뽑는 '일본서점대상' 2위에 올랐다.
"유쾌하고 약간은 엉뚱한 이야기엔 대학생을 주인공으로 하는 게 제일 좋다. 내 뜻대로 움직일 수 있어서다. 대학생은 어른이지만 상대적으로 자유롭고, 기성세대와 경계가 애매모호한 것도 좋다."고 말하는 그는 교토의 도서관에서 근무하며, 소설을 쓰고 있다. 공포감을 표현한 소설과 독특한 유머가 넘치는 수필을 쓴 소설가 우치다 켄(田百間 1889~1971)의 영향을 가장 많이 받았다고 한다. 2010년에는 일본 교토부가 수여하는 '교토부 문화상'을 수상하여 명실공히 '교토의 소설가'가 되었다.

지루한 세상은 그만!
즐겁게 사는게 이기는 거야

1969년, 도쿄대학은 입시를 중지했다. 비틀즈는 화이트 앨범, 옐로 서브마린,
아일 비 로드를 발표했고 롤링 스톤즈는 최고의 싱글 홍키 통키 우먼을 히트시켰고,
히피라 불리는 머리카락이 긴 사람들이 사랑과 평화를 부르짖고 있었다.
파리에서는 드골이 정권에서 물러났다. 베트남 전쟁은 여전히 계속되고 있었다……
1969년은 그런 해였다. 그리고 우리는 17세였다.
- 《69 식스티 나인》 중에서 -

큐슈 남서쪽에 위치한 나가사키 사세
보. 사세보북고 3학년생인 야자키 겐스케(츠마부키 사토시)가 사세보
항을 뒤로 한 철조망 앞에서 친구인 아다마(안도 마사노부)와 쭈그려
앉은 장면에서 영화 〈69 식스티 나인〉은 시작된다. 이 영화를 무라카
미 류의 독특한 유머식으로 표현하자면, 고등학생의 일상을 통해 1969
년 일본의 정치적 측면과 대중문화의 양면적인 상관관계를 고증하는
영화, 라고 하면 거짓말이고, 좋아하는 여학생의 관심을 끌기 위해 학

교에 바리케이드를 치고 페스티벌을 계획하는 켄과 그의 황당한 행동에 덩달아 신난 친구들이 펼치는 엉뚱하고 즐거운 열일곱 청춘을 그린 영화라고 할 수 있다.

고3인 야자키 겐스케의 성적은 끝없이 떨어지고 있었다. 부모의 이혼, 동생의 갑작스런 죽음, 니체에 대한 지나친 경도, 불치병에 걸린 할머니 때문, 이라고 하면 거짓말이고, '그냥 공부가 하기 싫었을 뿐'이라는 세상에 대한 거침없는 도전과 반항이 유쾌하다. 만약 영화가 1969년을 재현하는데 그쳤다면 이토록 오랫동안 우리의 기억에 남을 수 있었을까? 원작인 무라카미 류의 소설과 이상일 감독의 영화는 생생하게 숨 쉬는 빛나는 젊은 시절을 경쾌하게 포착하여 우리에게 보여준다.

쿨하고 매혹적이고 가슴 떨리던 나날들, 그들의 과거이며 또 우리의 과거이기도 한 청춘의 시간 속으로 이끄는 영화를 보는 내내 젊음은 얼마나 큰 축복인가 새삼 생각하였다. 일본 최고의 청춘 스타 츠마부키 사토시와 안도 마사노부가 주연을 맡아 더욱 그렇게 느껴진 듯하다.

무라카미 류의 소설 《식스티 나인》을 원작으로 한 이 영화는 소설과 마찬가지로 항구 도시 사세부(佐世保)에서 대부분 촬영되었다. 사세보는 일본 해군기지가 있는 곳으로, 서해 국립공원 중 가장 뛰어난 미항이자 서양문화가 일찍 전파된 독특한 매력을 지닌 도시이다.

제2차 대전이 끝난 후에는 미 해군기지가 들어섰고, 기지촌 문화의 분위기는 무라카미 류의 성장과정에도 큰 영향을 끼쳤다. 고교 1학년

나가사키현의 항구 도시 사세보 항과 역사 건물.

WARNING
U.S. Navy Area
Unauthorized Entry Prohibited
米 海 軍 基 地 区 域 です
許可なく立入ることを
禁じます

맨(1967) 럭비부에 잠깐 몸담았고, 록밴드 시러컨스(이듬해 해체)를 결성하여 드럼을 맡았던 자전적 이야기가 소설과 영화에 대부분 나온다. 무라카미 류의 추억의 장소를 영화에서 고스란히 보여주고 있어 나에게 사세보는 좀더 각별한 곳으로 다가왔다. 무라카미는 소설에서 사세보를 이렇게 묘사하고 있다.

"사세보의 거리는 나가사키와 마찬가지로 언덕길이 많다. 뒤로는 산이 바짝 다가서 있고, 둥그런 해안선을 따라 평지가 이어지고 있지만 무척 좁아서 전형적인 항구도시의 모습을 띤 곳이라 할 것이다. 이 거리의 손바닥만한 평지에 백화점, 영화관, 상점가, 미군 기지 따위가 자리 잡고 있다. 어느 기지촌이나 마찬가지로 미군은 항상 제일 좋은 자리를 차지하고 있다."

나는 소설과 영화 속에 등장하는 통쾌한 반항, 유쾌한 반란, 자유의 현장 분위기를 느껴보기 위해 후쿠오카의 숙소를 나서 사세보로 향했다. 후쿠오카 역과 사세보를 오가는 기차는 외관이 독특하다. 또한 실내 분위기도 아늑하다. 사세보 행 기차가 일본의 여느 기차보다 더 예쁘고 편안한 것은 일본 내에서도 유명한 관광명소 하우스텐보스 행 기차와 연계되어 운행되기 때문인 듯하다.

사세보센(佐世保線)이 지나는 선로 주변에는 나지막한 2층 목조건물, 간혹 눈에 띄는 아담한 아파트와 공동주택, 철도 건널목을 사이에 두고 길게 펼쳐진 신작로, 사람들이 간간이 서 있는 간이역들이 있다. 세월의 무게를 느끼게 하는 풍경을 보면서 사세보가 경제대국 일본의 변방임을 알 수 있다.

영화에 등장하는 사세보 미 해군기지와 미군 전함.

사실 나에게 사세보는 소설과 영화의 배경보다 미국 해군기지로 먼저 기억된다. 20년 전 나가사키 평화공원과 인근 도자기 마을을 둘러본 다음 잠깐 사세보에 들린 적이 있다. 그때는 외국 문화 영향을 많이 받은 항구 도시로만 보였다. 그리고 10년도 더 지난 2003년 하우스텐보스에 왔을 때, 그리고 2010년 세 번째인 셈이다. 두 번의 여행이 전쟁에 관한 기억이 강했던 반면, 이번에는 영화와 소설의 흔적을 찾아 나선 때문인지 젊음의 추억 한 자락을 만나러 가는 기분이 들었다.

새로 확장한 사세보 역은 깨끗하고 넓었지만 20년 전의 정감을 느끼기는 어려웠다. 먼저 영화의 서막을 열었던 사세보 미 해군기지로 향했다. 항구 주변을 느릿느릿 걷다보니 많은 여객선과 화물선이 동시에 접안할 수 있는 여러 개의 도크와 바다에서 곧장 하늘을 향해 서 있는 빌딩, 넓은 주차장 등 예전과 많이 달라진 모습이다. 다만 출입금지 구역을 표시해 놓은 철조망과 멀리 보이는 미군 함대와 해상자위대 구축함을 보니 사세보라는 도시의 운명이랄까, 쓸쓸한 느낌이 든다.

사세보 항구의 서쪽에 자리한 미군기지는 류가 말한 것처럼 사세보에 조성된 모든 기업체와 관공서 중 최고 규모로 가장 좋은 위치에 있다. 면적은 물론이고 기지에서 근무하는 군인과 군속, 그리고 연관된 사업자까지 합하면 그 규모는 상상을 초월할 정도다. 실제 이곳 해군기지에서 취급하는 물동량과 경제규모는 사세보 경제를 좌지우지할 정도로 크다고 한다.

이 해군기지는 영화의 첫 부분에 등장하는 곳으로, 사세보 북고등학교에 다니는 야자키 겐스케(츠마부키 사토시 분)가 친구 이와세(가

나이 유타 분) 등과 함께 미군부대 철조망을 넘어 해군기지로 들어가려다 경비병에 발각되어 도망치던 장면의 배경이다. 사세보 미군기지는 영화에서 그려진 분위기와 별반 달라보이지는 않는다. 영화에서도 언급된 것처럼 1969년 당시 핵을 탑재한 항공모함 엔터프라이즈호가 사세보 미군기지에 입항하자 일본 열도는 들끓었다. 입항을 반대하는 대학생을 비롯한 시민단체와 노동조합 등에서는 전국적인 집회를 열기도 하였다. 이런 민감한 소재의 영화 촬영을 위해 미군 기지를 개방할 리는 없다. 촬영은 고사하고 접근하는 것도 쉽지 않아 보였다.

그래서 미군기지 부분은 해군기지가 아니라 사세보 동쪽지역의 커다란 화물선이 물건을 하역하고 선적하던 곳에서 촬영했다고 한다. 이 지역 역시 일본 해상자위대 기지로 사용되는 곳이다. 사세보 항만과 조선소 사이에 자리한 해군기지는 무척 넓어 동쪽에서 서쪽까지 돌아보려면 발걸음을 재촉하여야 했다. 화물을 취급하는 구역은 특별히 촬영 허락을 받을 필요가 없지만 군사지역에 접근하거나 사진촬영을 위해서는 반드시 허락을 받아야 한다. 나는 인도를 따라 세워진 철조망 지역을 몇 차례나 돌면서 겨우 미군 부대의 건물과 정문 등 몇 컷만 카메라에 담을 수 있었다.

항구지역에서 촬영된 신은 제법 다양하다. 물 위에 떠 있는 창녀의 오두막집과 야자키와 야마다(안도 마사노부 분)가 창녀의 집을 구경하다 체육 교사인 시마다 큐사쿠에게 주먹으로 얼굴을 얻어맞는 장면과 사세보북고 전학공투회의의 아지트에서 대학생들에게 페인트를 뿌리고 야자키와 야마다가 도망치던 일부 장면, 그리고 학생들이 체육시간

미군 병사와 일본 여인과의 사랑을 훔쳐보던 장면을 촬영한 곳.

사세보에는 미군기지의 영향으로 파칭코보다
카지노 영업장이 많다.

영화의 주요 무대가 된 사세보 북고.

에 마라톤을 하던 장면은 항구 근처의 작은 공원에서 촬영하였다.

소설과 영화의 클라이맥스는 바로 페스티벌이다. 겐과 아다마, 이와세는 옥상에서 매스게임 연습을 하는 여학생들을 훔쳐보다가 영화와 연극, 록큰롤이 있는 페스티벌을 열자고 제안한다. 사세보북고의 최고 얼짱인 레이디 제인을 주인공으로 한 영화를 찍으며 친해지려는 겐의 불순한 의도에서 시작된 페스티벌은 점점 예상치 못한 방향으로 전개된다. '모닝 이렉션 페스티벌' 즉 아침에 서는 축제라는 이상한 페스티벌은 사세보 노동회관에서 학생들의 열렬한 호응 속에 열린다. 이 장면은 항구지역에 있는 창고와 주변 지역에서 많은 엑스트라를 동원하여 24시간 동안 촬영하였다고 한다. 물류를 취급하는 선박과 유통회사에서 사용하던 창고 일부는 지금도 영화의 모습과 비슷한 상태로 남아있었다.

상상력이 권력을 쟁취한다 - 사세보북고

이제 장소를 옮겨 사세보 북고등학교로 가보자. 사세보북고등학교는 오랫동안 사세보를 대표해 온 명문고등학교이자 소설의 원작자인 무라카미 류의 모교이기도 하다. 사세보 시청에서 언덕길을 따라 오백미터쯤 가면 사세보북고등학교가 보인다. 안으로 들어가보니 중학교와 고등학교가 교정을 공동으로 사용하고 있었다.

겐은 투쟁하는 사나이를 좋아하는 메리 제인 때문에 얼떨결에 전공투에 가입하고, 여름방학 종업식이 있는 7월 19일에 옥상에 바리케이드를 치기로 한다. 드디어 전날 밤 자정, 겐과 야마다, 이와세를 비

사세보 북고 정문과 여학생들을 훔쳐보던 수영장.

교복을 입은 학생들 뒤로 시루크 시티 403 아케이드가 보인다.

롯한 북고의 '바사라단'은 수영장 옆 벚꽃나무 아래서 모인다. 워낙 엉뚱한 녀석들이 모이다 보니 거사를 앞두고도 여자 탈의실을 구경하느라 정신없다.

그리고 벽에다 "대학진학을 포기하라", "殺" 등 과격한 낙서를 하고 옥상을 봉쇄한 후 "상상력이 권력을 쟁취한다"는 플래카드를 달고 비밀리에 돌아가지만 결국 들통나고 만다. 나는 탈의실과 학교 옥상, 그리고 여학생들이 매스게임 연습 장면을 훔쳐보던 옥탑과 운동장, 학생들이 공부하던 교실과 몰래 진입하여 온통 낙서를 했던 복도, 영어 연극부 학생들이 동아리 활동장소로 사용하던 체육관 등 영화 속 주요 장면에서 나온 학교 구석구석을 돌아보았다.

운동장과 여학생들이 수영 수업을 하던 수영장은 지대가 낮은 서쪽에 있었다. 학교 정문이나 운동장 입구에서는 수영장이 어디인지 보이지도 않았다. 사방이 철조망으로 둘러쳐진 수영장과 탈의실은 영화 속과 똑같았다. 높이 3미터에 달하는 철조망으로 에워싸인 아담한 수영장은 수업이 있을 때만 문을 연다고 해서 학교 옆 야트막한 야산의 산책로를 올라 내려다 보아야 했다.

사세보의 뜨거운 태양 아래 매스게임 연습을 하던 운동장은 수영장과 연결되어 있다. 영화 속에서 야자키가 벌을 받던 장면과 마츠이 카즈코(오오타리나 분)가 걸어 나오던 장면을 교실 복도에서 촬영했는데, 들어갈 수는 없었다. 또한 야밤에 나카무라가 큰 볼일을 본 교장실도 외부인의 출입이 금지되어 있어 정확히 어떤 분위기인지 알 수는 없었다. 다만 창문 너머로 바라본 복도와 교실 분위기가 영화 장면과 비슷했다.

마침 수업을 마치고 교실로 들어가는 학생들의 모습을 보니 저절로 미소가 떠올랐다. 학교 북쪽에는 아담한 강당 겸 체육관이 있다. 영어 연극부 여학생들이 모여 셰익스피어 문학을 읽는 장면을 촬영한 강당은 지금도 체육관으로 쓰고 있었다. 겐과 아다마는 바리케이트 사건으로 인해 무기 자택근신을 당한다. 그렇게 1969년의 여름은 계속되었다.

영화에는 항구지역과 사세보 북고등학교 외에도 사세보의 여러 지역이 무대로 등장한다. 그중 한 곳이 사루크 시티 주변 상점가로 야자키와 야마다가 대학생들에게 쫓겨 질주했던 곳이다. 또한 영화 속에

사세보 중앙공원의 신사. 겐이 마츠이를 두고 친구들과 기싸움을 벌이던 곳.

서 철길과 가파른 언덕 위에 자리한 주택과 좁은 비탈길은 도시 동쪽과 북쪽 지역이 무대다.

영원처럼 펼쳐진 사세보의 언덕길과 계단

"내 방에서는 버스 정류장이 보인다. 버스 정류장에 내린 다음에 영원처럼 펼쳐진 좁다란 언덕길과 계단을 올라야 한다. 언제나 마츠나가 선생은 그 언덕길을 걸어 우리집으로 왔다. 도중에 몇 번이나 멈추어 서서 휴식을 취하면서. 폐병 경력을 가진 선생이, 그것도 설교를 하기 위해서가 아니라, 온통 땀으로 젖은 얼굴로 들어서는, 잘 지내고 있니? 라는 단 한마디를 하기 위해 이렇게 높은 우리집까지 찾아온다……. 내 마음속에서 마츠나가 선생에 대한 경멸감이 사라져갔다."

소설에서 겐의 집은 언덕길과 계단이 끝없이, 마치 영원처럼 펼쳐져있다고 묘사되어 있다. 자택 근신 중인 겐을 만나러 담임인 마츠나가 선생이 땀에 젖은 얼굴로 들어서는 것을 보더라도 어느 정도인지 가늠이 된다. 여느 항구도시처럼 사세보도 대부분 바다와 산이 만나는 가파른 언덕을 따라 주택가가 형성되어 있다.

소설에서 묘사된 계단을 따라 언덕 위에 위치한 야자키의 집과 야마다 하숙집, 가파른 계단으로 이어지는 골목 등은 사세보 동쪽 지역에서 촬영되었다. 항구 근처의 평지에는 주택과 아파트가 일부 있지만 대부분의 주택은 달동네를 형성하고 있다.

물론 이삼십 년 전 우리네 달동네하고는 차원이 좀 다르다. 저택은 아니지만 나름대로 개성과 독특한 매력을 지닌 집들은 하나같이 사세보의 역사를 이루고 있다. 좁고 가파른 골목과 계단으로 이어진 동네를 걷다보면 영화 속에서 본 듯한 골목과 집들이 이어진다. 1969년 어느 여름날 오후로 시간을 되돌려 놓은 듯, 그렇게 나는 골목을 걸었다.

영화 촬영 현장에 〈69 식스티 나인〉에 등장하는 인물의 실제 모델들이 찾아왔다고 한다. '세상에 대해 유일하게 복수 방법은 즐겁게 살아가는 것'이라고 믿었던 소설과 영화 속 소년들. 지금은 어떤 생각을 하고 있을까? 완성된 영화는 그들에게 어떻게 비추어졌을까? 궁금해진다.

"1969년, 열일곱의 나이로 '아침에 서는 축제'를 벌일 때는 물론이고, 서른두 살 소설가인 지금도 나는 내내 축제만을 추구하며 살아온 듯한 느낌이 든다. … 그것은 아마도 영원히 즐기자는 것이 아닐까?"

무라카미 류의 말처럼, 인생은 축제다. 즐기는 사람이 이기는 것이다. 지루해지면 지는 것이다. 오늘도 마음껏 즐기자.

사세보
佐世保

· 가는 길

① 항공편 : 인천공항에서 아시아나 항공이나 대한 항공을 이용하여 후쿠오카로 이동. 1시간 15분 소요.

② 기차편 : 후쿠오카 공항에서 후쿠오카 역까지는 택시, 버스로 20분, 셔틀버스와 지하철을 연계하여 이동할 경우 40분 소요.

③ 사세보 : 후쿠오카 역에서 사세보 역까지 특급 열차로 1시간 47분 소요됨.

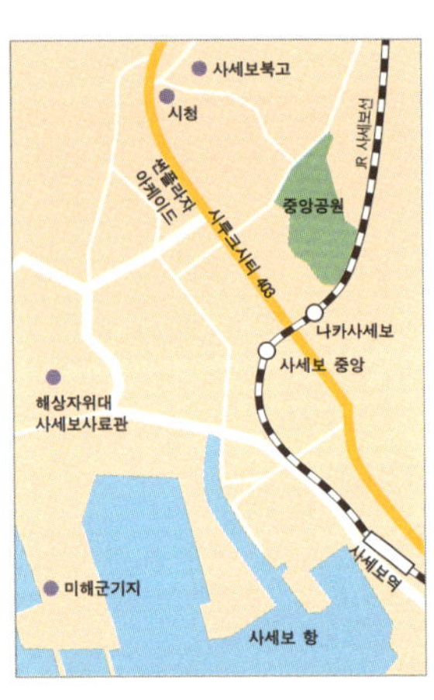

· 숙박

작은 항구 도시지만 오랫동안 무역과 군사도시의 기능을 담당했던 사세보에는 기차역과 도심에 20여 곳이 넘는 숙박시설이 있다. 요금은 계절에 따라 조금 차이가 있으나 1인 기준으로 4,000~11,000엔 수준이다.

- 호텔 반쇼로 : 일본 숙박시설을 경험하기에 적합한 곳으로 사세보 최고의 숙박시설이다. www.banshoro.com

- 사세보 다이이치 호텔 : 사세보 역 건너편에 위치한 비즈니스 호텔로 부담 없이 머물 수 있는 곳이다. www.sasebodaiichi.com

- 사세보 터미널호텔 : 사세보 역에서 길 건너에 위치한 저렴한 호텔로 배낭족에게 인기다. www.11.ocn.ne.jp/~t-hotel/

· 볼거리

- 시루크 시티 403 아케이드 : 사세보 중심의 7개 마을을 관통하는 아케이드 거리로 1킬로미터에 달한다. 이 고장의 특산품인 감귤부터 앙증맞은 커피가게와 개성이 돋보이는 물건을 파는 상점이 밀집되어 있다.

- 세이신(聖心) 가톨릭 성당 : 역 건너편 언덕에 자리한 가톨릭 성
  당으로, 개항도시인 사세보를 상징하는 건축물이다.
- 유리하리 전망대 : 사세보 시가지와 항구를 한눈에 조망할 수 있
  는 곳으로 멀리 구주쿠시마의 섬까지 감상할 수 있다.

· 주변 볼거리
- 하우스텐보스 : 큐슈 최고의 명소 중 하나로, 계절에 따라 다양한
  꽃과 낭만적인 공연을 즐길 수 있다.

· 기타 정보
- 사세보 관광정보부터 숙박, 교통편 등 여행에 필요한 모든 정보를 제공하는 사세보 관광정보 사
  이트. 한글도 지원함. www.sasebo99.com

무라카미 류(村上龍, 1952~)

1952년 일본 나가사키현(長埼縣) 사세보(佐世保)에서 태어났다. 아버지는 미술 선생님, 어
머니는 수학 선생님으로, 어릴 때부터 그림에 재능이 있었다고 한다. 사세보시립북고등
학교를 졸업하고 도쿄 무사시노(武藏野) 미술대학에 입학했으나 1년 만에 중퇴하였다. 고
등학교 시절 록밴드를 결성하고 단편영화를 만들었으며, 1969년 학교 옥상에 바리케이
트를 치고 데모를 주동하여 무기정학을 당하였다. 고교 시절의 추억이 소설 《69 식스티
나인》의 모티브가 되었다. 1976년 《한없이 투명에 가까운 블루》로 군조(群像) 신인문학상
과 아쿠타가와상(芥川賞)을 받았다. 영화감독, 공연기획자, 토크쇼 진행자, 화가, 사진작
가로도 활동하며 남다른 예술적 재능을 보여주고 있다.

미야자키 하야오가 사랑한
일본 숲의 원형

"정말이지 인간다운 자기 멋대로의 생각이구나.
'산'은 우리 일족의 딸이다.
숲이 살면 그 아이도 살고 숲이 죽으면 그 아이도 죽는다."
- 〈원령공주〉 중에서 -

　　　　　　　일본에는 유네스코가 지정한 세계자연유산이 세 곳 있다. 아열대에서 냉온대까지의 생태계를 볼 수 있는 야쿠시마(屋久島)와 너도밤나무 원시림인 시라카미산지(白神山地), 그리고 멸종 위기 새들의 서식지인 홋카이도 시레토코 반도가 새로 지정되었다.

　　미야자키 하야오의 〈원령공주〉(원제 : 모노노케 히메 もののけ姫)는 세계자연유산인 야쿠시마와 시라카미산지를 배경으로 하고 있다.

영화에서 보여지던 신비롭고 원시적인 숲의 정경은 이 두 곳의 야외 촬영과 미야자키 하야오의 상상력을 통해 구현되었다. 작품의 완성도를 위해 철저한 사전 준비와 현장 답사를 하는 것으로 유명한 미야자키 하야오는 영화 제작 과정에서 숲의 실제 배경이 있다는 것을 밝혔다. 그 때문에 더욱 유명해진 '원령공주의 숲'은 오염되지 않은 일본의 대자연을 만나는 특별한 생태 체험을 할 수 있는 곳이다.

〈원령공주〉는 1997년 일본에서 개봉되어 1,500만 명의 관객 동원, 113억 엔의 배급 수입을 기록하며 일본 역대 영화 흥행 기록을 모두 갈아치웠다. 애니메이션 영화의 상업적인 성공도 놀랍지만 나에게 신령스러운 숲의 이미지와 '자연과 인간의 공존'에 관한 주제는 매우 강렬하게 다가왔다.

사슴 신이 사는 신령스러운 숲 - 야쿠시마 시라타니운스 계곡

비행기에서 내려다 본 야쿠시마는 마치 화가가 실수로 하얀 캔버스 위에 초록 물감을 떨어뜨려 놓은 듯하다. 비를 머금은 구름이 늘 섬을 둘러싸고 있고, 섬의 90퍼센트가 숲으로 덮여 있으니 그렇게 보이는 것도 무리는 아니다.

365일 중 350일 비가 내린다는 야쿠시마. 우리나라 서제노보다 조금 큰 이 섬이 세계적으로 주목을 받기 시작한 것은 1981년 유네스코가 인간과 생활권 보호구역으로 지정하면서부터이다. 살림과 생태 보호지역으로 관리되다가 1993년에 일본 최초의 세계자연유산지역으로 지정되면서 학자들과 지구촌 사람들이 야쿠시마를 찾기 시작했다.

지브리 미술관의 스테인드글라스. 《원령공주》의 첫 장면에 등장하는 숲의 정령 '코다마'와 생명을 관장하는 '사슴신'의 모습.

야쿠시마는 큐슈의 가고시마에서 배로 3시간 이상의 거리이다. 다채로운 숲과 공원이 전국에 산재해 있는 일본에서도, 가장 독특한 생태계를 지니고 있으며, 수령이 수백년 된 삼나무 원시림과 사슴, 원숭이 등이 서식하는 산림지역으로 유명하다. 또한 높이가 2,000미터에 이르는 산이 30여 곳이나 되고 연안의 바다와 강, 계곡 등 아름다운 경관이 어우러져 있다. 크지 않은 섬이지만 신비로운 풍광과 원초적인 자연의 모습이 어떤 것인지 잘 보여준다. 이렇게 때묻지 않은 자연의 모습은 미야자키 하야오에게 큰 영감을 준 듯하다.

'원령공주의 숲'을 찾아가기 위해서 야쿠시마 섬의 가장 큰 도시 미야노무라에서 차를 타고 시라타니 도로를 따라 30분쯤 달렸다. 지그재그로 연결된 가파른 도로를 겨우 올라 주차장에 차를 세우고 걷기 시작했다. 가고시마에서부터 여행 가이드 역할을 톡톡히 해준 와다나베 씨와 야쿠시마에서 20여 년 동안 전문 등산 가이드로 활동하고 있는 히노 씨가 동행해 이번 산행은 마음이 든든했다. 주차장에서 100여 미터쯤 오르니 시라타니운스이쿄(白谷雲水峽)의 작은 사무소가 나타났다. 매표소 옆의 사인보드에는 '원령공주의 숲'이라는 것과 소요시간이 5시간이라고 쓰여 있다. 결코 만만치 않은 거리다. 더구나 20여 킬로그램에 달하는 카메라 장비끼지 메고서 험한 산길을 걸어야 하니.

연평균 강수량이 4,500밀리미터에 이르는 야쿠시마에서도 가장 비가 많이 내리는 곳은 바로 '원령공주의 숲'으로 알려진 시라타니운스이쿄 지역이다. 연간 강수량은 자그마치 10,000밀리미터가 넘는다. 그

야쿠시마에는 사람이 2만 명, 사슴이 2만 마리, 원숭이 2만 마리라는 말이 있을 정도로 사슴과 원숭이들이 많다.

덕분에 이 지역은 검푸른 이끼로 뒤덮인 괴이하면서도 신비한 원시림을 간직하고 있다.

문제는 비다. 우의는 준비했지만 폭우가 쏟아지면 피할 재간은 없으니, 비가 조금만 내리기를 바랄 뿐이다. 바위 사이로 흐르는 맑은 물과 울창한 거목 사이를 30여 분쯤 걷자 입구에서 보던 것과는 전혀 다른 모습이 펼쳐졌다. 거대한 나무의 밑동은 얼키설키 엮여 용트림하듯 뿌리가 다 드러나 있고 온통 이끼를 뒤집어 써 마치 '반지의 제왕'에서 보던 나무 귀신처럼 보였다. 그런 나무가 한두 그루가 아니라 사방에 빼곡했다. 유네스코 세계자연유산지역을 30여 곳 이상 다녀보았지만 야쿠시마처럼 신비스럽고 원시적인 산림은 드물었다. 나는 자연의 위대함에 그저 할 말을 잃고 사진기의 셔터를 눌렀다.

신비감에 사로잡힌 나는 좋은 풍경을 한 장이라도 더 담아볼 욕심으로 쉬는 것도 마다하고 오르기를 1시간 남짓 했을까. 하늘조차 보이지 않는 숲 사이로 빗방울이 떨어졌다. 가랑비인가 싶더니 이내 빗줄기가 굵어졌다. 이곳의 기후와 산세에 관해 베테랑인 히노 씨가 서둘러 내려가자고 한다. 욕심이 앞섰을까, 나는 문제없다며 조금 더 오르기를 고집했다. 그러나 불과 10분도 안 돼 발걸음을 돌려야 했다. 엄청나게 쏟아지는 폭우 속에 우리는 정신없이 내려왔다. 낮은 계곡으로 이어지는 등산로까지 겨우 다다르고 보니 등산로는 흔적도 없이 사라졌다. 히노 씨가 아니었다면 우리는 꼼짝없이 나무들 사이에서 이끼를 뒤집어 쓸 판이었다. 일 주일 일정이지만 비가 계속 내리면 어떻게 하나 은근히 걱정이 되었다. 하늘에 구멍이라도 난 듯 쉴새없이 내리는 빗줄기를 원망하면서, 무사히 숙소에 도착하였다.

다음날, 다행히 맑다는 기상예보를 믿고 우리는 다시 시라타니운스이쿄 지역으로 향했다. 어제 내린 비 때문인지 등산로는 몹시 미끄러웠다. 숲의 정령 코다마가 길 잃은 아시타카에게 안내해 주던 그 길과 닮은 산길을 오르고 쉬기를 몇 차례 반복하여 드디어 '원령공주의 숲'에 다다랐다.

재앙신의 저주를 풀기 위해 서쪽으로 여행하던 중 아시타카는 승려 지코를 만난다. 그에게서 서쪽으로 가면 생명체가 태고적 그대로의 거대한 모습으로 사는 숲 이야기를 듣게 된다. 지코가 알려준 신령스러운 곳, 바로 사슴 신이 살고 있는 숲. 수백 년 아니 수천 년은 족히 돼 보이는 거목과 이끼에 뒤덮인 크고 작은 바위가 어우러져 뿜어내는 장엄하면서도 맑은 기운은 영화 속 감동보다 훨씬 더 깊게 다가왔다. 천 년이 넘는 세월 동안 이 숲을 지켜온 거목들은 인간이 숲을 헤치지 못하도록 서슬 퍼렇게 지켜보는 듯 했다. 다양한 종류의 나무가 빽빽이 서 있고, 줄기와 뿌리, 땅이 구분되지 않을 정도로 이끼가 빈틈없이 뒤덮여 있는 가운데 풀고사리가 우거져 푸르스름한 빛을 발하는 숲에서 자연에 대한 경외감과 엄숙함이 느껴졌다. 나는 뭐라 설명할 길 없는 감동이 밀려와 한참 동인 그내도 서 있어야 했다.

이 숲의 나무 대부분은 삼나무(스기, 杉)로, 야쿠스기는 야쿠시마에서 서식하는 삼나무 중 수령이 1,000년 이상 된 것을, 그 외 어린 삼나무는 고스기라고 한다. 미야자키 하야오는 사슴 신이 사는 숲을 묘사하기 위해 15명의 스태프와 함께 야쿠시마의 이 숲에서 야외 촬영

원령공주의 무대가 된 야쿠시마 숲. 울창한 숲과 이끼로 뒤덮인 바위로 인해 온통 초록나라이다.

을 하였다. 큰 영감을 얻은 그는, 원시림의 생명을 관장하는 사슴신의 숲을 단순한 무대가 아니라 영화의 메시지를 압축적으로 드러내는 중요한 공간으로 그리고 있다.

7,200년을 살아온 조몬스기를 만나다

야쿠시마는 산악인들도 즐겨 찾지만, 수령 7,200년을 자랑하는 조몬스기(繩文杉)를 보기 위해 찾는 여행객들에게도 인기가 높다. 우리에게 백두산이나 한라산이 그렇듯이 일본인들에게 조몬스기의 존재는 좀 특별한 것 같다. 삶의 의미를 배우고자 15세 소년이 조몬스기를 찾아 모험 여행을 떠나는 영화가 개봉되기도 했고, 아들과 함께 조몬

'윌슨 삼나무' 라고 불리는 거대한 고사목. 직경이 10미터에 이르며 속이 텅 비어있어 나무 속에서 쉬고 있는 등산객의 모습을 볼 수 있다.

스기를 보기로 한 약속을 지키는 아버지의 이야기가 책으로 나오기도 했다.

　야쿠시마를 대표하는 삼나무는 물론이고 솔송나무, 전나무에 이르기까지 다양한 나무들이 터널을 이루고 있는 등산로를 2시간 남짓 오르자 방금 전에 보았던 풍경과 또 다른 모습들이 눈앞에 펼쳐졌다. 두꺼운 이끼와 베어낸 나무에 뿌리를 내린 어린 나무, 삼나무가 뿜어내는 맑은 공기까지 태초의 모습이 어떤 것인지 오감으로 느낄 수 있었다. 조몬스기로 이어지는 등산로 중간 지점에 이르러 '윌슨 삼나무'라 불리는 거대한 고사목을 만났다. 400여 년 전 교토의 호카사(方向寺)라는 절을 짓기 위해 벌목된 이 삼나무는 속이 텅 비어 있어 나무

속도 볼 수 있었다. 직경이 10미터에 이르는 거대한 고사목 속에서 햇살에 비친 삼나무들의 황홀한 풍경을 바라보니 감탄이 절로 나왔다.

월슨 삼나무를 지나 등산로를 따라서 1시간쯤 더 오르자 드디어 야쿠시마의 상징인 '조몬스기' 가 모습을 드러냈다. 뿌리 둘레만 43미터, 나무 둘레 16미터, 30미터가 넘는 키. 엄청난 크기도 그렇지만 수령이 7,200년이라는 것은 상상하기 어려운 숫자였다. 안내문을 몇 차례 확인하였지만 내 앞에 선 이 나무가 신석기(조몬) 시대부터 21세기까지 7,200년의 세월을 살아왔다니 인간의 존재가 더욱 미약하게 느껴진다. 수령은 약간의 논란이 있지만 지구촌의 어떤 삼나무보다 오랜 나이를 자랑하는 것만은 틀림이 없다.

연중 끊임없이 내리는 비와 따뜻한 기후, 그리고 험준한 지형이 야쿠시마의 거대한 원시림을 키워냈다. 그럼에도 인간의 손이 닿지 않고 수천 년 동안 태고의 모습을 간직할 수 있었다는 것은 언뜻 이해가 되지 않았다. 그러나 에도 막부 시기 일본 전역의 산림은 물론 야쿠시마의 삼나무들도 많이 벌채되었는데, 조몬스기를 비롯한 고목은 건축재로서 가치가 없다하여 그대로 보존될 수 있었다고 한다.

나는 이후에도 두 차례 더 야쿠시마를 여행했는데, 한 번은 일 주일, 그 다음은 2박 3일 일정이었다. 일본의 최남단 가고시마에서도 배를 타고 들어가야 하기 때문에 쉽사리 여행을 마음먹기 힘들지만 어렵게 갈 만한 충분한 이유가 있다. 아시타카가 새로운 생명을 얻었듯이 원시의 자연세계와 수천 년을 꿋꿋이 살아낸 야쿠스기들을 만나면 삶의 힘을 얻을 수 있을 것이다.

에미시 족의 숲 - 아키타현의 시라카미산지

이제 아시타카의 고향인 동쪽의 숲을 찾아가 보자. 아시타카는 에미시 족의 후계자로, 그들은 숲에서 살던 종족이다. 에미시 족의 숲은 동북지방 아키타현(秋田縣)과 아오모리현(靑森縣)에 걸쳐 있는 시라카미산지(白神山地)를 배경으로 하고 있다. 시라카미산지는 약 13만 헥타르에 이르는 일본 최대 규모의 너도밤나무 원생림을 중심으로 하는 광대한 산지대의 총칭으로, 야쿠시마와 함께 1993년 세계자연유산으로 지정되었다.

숲 사이로 빛이 쏟아지고 울창한 나무들이 늘어선 에미시 족 마을. 이곳은 광대한 시라카미산지에서도 아키타현 후지사토마치에 자리한 다케타이 자연 관찰림이 배경이 되었다. 자연의 정원이란 애칭을 가진 이곳은 시라카미산지의 최고 명소로 꼽힌다. 수령이 200~400년으로 추정되는 이 지역의 너도밤나무 가운데서도 가장 유명한 나무는 26미터 높이에 둘레가 5미터에 이르는 '시라카미 심벌' 이다. 거대한 시라카미 심벌을 중심으로 갓 떡잎이 형성된 어린 나무까지 다양한 크기와 수령의 너도밤나무가 즐비한 이곳은 마치 너도밤나무 박물관 같았다.

이곳의 매력이라면 무엇보다 편안하게 숲을 즐길 수 있다는 것이다. 다케타이 자연관찰림이 시라카미산지의 대표적인 명소가 된 것은 아키타현의 지원과 노력도 있었지만 무엇보다 주민들의 노력과 정성이 컸다고 한다. 마을 주민은 스스로 자연보호를 실천했고, 나무가 잘 자랄 수 있도록 환경을 정비하고 산책로를 손보는 등 애정을 쏟고 있다. 일부 구간은 휠체어를 타고 둘러볼 수 있도록 해 놓았다. 그들의 세심한 배려가 내게는 놀랍기만 했다.

시라카미산지에서는 너도밤나무뿐만 아니라 너도밤나무를 거목으로 자라게 만드는 깨끗한 물과 수십 년 동안 떨어진 낙엽이 쌓여 만들어진 천연 비료인 부엽토, 그리고 나무와 바위틈 사이에서 고개를 내밀고 햇살을 받는 예쁜 야생화 등 아름다운 경치를 만날 수 있다. 단, 가이드의 안내를 받아야 한다. 가이드는 모두 자원봉사자로서 그룹 혹은 개별 가이드도 해 준다. 방문객들이 지불하는 가이드 수익 중 10퍼센트는 따로 적립해서 사인보드나 관람을 돕는 편의시설을 설치하고 숲을 가꾸는 데 쓴다고 한다. 마을 주민들은 자원봉사로 모임에 참가하는 데 큰 자부심을 느끼는 듯 했다. 인근의 삼나무 군락지에는 천연 삼나무가 군락을 이루고 있고, '기마마치 삼나무' 는 높이가 자그마치 58미터가 넘어 일본에서 가장 키가 큰 나무로 알려져 있다.

〈원령공주〉와 함께 하는 여행에서 광활한 자연과 그 자연을 가꾸고 보존하며 살아가는 일본인들을 만날 수 있었다. 개발 논리에 맞서며 자연이 인간에게 주는 엄청난 이익을 마음껏 누리며 사는 이곳 사람들을 통해 우리도 자연과 인간이 반목하지 않고 공존하는 지혜를 배웠으면하는 생각이 들었다. 우리나라에도 잘 가꾸고 보존해야 할 소중한 자연유산이 너무도 많다. 그런 생각을 하자 괜스레 마음이 바빠진다. 아직도 개발논리에 밀려 자연유산이 파괴되어가는 것을 보기 때문이리라.

야쿠시마 屋久島

시라카미산지 白神山地

· 가는 길

① 야쿠시마 : 인천공항에서 대한항공 이용, 큐슈 남단 가고시마 공항까지 1시간 30분 소요. 가고시마에서 야쿠시마까지는 국내선 비행기로 40분, 고속 페리로 2시간, 일반 페리로 4시간 걸린다. 야쿠시마에서 원령공주 숲까지는 매일 3~4차례 관광버스가 운행되며, 산행을 할 경우 렌터카를 이용하는 것이 편리하다.

② 시라카미산지 후지사토마치 : 인천공항에서 아키타 공항까지 2시간 10분 소요. 공항에서 후지사토마치까지는 버스나 렌터카로 2시간 30분 걸린다.
www.akita.or.kr, www.daiichikanko.jp

· 숙박

야쿠시마 지역

- 이와사키 호텔 : 가족과 함께 묵기 좋은 호텔로 멋진 풍광을 벗삼아 온천욕과 산책을 할 수 있다. www.iwasakihotels.com
- 민박집 : 숲과 산이 보이는 곳 외에도 바다가 내려다보이는 낭만적인 민박집이 많다. 가격도 호텔보다 저렴하다. www.realwave-corp.com

후지사토마치 지역

인근의 유토리아후지사토와 유노사와 온천 지역의 숙박시설을 이용해야 한다.
- 저렴한 료칸과 민박 : www.akita.or.kr

· 볼거리

야쿠시마 지역

- 야쿠시마 자연유산 자료관 : 야쿠시마에서 서식하는 다양한 나무와 동·식물에 관한 자료를 전시해 놓았다. 이곳을 한 번 둘러보면 야쿠시마의 자연생태계를 이해할 수 있다. T.(0997) 46-2992

시라카미산지 지역

- 시라카미산지 세계유산센터 후지사토칸 : 자연교육 관찰림 입구의 전시장으로, 시라카미 산지에
  서식하는 너도밤나무를 비롯하여 동 · 식물 자료를 전시하고 있다.
- 하치모리 부낫코 랜드 : 너도밤나무를 활용한 다양한 체험활동을 할 수 있는 곳.

• 기타 정보

- 야쿠시마 지역 : www.realwave-corp.com
- 아키타 현 시라카미산지 지역 : www.akitafan.com
- 아오모리현 시라카미산지 지역 : www.akitafan.com/taiken, www.aptinet.jp

원령공주 (원제 もののけ姫, 1997)

1997년 지브리 스튜디오에서 제작한 미야자키 하야오 감독 작품으로 히사이시 조가 음악을 맡았다. 200억 원의 제작비와 제작기간 3년에 걸친 일본 애니메이션 영화의 '블록버스터'로 꼽히는 대작이다. 일본 국내에서 개봉 당시 4개월 만에 천만 명 관객을 넘어섰고 집계 1천410만 명을 동원하여 ET를 제치고 일본 내 역대 흥행 1위, 최고 수익을 올렸다. 1997년에 베를린 국제영화제 특별상과 베네치아 국제영화제 최우수 영화음악상을 수상하였다.

이 작품은 자연에 순응적인 중세와 개척의 깃발을 드높인 근대가 뒤엉켜 충돌을 겪는 무로마치 시대를 배경으로 하고 있다. 인간에 의한 자연 파괴와 원시림이 공존하던 시절. 북쪽 끝에 숨어사는 '에미시 족'의 왕자 '아시타카'는 마을을 지키기 위해 재앙의 신과 싸우다 오른팔에 저주를 받는다. 저주를 풀기 위해 길을 떠나는 아시타카는 산을 깎아 사철을 생산해서 총을 만드는 '다타라 집단'의 우두머리 '에보시 고젠'과 그에 맞서는 원령공주 '산'을 만나게 된다. 〈원령공주〉는 인간과 자연, 환경, 문명과의 충돌 등 다양한 주제를 담고 있다. 그는 이 작품을 끝으로 은퇴를 선언하였다. 그러나 차기 주자였던 콘도 요시후미의 갑작스런 죽음으로 인해 다시 지브리 스튜디오에 복귀했다.

작은 어촌에서 길어 올린 사랑의 추억

"여기 있으니까 세상의 중심이 어떤 곳인지 알 수 있어……."
- 〈세상의 중심에서 사랑을 외치다〉 중에서 -

영화 〈세상의 중심에서 사랑을 외치다〉
에서 주인공 사쿠가 말하는 세상의 중심이란 어디일까?

2005년 여름, 나는 그 중심을 찾아 일본으로 떠났다. 그러나 태풍의
진로까지는 생각지 못했다. 태풍 '나비'가 북상하고 있다는 기상 예
보를 일본에 와서야 들었던 것이다. 우리나라를 약간 비껴 일본으로
방향을 튼 것까지는 다행스러운 일이었지만 태풍의 진로를 피해 나는
야마가타현에서 에이메현까지 20여 일을 다녀야 했다. 게다가 카메라

가방은 비바람을 머금은 공기 때문인지 더 무겁게 느껴졌다.

사쿠와 아키의 사랑이 시작되는 아지 마을

태풍을 피해 찾아간 '세상의 중심'은 시코쿠 카가와현(香川縣)에 있는 작은 마을 아지초(庵治町)였다. 이곳에는 17살 소년 사쿠와 소녀 아키의 애틋한 추억이 어려 있다. 카가와 현청이 있는 다카마츠에서 40분을 달려 아지초에 도착하였을 때 나는 우리나라의 어느 한적한 어촌을 찾은 것이 아닐까 하는 생각이 들었다. 그리 예쁠 것도 그렇다고 밉지도 않은 여인의 맨 얼굴을 보는 듯 하다고 할까, 아지초는 그런 느낌이 드는 곳이었다.

소설《세상의 중심에서 사랑을 외치다》를 읽은 다음 영화를 보게 되었는데, 원작에서 상당히 각색되어 있었다. 그래서 소설의 무대로 떠나야 할까, 영화 촬영지로 떠나야 할까 망설이다가 욕심을 부려 영화 촬영지를 둘러 본 다음 작가의 고향인 에히메현의 우와지마로 가기로 했다.

행정구역상으로 카가와현 쓰다군(木田郡)에 속한 아지초에서 영화에 등장한 곳을 찾기란 그 어떤 곳보다 쉬웠다. 작은 항구에 들어서는 순간 이곳이 〈세상의 중심에서 사랑을 외치다〉의 무대임을 알리는 사인보드와 마주했다. 그리고 주요 거리마다 영화 촬영 현장이었음을 알리는 안내판이 서 있었다. 일본 열도를 '세카추(일본 내에서 '세상의 중심에서 사랑을 외치다'를 줄여서 부르는 말)' 열풍으로 몰아넣었으니 유명 관광지가 되고도 남을 터이다.

영화의 주 무대가 된 아지초 항의 전경. 영화에 자주 등장했던 방파제가 멀리 보인다.

　먼저 작은 어촌의 사무소가 맞나 싶게 세련되고 깔끔한 마을의 사무소에서 주요 촬영지를 표시해 놓은 지도를 얻었다. 일본어가 능통하지 않은 나에게 이번 여행에 동행한 리에 씨와 마나부 씨는 자세한 가이드를 해 주었다.

　영화 〈세상의 중심에서 사랑을 외치다〉는 결혼을 앞두고 사쿠(오오사와 타카오)의 약혼녀 리츠코(시바사키 코우)가 갑자기 사라지면서 시작된다. 그녀가 찾아간 곳은 사쿠의 고향 마을로, 가장 순수하고 아름답던 시절 사랑했던 한 여학생에 대한 추억이 있는 곳이다. 약혼녀를 찾아 아지초에 온 사쿠는 그 동안 잊고 있었던 아키(나가사와 마사미)와의 추억과 만나게 된다.

아지항이 내려다보이는 오우지 신사 내 공원. 아키와 사쿠가 그네를 타면서 할아버지의 첫사랑 이야기를 하던 곳이다.

아지초 항의 조용하고 한적한 모습.

마을 사무소를 빠져 나오자 가장 먼저 사진관 터가 나왔다. 아키와 어린 사쿠(모리야마 미라이)가 결혼식 사진을 찍었던 곳이다. 지금은 빈터로 남아 있는데, 영화 촬영을 위해 세트로 만든 곳이라고 한다. 리에 씨와 마나부 씨는 영화 촬영 당시의 사진관과 꼭 같은 건물을 짓고 〈세상의 중심에서 사랑을 외치다〉에 관한 자료를 전시할 계획이라고 알려 주었다. 2006년 이후에 아지초를 찾는다면 사진관 건물과 만날 수 있을 것이다.

사진관 터 사거리에서 우체국을 좌측에 끼고 20여 미터쯤 가자 옷가게 '타니(TANI)' 가 나왔다. 영화에서 사쿠와 아키가 한 전자제품 가게 앞에 멈춰서 유리창 너머로 워크맨을 보던 장면을 이곳에서 촬영했다고 한다. 가게는 밖에서 보는 것과 달리 꽤 컸다. 50대 중반의 마음씨 좋아 보이는 여사장은 한국에서 왔다는 말에 흔쾌히 촬영을 허락했다.

사진관과 전자상점 지역을 빠져 나와 해변 쪽으로 나오자 방파제가 보인다. 태풍이 지나간 조용한 항구에는 작은 배들이 정박해 있었다. 이곳은 꿈의 섬에서 갑자기 쓰러진 아키를 싣고 가는 차를 쫓아 사쿠가 달려가던 장면이 촬영된 곳이다. 항구 옆으로 꽤 큰 건물이 하나 있는데 어부들이 각종 어구와 용구를 보관하는 곳이라고 한다. 사쿠가 슬퍼하며 마을의 축제 행렬 옆을 지나가는 장면을 촬영했던 곳인데, 너무 평범해서 지도가 없었다면 지나치기 십상이었다.

창고를 지나 조금 더 걸으니 교장 선생님의 장례식 장면을 촬영한 센슈인(專修院)이 나타났다. 원래 선(禪)을 수련하는 곳으로, 입구에

아키가 앉아서 책을 읽으며 사쿠를 기다리던 곳

는 영화 촬영장임을 알리는 사인보드가 세워져 있었다. 제법 넓은 마당을 중심으로 식당과 문화재를 소장한 전시관도 있어 잠시 들러가기에 좋았다. 요즘에는 영화를 본 연인들이 많이 찾는다고 한다.

센슈인에서 50여 미터 지점에 두 개의 사인보드가 서 있었다. 왼쪽으로는 고등학생 사쿠가 혼자서 달리던 장면과 어른이 된 사쿠가 추억에 잠기던 장면을 촬영한 방파제가 있고, 곧장 더 가면 어른이 된 사쿠가 10년 전 아키가 남긴 테이프를 듣던 또 다른 방파제가 나온다. 먼저 사쿠가 추억에 잠겨 고등학교 시절을 추억하던 방파제로 갔다. 빨간 등대가 서 있고, 바다는 잔잔하다. 방파제를 따라 걷다 보니 섬이 하나 보인다. 혹시 '꿈의 섬' 이 아닐까해서 물었더니 역시 그렇단다. '이나게시마' 로 불리는 무인도인데, 얼마 전까지만 해도 어부들이나 간혹 들르는 섬이었다. 영화의 인기 때문에 요즘에는 개인용 보트를 타고 섬에 들어가는 여행객도 늘고 있다고 한다. 푸른 바다 위의 섬 이나게시마는 방파제에서 불과 2킬로미터 정도 떨어져 있다.

모래사장을 지나 해변을 향해 좁은 길로 갔다. 작은 언덕을 넘자 또 다른 방파제가 나온다. 아키의 녹음 테이프를 들으며 어른이 된 사쿠가 눈물짓던 곳이다. 비를 머금은 세찬 바람을 맞으며 서 있던 사쿠의 모습은 꽤 멋있었던 것 같다.

중간 지점에는 오우지 신사(皇子紳士)가 있다. 영화 속에서 사쿠와 아키가 함께 그네를 타면서 사진관 할아버지의 첫사랑 이야기를 나누던 그곳은 신사 안에 있는 공원으로, 아지초는 물론 인근의 풍광까지 한 눈에 들어오는 전망대 역할을 한다. 영화의 무대라는 것이 알려지면서 최근에는 이곳을 찾아 서로의 사랑을 약속하는 이벤트를 갖는 연인들이 많다고 한다. 바다가 보이는 철조망에 열쇠를 채워두고 두 사람의 사랑이 영원하기를 기원하는 일종의 언약식이 유행인데, 우리가 갔을 때 이름과 하트까지 새겨놓은 어느 커플의 열쇠가 채워져 있었다. 이런 이벤트를 보면 요즘 연인들도 그들 나름의 멋과 낭만이 있는 것 같다.

우리는 아지초 항구에서 전형적인 농촌 풍경이 펼쳐진 외곽의 미야노시타바시(宮ノ下橋)로 갔다. 붉은 다리와 100여 개의 돌계단이 보인다. 이 계단은 신사로 이어지며 입구의 석상 바로 위쪽에서 아키가 책을 읽으며 사쿠를 기다리던 곳이다. 이 근처 마을을 배경으로 아키와 사쿠의 등하교 장면을 촬영했다. 그리고 사쿠가 아르바이트하던 주유소가 눈에 들어왔다. 주유기 한 대 뿐인 작은 주유소는 폐업 중이었는데 영화 촬영이 있기 전에도 폐업 상태였다고 한다.

주유소 주변은 논들이 펼쳐져 있다. 사쿠는 아키를 오토바이에 태우고 이 시골 길을 달린다. 그들은 미래와 사랑에 대해 이야기하고, 그리고 음악을 말한다.

에히메현(愛媛縣)의 관문인 마츠야마(松山)시는 시코쿠 지방에서 가장 큰 도시이다. 아키가 입원했던 병원의 배경이 된 마츠야마 현청으로 향했다. 1층 서쪽 복도가 촬영지인데, 관공서 건물이 대부분 그렇듯 무겁고 어두운 분위기였다. 20여 년 시대 분위기를 연출하기 위해 관공서를 배경으로 한 모양이다.

서쪽 복도를 빠져 나오자 정원과 주차장으로 이어졌다. 아픈 가운데도 씩씩한 모습을 잃지 않던 아키가 사쿠와 게임도 하고 이야기를 나누던 곳인데, 실제로는 삭막해서 영화의 장면을 떠올리기는 쉽지 않았다. 현청 앞에서 횡단보도를 건너면 전차 정류장이 있다. 이곳에서 사쿠와 아키는 전차를 타고 사진관으로 간다. 그리고 예복을 입고 결혼 사진을 찍는다.

영화와 소설은 다르다. 첫사랑을 잊지 못하는 사진관 할아버지는 소설에서 사쿠의 친할아버지이고, 어른이 된 사쿠의 애인은 구체적으로 등장하지 않지만 영화에서는 사쿠의 약혼자 리츠코가 아키와 어린 시절 인연을 간직한 인물로 나온다. 감독 유카사다 이사오는 소설에서 명확하게 드러나지 않은 시간적 배경을 1986년으로 구체화하고 워크맨을 통해 사랑을 키워가는 주인공의 모습을 영상을 통해 섬세하게 보여주었다.

영화가 훨씬 구체적인 셈이다. 그러나 소설과 영화를 보고 난 뒤의 감상은 그리 다르지 않았다. 촬영지를 돌아본 뒤의 느낌도 비슷했다. 천천히 스며들어 온 몸을 적시는 가을비 같은 느낌이라고 할까. 감정의 과잉 없이 단아한 서정으로 그리고 있어 그런지도 모르겠다.

소설가 카타야마 쿄이치의 고향, 우와지마시

《세상의 중심에서 사랑을 외치다》로 최고 베스트셀러 작가가 된 카타야마 쿄이치는 1986년 등단 이후 전혀 주목을 받지 못하던 무명 작가였다. 그는 마츠야마에서 서남쪽으로 떨어진 우와지마(宇和島)에서 태어났다. 그의 고향집에는 지금도 부모님이 살고 있다는 이야기

소설에 등장하는 우와지마의 미시마 신사와 신사 내 무덤. 할아버지의 첫사랑 유골을 가져온 곳이다.

아키가 계단에 앉아 오토바이를 타고 오는 사쿠를 기다리던 장면이 촬영된 곳.
빨간 다리를 지나면 마을 외곽으로 빠지게 된다.

를 듣고 나는 우와지마로 향했다.

마츠야마에서 기차로 1시간 40분 달려 작은 어촌 도시 우와지마에 도착했다. 작가는 자신의 고향을 배경으로 소설을 썼는데, 소설에 나오는 성과 신사의 묘지, 꿈의 섬 등을 둘러보았다. 그리고 아키와 사쿠가 자주 만나던 미시마 신사 근처 작가의 집을 찾았다. 평범한 시골집에는 그의 아버지인 카타야마 게이이치(片山慶一, 85세)와 어머니가 살고 있었다. 한국에서 찾아 왔다고 하자 노부부는 놀라워하며 반겨 주었다. 1925년 생인 카타야마 게이이치 씨는 사업을 하던 아버지 때문에 인천에서 태어나 어린 시절을 보냈다고 했다. 그래서인지 유난히 환대를 하며 사진 포즈까지 잡아주었다. 마지막으로 작가의 모교이기도 한 우와지마 히가시 고등학교를 찾았다.

마츠야마로 돌아오는 길에 가방에 넣어 두었던 소설을 꺼내 마지막 장면을 폈다. 사쿠가 학교 운동장에서 아키의 뼛가루가 담긴 작은 병 뚜껑을 열고 원을 그리며 아키를 떠나보내는 대목을 다시 읽었다. 그리고 다시 감상적인 기분에 빠져 들었다.

작가의 고향집에서 만난 작가의 부모님.

아지
庵治

· 가는 길

인천에서 직항 이용 : 아시아나 항공을 이용, 다카마츠 공항까지 1시간 40분 소요. 다카마츠 공항에서 다카마츠 역까지 이동한 후 역 앞 버스터미널에서 아지초 행 버스를 타면 40분 걸린다.

· 숙박

아지초는 작은 어촌으로 특별한 숙박시설이 없기 때문에 다카마츠에 정하는 것이 편하다.

- 가요미산소 하나쥬카이 : 가족이 함께 머물기에 좋은 료칸으로, 전망이 뛰어난 산 위에 자리잡고 있다. 산책과 온천욕을 즐길 수 있다.
- 젠닛쿠 크레멘트 다카마츠 호텔 : 기차역과 페리 항구에 인접한 고급 숙소로 친절한 서비스와 편리한 교통이 최대 장점이다. www.anaclement.com

· 볼거리

- 나오시마(直島) : 다카마츠 항구에서 페리를 타고 50분이면 갈 수 있는 섬으로, 영화 007시리즈를 비롯하여 영화의 무대로 자주 등장했다. 또한 일본이 자랑하는 지중 미술관과 베네세 미술관이 자리하고 있어 찾는 이들이 많다. 페리 요금 편도 560엔(왕복 10퍼센트 할인). 소요시간 50분. 섬을 순회하는 버스가 운행되며 하루면 충분히 둘러볼 수 있다. 지중 미술관 입장료 어른 2000엔, 15세 미만 1500엔, 베네세 미술관 입장료 어른 1000엔, 어린이 500엔.

- 리쓰린 공원(栗林公園) : 다카마츠 시내에 위치한 일본의 대표적인 공원의 하나이다. 여러 개의 인공 호수와 멋진 정원, 아늑한 분위기의 찻집이 있다. 일본 영화에 자주 등장하였고, 계절마다 전혀 다른 풍광으로 사람들이 많이 찾는 곳이다. 입장료 어른 300엔, 어린이 150엔.
- 고토히라 : 시코쿠의 88곳 사찰 가운데 가장 웅장하고 아름다운 사찰이다. 과거 스님들이 수도를 위하여 순회했던 곳이며, 지금도 많은 방문객이 찾고 있다.
- 세토오하시 대교 : 혼슈와 시코쿠를 연결하는 일본 최대 규모의 다리로, 다리와 다리를 연결해 놓은 섬에서 바라보는 풍광이 아름답다.

• 기타 정보

www.city.takamatsu.kagawa.jp, www.my-kagawa.jp

About Movie ●

세상의 중심에서 사랑을 외치다 (2004)

감독 : 유키사다 이사오, 주연 : 오자와 다카오, 시바사키 코우

2001년 〈GO〉로 일본의 모든 영화상을 휩쓸며 가장 주목받고 있는 유키사와 이사오 감독은 〈세상의 중심에서 사랑을 외치다〉로 일본 최고의 흥행 감독이자 멜로 영화의 '대부' 로 꼽히고 있다. 지난 해 일본에서 660만 명의 관객을 동원했고, 2005년에는 〈봄의 눈〉으로 부산국제영화제를 찾아 주목을 받기도 했다. 그는 이와이 슈운지 감독의 조감독으로 〈러브 레터〉, 〈4월 이야기〉, 〈스왈로테일 버터플라이〉에 참여하였다.

영화의 원작인 가타야마 쿄히치의 소설은 2001년 4월 처음 발간될 당시만 해도 전혀 주목받지 못했다. 우연히 여배우 시바사키 코우가 이 소설을 '울면서 단숨에 읽었다.' 는 평이 서적 정보지 〈다 빈치〉 에 실리면서 관심이 높아졌다. 시바사키 코우의 인기가 높아지면서 이 소설의 인기도 폭발하기 시작했다. 2003년 6월 이후 35주 동안 연속 문예부문에서 판매 1위를 기록했고 무라카미 하루키의 〈상실의 시대(노르웨이의 숲)〉 판매 기록을 돌파하면서 '세카추(セカチュ-) 열풍을 불러 일으켰다. 소설이 영화화되면서 시바사키 코우는 사쿠의 약혼자로 출연하게 되었다.

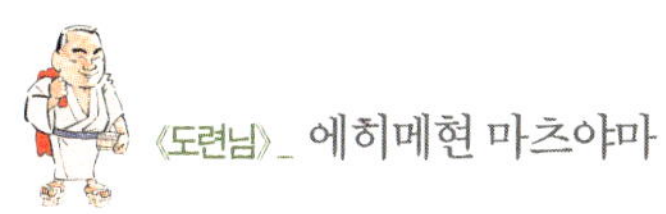

봇짱 열차 타고 소설 속 온천장 가자

"나는 여기 온 이후로 매일 온천에 가기로 했다. 다른 곳은 도쿄와 비교할 가치도 없지만
이 온천만은 훌륭하다. 온천은 3층으로 지은 새 건물로 고급탕은 유카타를 빌려 주고
등을 밀어 주는 데 8전이면 된다. 게다가 여자가 차를 날라다 준다.
욕탕은 다다미 열다섯 장 크기로 화강암으로 만들어 놓았다.
대개 열 서너 명이 들어갈 수 있는데, 깊이는 섰을 때 가슴까지 물이 닿았다."
- 《도련님》 중에서 -

일본에서 가장 오래된 도고 온천(道後
溫泉)과 하얀 연기를 내뿜으며 도심을 내달리는 봇짱 열차가 멋스러
운 마츠야마(松山). 이곳에서 특이한 볼거리는 호조엔 광장 앞 대형시
계에서 시작된다.

한 시간마다 시계침이 정각을 가리키면 독특한 캐릭터가 시계에서
튀어나와 춤을 춘다. 무엇을 상징하는 캐릭터일까 궁금해 자세히 살
펴 보니, 빛바랜 소설 속의 한 페이지가 재현되고 있었다. 도련님과 그

도고 온천 역 호조엔 광장에 서 있는 봇짱 시계탑. 매시 정각마다 소설의 캐릭터들이 음악에 맞춰 춤을 춘다.

도련님을 세상에서 가장 인정해주는 할머니가 된 하녀 기요의 모습이 보였다. 이 봇짱 시계탑은 이곳이 바로 나쓰메 소세키(夏目漱石)의 소설《도련님》의 배경이 된 장소임을 알려주고 있다.

영국의 셰익스피어, 독일의 괴테, 프랑스의 발자크, 러시아의 톨스토이에 비견할 수 있는 일본의 문학가로 사람들은 '나쓰메 소세키'를 꼽는다. 그만큼 그가 발표한 작품들은 문학석 깊이를 인정받고 있다. 《도련님》이란 제목으로 번역되어 우리나라에 소개된 소설《봇짱 坊ちゃん》은 작가가 마츠야마 중학교의 영어교사로 재직하면서 겪었던 체험을 살려 쓴 소설로, 그 무대가 된 마츠야마 곳곳에는 문학의 향기가 은은하게 배어있다.

에히메현(愛媛縣)의 현청이 위치한 마츠야마는 시코쿠(四國)에서 가장 큰 도시로 인구 50만 명이 거주하고 있다. 온화한 기후와 아름다운 자연환경에 둘러싸인 마츠야마는 일본을 대표하는 문화도시 가운데 한 곳으로 근대 일본 문학과 예술을 이야기할 때 빼놓을 수 없는 중요한 곳이다.

마츠야마에는 소설《도련님》의 배경이 된 장소가 여러 곳 있는데, 그 중 도시의 랜드마크에 해당되는 도고 온천이 대표적이다. 나쓰메 소세키가 소설 속에서 도쿄와 견줄만한 곳은 온천밖에 없다고 한 이 곳은 어떤 곳일까?

일본에서 가장 오래된 온천으로 꼽히는 도고 온천은 3천 년 전에 개탕되었다고 '고지키(古事記)' 에 전한다. 그 중 소설의 배경이 된 도고 온천 본관은 1894년 건축되었다. 1994년에 온천시설로는 일본 최초로 국가의 중요문화재로 지정되었다. 성곽식으로 구성된 3층짜리 멋스런 기와지붕이 일본 전통건축의 품격을 보여주고 있다. 도고 온천은 여러 곳의 료칸(旅館)과 호텔이 위치해 있는 온천 지역을 지칭한다.

나쓰메 소세키가 동경제국대학 영문과를 졸업하고 마츠야마 중학교의 영어교사로 부임했던 때가 1895년이었으니, 도고 온천의 본관은 그가 부임하기 바로 일 년 전에 세워졌다. 새로 지어진 온천을 소설 속에서는 이렇게 묘사하고 있다.

"나는 여기 온 이후로 매일 온천에 가기로 했다. 다른 곳은 도쿄와 비교할 가치도 없지만 이 온천만은 훌륭하다. 온천은 3층으로 지은 새 건물로 고급탕은 유카타를 빌려 주고 등을 밀어 주는 데 8전이면 된다. 게다가 여자가 차를 날라다 준다. 욕탕은 다다미 열다섯 장 크기로 화강암으로 만들어 놓았다. 대개 열 서너 명이 들어갈 수 있는데, 깊이 는 섰을 때 가슴까지 물이 닿았다."

소설에서 묘사된 것처럼 3층 건물, 화강암 온천탕, 유카타를 입고 차를 마실 수 있는 다실, 다다미 열다섯 장에 해당되는 욕탕의 크기를 갖추고 있는 온천은 당시 도고 온천의 본관이 유일했다.

지금 도고 온천은 대중온천으로 입장료 400엔을 내면 누구나 자유 롭게 온천욕을 즐길 수 있다. 목욕을 할 수 있는 온천탕과 차를 마시며 쉴 수 있는 휴게실 등으로 구성된 이곳에 방문객의 발길이 끊이지 않 는 곳이 있다. 바로 3층에 마련된 작가의 방이다. 4년 전에 이어 다시 찾은 그의 방은 예전과 달라진 것이 없었다. 나쓰메 소세키의 조각과 초상화, 족자 그리고 테이블까지 그대로다.

온천 홍보 담당자에 의하면 도련님이 이곳 온천을 자주 찾았던 것 처럼 작가인 나쓰메 소세키도 마츠야마에 사는 동안 수시로 와서 온 천욕을 즐긴 후 이층에서 차를 마시고 휴식을 취했다고 한다. 이런 사 실이 알려지고 그의 문학을 사랑하는 방문객이 늘어나자 온천에서는 나쓰메 소세키 방을 따로 마련했다고 한다.

21세기에 들어와서도 온천의 명성은 고스란히 이어진다. 일본의 대표적인 애니메이션 영화 미야자키 하야오의 〈센과 치히로의 행방 불명〉에 등장하는 온천장 역시 도고 온천이 모티프가 되었다. 실제 도 고 온천의 북쪽 부분은 〈센과 치히로의 행방불명〉에 등장한 온천과 흡사한데, 이런 사실을 증명이라도 하듯 1층 복도에는 커다란 애니메

소설 《도련님》의 무대가 되었던 마츠야마 전경과 도고 온천 본관의 모습.

도고 온천 본관 3층에 마련되어 있는 나쓰메 소세키의 방에는 그의 사진과 조각 등이 전시되어 있다.

나쓰메 소세키가 자주 방문하여 산책을 즐겼다는 후나야 료칸의 정원.

이선 영화 포스터가 걸려 있고 도고 온천을 밑그림으로 사용했다는 신문기사가 함께 전시되어 있다.

도고 온천 본관에서 건널목을 건너면 도고 온천 역까지 이어지는 거리가 나오는데, 이곳이 바로 마돈나 거리이다. 소설 속에서 미모가 뛰어난 여성 마돈나는 원래 영어 교사인 끝물호박의 약혼녀였으나 경제적으로 여유가 있는 교감선생인 빨간셔츠를 선택하는 현실적인 여성이다. 도련님이 온천을 오가며 7전을 내고 당고(だんご) 2접시를 먹던 장소가 바로 이 거리인데, 마돈나 거리로 불리게 된 것은 소설《도련님》이 전국적으로 알려진 이후다.

마돈나 거리는 그야말로 쇼핑의 천국이다. 봇짱 당고, 봇짱 케이크 등이 입맛을 당기고, 마츠야마의 토산품인 생활자기는 눈을 즐겁게 한다. 어느덧 쇼핑 거리가 끝나는 지점에 다다르면, 그곳이 바로 호조엔 광장이고 매시 정각마다 소설 주인공들이 경쾌한 음악에 맞춰 춤추는 시계탑이 서 있다. 도고 온천 본관 건립 100주년을 기리기 위해 1994년에 제작된 시계탑 앞에서는 소설 속의 마돈나로 곱게 분장한 기모노 차림의 자원봉사자와 기념촬영을 할 수도 있다.

호조엔 광장과 이웃한 도고 온천 역은 소설의 또다른 무대이다. 주인공이 하숙집에서 온천으로 가기 위해 매일같이 5전짜리 일등석 객차를 타곤 했는데, 기차가 정차했던 역이다. 소설 속 전차는 현재 '봇짱 열차' 라는 이름으로 운행되고 있는데, 요금은 300엔이다. 1887년 건설된 이 전철은 일본 최초의 경전철로 67년 동안 운행되다가 사라졌으나, 2001년 복원되어 현재도 처음 건설할 당시의 노선을 그대로 이용하고 있다.

소설의 배경이 된 중학교이자 작가 나쓰메 소세키가 실제 영어 교사로 재직했던 마츠야마 중학교에 가기 위해 봇짱 열차에 올랐다. 소설에서 '성냥갑 같은 객차' 라고 묘사한 '봇짱 열차' 는 장난감 기차처럼 앙증맞다. 기관차와 객차로 구성된 두 량짜리 열차는 좌석과 입석을 포함하여 30여 명이 탈 수 있을 정도다.

10여 분 후에 내린 곳은 현청 앞 정류장. 이곳은 소설 속에서 주인공이 운동을 하거나 온천에 갈 때 지나다녔던 장소이자, 2004년에 개봉된 영화 〈세상의 중심에서 사랑을 외치다〉에서 아키와 사쿠가 여권 사진을 찍으려고 사진관으로 가기 위해 전철을 기다렸던 장소이기도 하다. 그리고 현청은 아키가 입원한 병원 장면을 촬영했던 곳이다.

현청 바로 건너편에는 당시 마츠야마 중학교가 있던 터가 있다. 현재 NTT지사가 들어서 있는 이 터가 예전의 마츠야마 중학교라는 사실은 돌로 된 커다란 기념비와 푯말을 통해 확인할 수 있었다. 옛 마츠야마 중학교는 인근으로 옮겨져 여덟 번이나 교명을 바꾼 끝에 지금은 마츠야마 히가시 고등학교(東高等學校)가 되었다.

에히메 현의 명문으로 알려진 히가시 고등학교를 처음 찾던 날, 소설 속에서 수학 교사인 주인공이 학생들과 좌충우돌하던 모습, 너구리 교장과 교감인 빨간셔츠, 수학 교사인 거센바람 등 교사들 사이에서 벌어진 수많은 사건과 흥미로운 이야기가 떠올랐다. 잔뜩 기대를 갖고 찾아갔지만 미리 연락을 하지 않아 자세히 둘러볼 수가 없었다. 이틀 후 이 학교 출신 무라카미 히사시 씨가 학교를 둘러볼 수 있도록

연락해 놓아 학교 구석구석을 둘러볼 수 있었다.

아카오카 겐지 교감 선생님의 안내를 받아 처음 간 곳은 나쓰메 소세키가 학생들을 가르쳤던 장소 가운데 한 곳인 명교관(明教館)이었다. 전통적인 일본 건축양식 건물로 옛날 학교에 있던 것을 이곳으로 옮겨왔다고 한다. 제법 넓은 실내로 들어서자마자 눈에 띄는 것은 복도의 오른쪽 벽면을 장식하고 있는 흑백사진이었다. 마츠야마 중학교의 초대 교장부터 현재 교장까지 모두 43명의 사진이 걸려 있었다. 이 가운데 나쓰메 소세키가 근무했던 당시에는 7대 교장이 부임 중이었다고 한다. 사진을 보며 소설 속 교장 선생님의 재미난 캐릭터가 떠올라 웃음이 났다.

복도를 지나자 눈에 띄는 건 이 학교와 인연을 맺고 있는 유명 인사들의 사진과 초상화였고, 역시 첫눈에 나쓰메 소세키의 얼굴이 보였다. 입구의 왼쪽 코너에 자리한 나쓰메 소세키의 초상화는 다른 100여 점의 전시품과는 달리 유독 세련돼 보였다. 비스듬히 옆을 응시하고 있는 포즈의 얼굴은 중년의 모습이었다. 아마 나쓰메 소세키가 이곳에서 근무할 당시 모습이 아니라 훗날에 제작한 것을 걸어 놓은 것 같았다.

명교관 옆에 있는 학교 자료관에 들어섰다. 학교의 주요 역사를 볼 수 있는 자료가 가득 있었는데, 나쓰메 소세키의 마츠야마 중학교 교사 발령 증명서와 그와 연관이 있는 여러 물건들도 보관되어 있었다. 가장 눈에 띄는 것은 유리 전시관에 비치되어 있는 《도련님》의 오리지널 원고와 그가 소설을 쓰는데 큰 영향을 준 마사오카 시키(正岡子規)

나쓰메 소세키가 학생들을 가르쳤던 명교관. 현재 히가시 고등학교 본관 뒤로 옮겨져 있다.

나쓰메 소세키에게 큰 영향을 미친 하이쿠 시인 마사오카 시키 기념비와 나쓰메 소세키 기념비가 나란히 서 있다.

소설 속에서 도련님과 빨간셔츠, 알랑쇠가 낚시를 했던 섬 시즈시마가 바라다 보이는 해변에서 놀고 있는 청소년들.

와 주고받은 편지였다.

교감 선생님의 친절한 설명에 의하면, 일본 최고의 하이쿠(일본 단가) 시인 마사오카 시키와 나쓰메 소세키는 서로 이야기 나누는 것을 무척 즐겼다고 한다. 나쓰메 소세키가 자신이 쓴 기행 한문시를 마사오카 시키에게 보여주며 평을 구하는 등 친분을 쌓았으며, 함께 오사카와 교토로 여행을 떠나기도 했다고 한다. 이런 인언스로 두 사람은 1895년 4월부터 12월까지 한집에 살면서 마츠야마에 거주하는 많은 문인과 접촉하는 계기가 되었다고 한다. 마사오카 시키와의 교류는 훗날 나쓰메 소세키가 소설을 쓰는 계기가 되었으며, 그의 처녀작인 소설 《나는 고양이로소이다》와 《도련님》은 마사오카 시키가 창간한

228

잡지 〈불여귀〉를 통해 발표되었다. 이를 계기로 나쓰메 소세키는 작가로서 주목을 받으며 소설가의 길을 가게 되었다.

교감 선생님의 설명을 듣다가 놀라운 사실을 알게 되었다. 1994년 노벨 문학상을 수상한 오에 겐자부로(大江建三郎)도 이 학교 출신이었다. 나쓰메 소세키의 소설 원고 옆에는 오에 겐자부로의 오리지널 작품 일부가 전시되어 있었다. 마츠야마가 일본 문향의 도시라는 말이 그대로 실감이 났다.

히가시 고등학교를 벗어나 도착한 곳은 항구 부근에 위치한 미쓰 역(三律驛). 마츠야마 중학교에 발령 받고 도쿄에서부터 배를 타고 온 나쓰메 소세키가 처음 도착한 곳이다. 10평 될까한 작은 건물에 비해 광장은 제법 넓어 보였다. 100여 대가 넘는 자전거가 세워져 있고, 지금도 역 앞 항구에 출항을 기다리고 있는 배가 여러 척 있다. 아마 나쓰메 소세키가 처음 이곳을 찾았을 당시의 모습도 이러했으리라.

미쓰 역에서 차를 타고 해안도로를 따라 10여 분쯤 달리다 보면 바닷가 한 가운데 외롭게 떠 있는 섬을 하나 만나게 된다. 시즈시마(四十島)라는 이 섬은 소설 속에서 주인공이 교감인 빨간셔츠와 미술 교사인 알랑쇠와 함께 낚시를 하러 갔던 곳인데, 마침 중학생으로 보이는 다섯 소년이 수영을 하고 있었다.

카메라를 들이대자 모두 바닷물 속으로 뛰어들며 V자를 표시하는 모습이 소설 속 학생들과 닮아 있다. 110년 전의 나쓰메 소세키도 이 자리에 서서 장난기 많은 아이들을 호기심어린 눈으로 지켜보고 있었을 것만 같다.

마츠야마
松山

· 가는 길

인천에서 마츠야마까지 아시아나 항공이 운항되고 있다. 소요 시간 1시간 40분. 공항에서 시내와 호텔까지는 아시아나 무료셔틀버스가 운행된다. 단 국내에서 티켓 구입 때 셔틀버스 티켓을 받아야 무료로 이용이 가능하다.

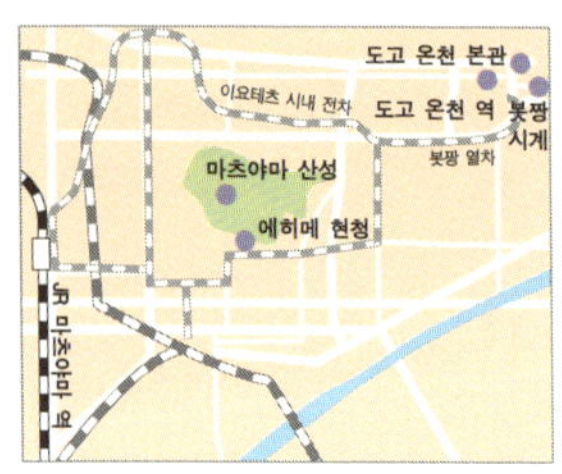

· 숙박

마츠야마에는 다양한 숙박시설이 많다.《도련님》의 무대가 된 도고 온천 역 광장에 위치한 숙박 안내소에서 안내를 받을 수 있다.

- 마츠야마 젠닛쿠 호텔 : 가족이 묵기에 좋은 고급 호텔로, 도심에 자리잡고 있어 소설과 영화의 배경지를 둘러보기에 적합하다.
- 마츠야마 오쿠도고 호텔 : 다양한 온천욕을 즐길 수 있는 곳이다. www.okudogo.co.jp

· 볼거리

- 도고 온천 : 일본에서 가장 오래된 온천. 소설가 나쓰메 소세키가 자주 들렀던 곳으로 일반 탕 400엔, 2층 입욕실과 관람료를 함께 구입하면 1,500엔. 나쓰메 소세키의 방은 무료 관람이고, 가이드 설명이 동반되는 투어는 250엔을 지불해야 한다.

- 마츠야마 성 : 마츠야마의 최고 명소이다. 입장료 어른 500엔, 어린이 250엔.
- 염색전시장과 공방 : 지방 특산물인 천연 염색 제작 과정과 전시품을 볼 수 있으며 입장료는 50엔.

- 봇짱 열차 : 일본 최초의 경전철로 1887년부터 지금까지 운행되고 있다. 소설 속 분위기를 느낄 수
  있으며, 300엔을 내면 봇짱 열차는 물론 마츠야마에서 운행되는 모든 열차의 이용이 가능하다.
- 바이스힌지 : 드라마 〈도쿄 러브스토리〉의 무대가 되었던 간이역이다.

· 기타 정보

- 마츠야마 시 : 한글도 지원된다. www.city.matsuyama.ehime.jp
- 에이메현 국제교류협회 : 에이메현의 생활에 관한 정보를 얻을 수 있다. www.epic.or.jp

About Writer ●

나쓰메 소세키 (夏目漱石, 1867~1916)

일본 근대문학의 아버지로 불리는 국민 작가다. "영국에 셰익스피어가 있고 독일에 괴테
가 있다면 우리에게는 나쓰메 소세키가 있다." 고 할 정도로 일본 사람들이 존경하는 작
가다. 도쿄에서 태어난 그는 동경제국대학 영문과를 졸업하고 줄곧 교단에서 영어를 가
르쳤다. 1895년부터 이듬해까지 시코쿠의 마쓰야마 중학교에서 영어교사로 지냈는데
이 때의 체험을 살려 발표한 작품이 바로 《도련님》(1906)이다.
지금도 일본의 대표적인 단편 소설로 꼽히는 이 작품은 세상 물정 모르는 고집 불통인
주인공이 세상을 알기까지의 생활을 그린 일종의 성장 소설이다. 문부성 제1회 관비
유학생으로 영국유학을 다녀온 그는 아사히신문사에 입사해 소설가로 나설 결심을 굳
힌다. 대표작으로는 《나는 고양이로소이다》(1906), 《풀베개》(1906), 《마음》(1914) 등이
있다.

'아톰'의 아버지 데즈카 오사무,
다카라즈카의 별이 되다

'너는 토비가 아냐! 단지 토비의 복제품일 뿐이야!"
"이건 (로봇)제 운명 입니다. 제 자신입니다."
- 〈철완 아톰〉 중에서 -

일본에서 가장 활기 넘치는 지역 중 한 곳인 간사이 지방의 중심 도시 오사카. 오사카의 화려함을 뒤로하고 기차를 타고 40분 정도 더 가면 다카라즈카(宝塚)에 닿는다. 작은 도시지만 연중 수많은 관광객이 이곳에 몰려드는 이유는 크게 두 가지이다. 하나는 여성 가극단 '다카라즈카'의 공연을 보기 위해서이고, 또 하나는 일본 만화의 신이자 아톰의 아버지인 데즈카 오사무의 만화 인생을 집대성한 기념관이 있기 때문이다.

1970년대 일본 만화를 보며 자란 세대들은 알 것이다. 데즈카 오사무가 누구인지, 그가 얼마나 대단한 만화가이며 일본에서 어떻게 평가받고 있는지. 그의 만화는 마치 학창 시절 늘 마시는 공기와 하늘처럼 익숙하고 친숙한 것이었다. 그를 만나러 가는 길이 어찌 설레지 않겠는가.

로봇을 비롯한 온갖 첨단 기구와 정의, 평화, 모험 등으로 1970년대 나의 빈곤한 상상력에 탄성과 자극, 충격을 주었던 데즈카 오사무. 그러나 사실 학창시절에 나는 그를 알지도 못했다. 아톰이나 마징가 Z, 밀림의 왕자 레오 등이 일본 만화인지도 몰랐고, 더구나 데즈카 오사무라는 한 사람의 작품이 내 온 마음을 흔들어 놓은 줄은 더더욱 몰랐다. 경제적으로나 문화적으로 황무지와 다름없었던 학창 시절, 우리가 꿈꾸고 희망을 품을 수 있는 대상은 그리 많지 않았다. 그 시절, 만화는 얼마나 큰 동경이었나?

텐마 박사의 아들과 똑같이 만들어진 로봇, 아톰. 사람이 되고 싶어 하는 귀여운 꼬마 로봇 아톰을 떠올리며 다카라즈카 역에 내렸다. 일본의 여느 도시처럼 작지만 깔끔하게 정리된 역을 나와 거리로 향했다. 독특한 모양의 조각품들이곳곳에 있는 것이 다른 곳과는 조금 달라 보였다. 조각과 동화 같은 건물이 번갈아 보이고 보행자 거리에는 그림이 그려져 있기도 하고 예쁜 의자도 놓여 있었다. 도시 전체가 테마공원 같다.

도로를 따라 가다 보니 다카라즈카 패밀리 랜드와 다카라즈카 가극단 극장이 나타났다. 도시의 주요 건물들이 이 도로를 따라 모여 있

만화박물관 지하 1층에 있는 만화영화 제작 과정 무료 체험실. 아이들에게 특히 인기가 높다.

었다. 조금 더 걸으니 무지개 색의 둥근 돔과 여러 종류의 조각 장식이 있는 건물이 보였다. 이 건물이 바로 '데즈카 오사무 만화박물관'. 흔히 아톰 만화박물관으로 알려진 곳이다. 생각만큼 크지는 않지만 입구에는 만년의 작품 '불새' 브론즈 상이 서 있고, 가로등은 물론 마당에 새겨진 얼굴과 손발 도장까지 모두 데즈카 오사무의 작품들이다. 드디어 그의 만화 왕국에 발을 들어놓았구나 싶다.

데즈카 오사무는 1928년 오사카에서 태어나 4살 때 다카라즈카로 이사왔다. 어린 시절과 청년기를 보낸 이 도시는 그가 만화가의 꿈을 키우던 고향이다. 어린 시절 그는 만화와 영화, 연극, 가극에 이르기까지 여러 대중문화를 섭렵하였다. 영사기를 살 정도로 영화를 좋아하는 아버지와 가극을 즐기던 어머니의 영향도 컸던 것 같다. 그는 특히 다카라즈카 가극에 푹 빠져 한때 연극배우를 지망하기도 했다. 다카라즈카 가극단은 1914년 창단되어 지금까지 그 명성을 이어가고 있는 일본의 대표적인 여성가극단이다. 그의 자서전에서 그는 "'리본의 기사'는 가극에 대한 중독 증상이 완치되지 않은 상태에서 그린 것"이라고 쓸 정도로 빠져있었다.

기념관 입구에서 입장권을 끊어 현관에 들어서니 귀여운 아톰이 팔을 쭉 뻗고 날아갈 듯 서 있었다. 바닥 타일에도 만화 주인공들의 얼굴이 있는데, 그 가운데 리본의 기사가 가장 크게 보였다. 이곳이 가극의 고향 '다카라즈카'라는 것을 다시 한번 일깨워 주는 듯하다. 기념관 안은 유리창, 천장, 바닥, 벽, 엘리베이터 문까지 작가와 만화 주인공들이 빈틈없이 새겨져 있다. 작은 공간까지도 활용하여 데즈카 오사무의 모든 것을 보여주려고 노력한 정성을 읽을 수 있었다. 돈만으로 이런 공간을 꾸밀 수 있는 것은 아닐 텐데……. 부러운 마음이 드는 것은 어쩔 수 없었다.

나는 아톰을 만나기 위해 2층으로 올라갔다. 유리관에 아톰의 모습이 보였다. 잠든 듯이 누워 있는 아톰은 2003년 4월 7일 그의 생일에 눈을 뜨고 깨어나면서 온 나라를 열광케 하였다. 데즈카는 1952년 4월 〈철완 아톰〉을 고분샤의 〈소년〉 잡지에 연재하면서 아톰의 생일을 2003년 4월 7일로 명시하였다. 그래서 당시 일본은 아톰의 생일을 앞두고 열도 전체가 아톰 축제 분위기였다. 데즈카 오사무의 고향인 다카라즈카 만화박물관에서는 캡슐 속에 잠자고 있던 아톰이 서서히 눈을 뜨며 태어나는 장면이 연출되어 탄성을 자아냈다.

아톰의 탄생에 얽힌 이야기는 그의 자서전에 비교적 자세하게 밝히고 있다. 데즈카는 머리카락이 굵은 편이라 목욕을 하고 난 뒤에는 늘 양쪽 귀 부근의 머리가 위로 삐죽 올라갔다. 그런 자신의 머리를 참고하여 아톰의 독특한 머리 모양을 그렸다고 한다. 데즈카는 '친자식이나 다름없는 아톰'이라고 표현할 만큼 아톰에 대한 애정이 깊었다. 그도 그럴 것이 1979년까지 만 28년 동안이나 연재하였고, 첫 텔레비전 영화로, 극장 영화로도 제작되었다. 1963년 1월 1일 아톰이 처음으로 텔레비전에 방영될 때 데즈카는 "눈에 넣어도 아프지 않은 내 자식이 텔레비전에 출연하는 걸 가슴 졸이며 지켜 보는 심정이었다."고 말하기도 했다.

아톰은 일본인들에게 단순한 만화 주인공이 아니다. 초기 독자인 50~60대에게는 어린 시절 꿈과 희망이자 추억이고, 청·장년층에게는 경제·문화강국을 상징하는 것이다. 아톰의 생일을 맞아 2003년에는 새로운 아톰 시리즈가 방영되었는데, 이 작품은 우리나라에서도 SBS를 통해 방영되었다. 모든 세대를 아우르는 문화 콘텐츠를 가지고 있다는 것, 전 국민의 사랑을 받는 캐릭터가 있다는 것이 문화 강국 일본을 만든 힘이 아닐까.

아톰 캡슐 옆에는 상설 전시관과 기획 전시관이 있어 아톰 원화와 등장 인물, 흑백에서 컬러로 변화, 텔레비전 영화와 극장용 영화로 제작된 기록 등이 자세히 전시되어 있었다. 135센티미터의 키와 10만 마력의 힘을 지닌 아톰의 활약상을 그림과 모형으로 보여 주는 등 로봇

만화가의 꿈을 키우던 고향 다카라즈카에 위치한 데즈카 오사무 만화박물관.

데즈카 오사무의 작업실 전경과 그의 모습을 그대로 재연해 놓았다.

에 관한 과학적 지식도 얻을 수 있을 정도로 잘 꾸며 놓았다. 도서관에는 아톰을 비롯한 데즈카 오사무의 작품들로 꽉 차 있어 추억의 만화방을 떠올리게 한다. 정보관에는 그의 일대기를 일목요연하게 볼 수 있는 컴퓨터가 설치되어 있고 작은 영화관까지 있었다.

어린아이들은 모니터 앞에서, 할아버지 할머니도 만화책을 펼쳐 읽는 모습을 보니 과연 만화 천국답다는 생각이 들었다. 1994년에 개관한 이 기념관은 2002년에 관람객이 200만 명을 넘어섰다고 했다.

이아에게 줄 선물을 사려고 기념품 코너에 들렀다. 아톰이 새겨진 컵, 인형, 열쇠고리부터 노트와 연필 등의 학용품 등 백여 종류가 넘는 것 같다. 상품 판매 수익만으로도 기념관의 운영비를 충분히 해결할 정도라고 하니 그 인기는 미루어 짐작할 만했다. 인형과 열쇠고리를 산 다음 엘리베이터를 타고 지하로 내려갔다.

지하에는 데즈카의 작업실을 재현해 놓고, 애니메이션이 제작되는 과정을 보여주는 제작소가 꾸며져 있었다. 이곳의 로봇들은 테즈카 오사무가 과학자들의 자문을 얻어 직접 제작한 것이라고 한다. 다양한 종류의 로봇은 지금 봐도 전혀 시대에 뒤떨어지지 않는 첨단의 것이었다.

출판 만화에서 극장용 영화에 이르는 경로를 확립한 데즈카 오사무는 완구와 문구, 의류 사업과 연계한 새로운 시장까지 개척해 냈다. 2009년 〈아스트로 보이 : 아톰의 귀환〉이라는 이름으로 헐리우드에서 새롭게 탄생하였다. 우리나라에도 개봉되어 어른들에게는 어린 시절의 추억을, 아이들에게는 그림책의 주인공을 만나는 기회를 제공하고 있다.

일본의 거대한 캐릭터 시장은 바로 데즈카 오사무에 의해 형성된 것이다. 그래서 데즈카 오사무는 만화의 신, 만화의 천황이라 불린다. 박물관을 둘러보면서 새삼 아톰은 과거의 추억이 아니라 현재 진행형이며 문화상품의 원천이라는 걸 느낄 수 있었다.

데즈카 박물관을 나와 다카라즈카 역을 향해 걸었다. 맑게 흐르는 무코 강을 따라 걷는 길은 한적했다. 예로부터 강을 따라 온천과 전통 여관이 늘어서 있어 '간사이의 안방'으로 불리던 다카라즈카는 가을이면 단풍과 온천을 즐기기 위해 많은 이들이 찾던 휴양도시였다. 그러나 지금은 데즈카 오사무와 아톰 때문에 이곳을 찾는 이들이 많다고 한다. 아톰의 인기 때문에 도시에는 영화관이 문을 열고 만화와 영화관 사업이 활성화되었다. 관공서나 공공 장소에는 만화 안내판이 서는 등 데즈카는 다카라즈카의 빛나는 별이 되었다. 만화를 아끼고 좋아하는 많은 이들이 성지처럼 꼭 가고 싶어하는 곳. 도시 전체가 만화처럼 예쁘고 정감 넘치는 다카라즈카는 나에게 추억의 시간으로 데려다 준 곳이다. 결국 인간은 '추억'과 '꿈'을 먹고 사는 존재가 아니던가.

다카라즈카
寶塚

· 가는 길

① 오사카 역에서 JR기차를 타면 다카라즈카까지 55분 걸린다. 다카라즈카 역에서 데즈카 오사무 만화 박물관까지는 걸어서 7~8분 걸린다.

② 사철인 한큐전철 우메다(梅田) 역에서 종점 다카라즈카 역까지 40분 걸린다.

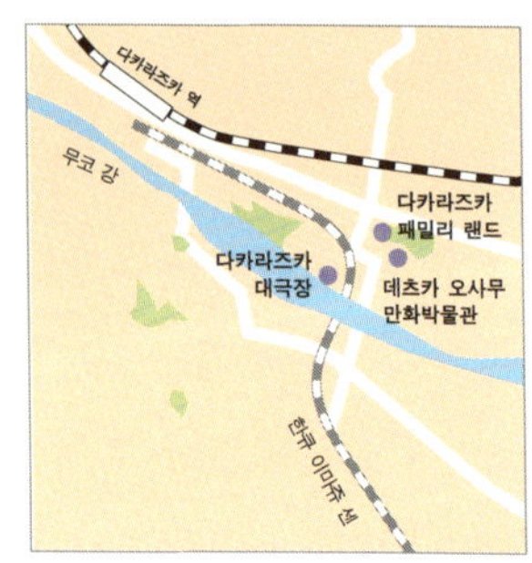

· 숙박

다카라즈카는 온천 지역으로 다양한 숙박시설이 있다. 오사카와 교토까지 여행할 계획이라면 오사카에 숙소를 정하는 것이 더 편하다.

- 워싱턴 호텔 www.takarazuka-wh.com
- 에사카 도큐인 : 교통이 편리하고 주변에 다양한 편의시설이 있다.
  www.tokyuhotels.co.jp/en/index.html
- 토요코 호텔 : 비교적 저렴하고 편리한 호텔이다. 한국어 지원.
  www.toyoko-inn.com
- 일본유스호스텔협회 : 한국어 지원 www.jyh.or.jp/kr/main.htm

· 볼거리

간사이 지방의 최대 도시인 오사카는 볼거리와 먹을거리가 다양하다.

- 오사카 섬 : 일본 3대 성 가운데 하나. 웅장한 성채와 다양한 유물을 볼 수 있다.
- 우메다 공중전망대 : 높이 150미터의 도심 전망대로, 스카이라운지에서 보는 오사카 전망과 야경이 일품이다.
- 페스티벌 게이트 : 대형놀이 시설로, 다양한 가상놀이와 동화, 영화에 등장하는 무대가 꾸며져 있어 젊은이는 물론 가족 여행객에게도 인기 있다.

- 도톤보리 : 에도 시대에는 가부키 극장이 늘어서 있던 곳. 지금은 다양한 먹거리, 쇼핑센터, 영화
  관 등이 몰려 있어 여행객들이 많이 찾는다.
- 아메리카 무라 : 도톤보리에서 걸어서 10여 분 거리. 패션과 액세서리 상점 등 쇼핑가가 있어 젊은
  이들에게 인기가 높다. 주말이면 작은 공연이 열리기도 한다.

• 기타 정보

- 다카라즈카 시 : 한글 지원. www.city.takarazuka.hyogo.jp
- 일본정부 관광국 : www.welcometojapan.or.kr
- 데즈카 오사무 기념관 : www.city.takarazuka.hyogo.jp/tezuka

About Writer ●

데즈카 오사무 (手塚治蟲, 1928~1989)

어릴 때부터 만화를 좋아한 데즈카 오사무는 중학생 시절, 매일 만화를 그리다가 손에 번
진 수포를 치료해 준 의사를 보고 의사가 되기로 결심한다. 그의 만화는 일본 만화사에서
진지한 줄거리를 담은 스토리 만화의 효시로 꼽힌다. 그는 오사카 의학부 전문과정을 졸
업하고 1953년 의사국가고시에 합격해 의사 면허를 받는다. 그러나 학생 시절부터 잡지
에 만화를 연재하던 그는 결국 의사가 아닌 만화가의 길을 선택했다. 그런 결정에는 '더
좋아하는 것을 하라.' 고 권한 그의 어머니의 역할이 컸다. 데즈카는 전쟁과 군국주의가
인류에게 끼친 해악을 경험하면서 만화가 부조리하고 불합리한 인간세계의 진면목을 담
아낼 수 있다고 생각했다.
〈철완 아톰〉이 1963년 첫 텔레비전 방영 이후 총193화를 제작 방송하는 동안 '무시 프
로덕션' 의 애니메이터 중 두 명이 과로사 하는 등 과중한 노동에 시달려야 했다. 미야자
키 하야오는 아니메 시스템을 저가의 노동집약형 산업으로 정착시켜 많은 노동자들을 착
취하고, 저가 아니메 전략으로 현재 일본의 기형적인 산업구조를 만들어 냈다며 데즈카
를 비판하기도 했다.

Chapter 3
츄부 中部
토호쿠 東北

- 《인간실격》_ 아오모리현 가나기
- 〈지금 만나러 갑니다〉_ 야마나시현 호쿠토, 스와
- 《설국》_ 니가타현 에치고 유자와
- 《오싱》_ 야마가타현 사카타

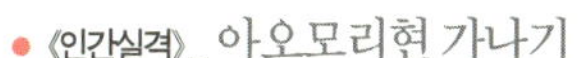

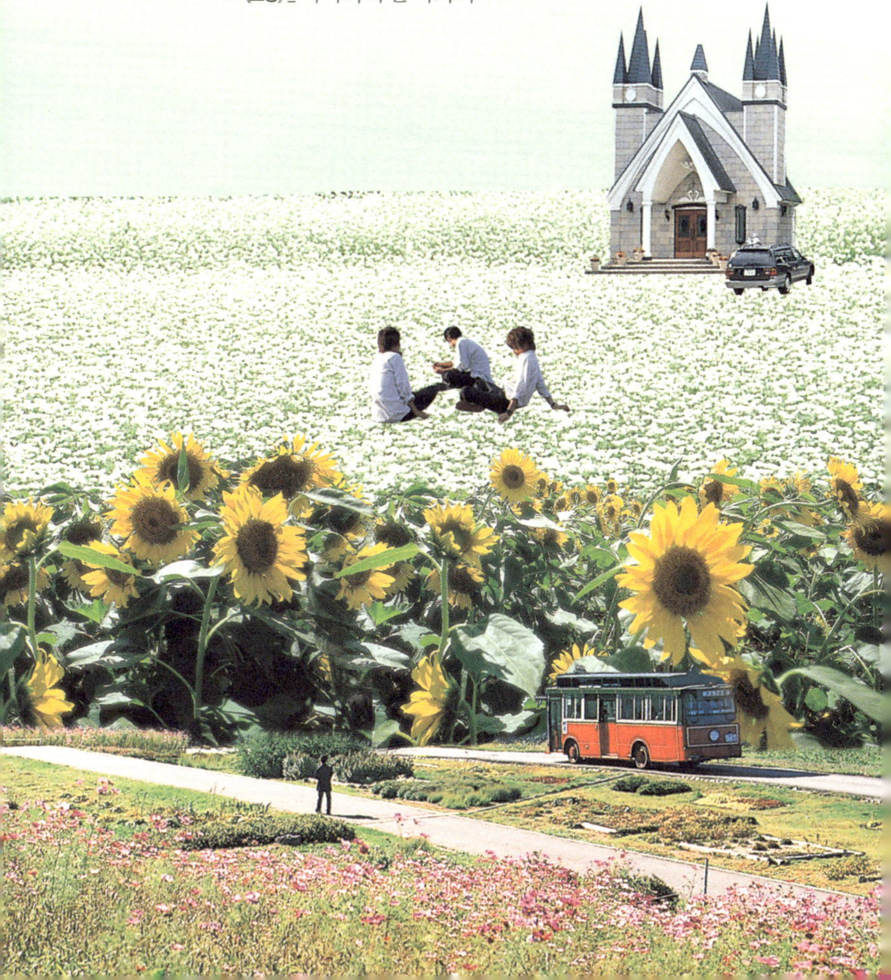

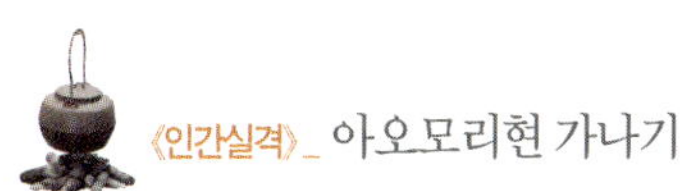

인간이길 원했지만 끝내
실격해 버린 요조의 자화상을 찾아

신에게 묻노니, 무저항은 죄이런가?

호리키의 저 괴상하고도 아름다운 미소에 나는 울었고, 판단도 저항도 잊어버리고

자동차에 타고, 그리고 여기 끌려와서 미치광이가 되었습니다.

이제라도 여기서 나간다 해도 나는 미친 사람,

아니 폐인이라는 낙인이 이마에 찍히게 될 것입니다.

인간실격. 이제 나는 완전히 인간이 아닌 것이 되었습니다.

- 《인간실격》 중에서 -

영원히 늙지 않는 청춘의 소설가 다자이 오사무(太宰治 · 1909~1948). 그가 세상에 태어난 지 백년이 지났다. 2009년, 탄생 백주년을 기념해 그의 고향인 아오모리현에서는 작품 낭독회가 열리고, 《인간실격》을 비롯한 대표작 네 편이 영화로 제작되어 2010년 개봉을 기다리고 있다. 이것으로도 그의 인기를 어느 정도 가늠할 수 있을 듯하다. 아직까지도 많은 이들이 그를 기억하고 좋아하는 이유는 뭘까?

그의 대표작이자 자전적인 소설인《인간실격》을 읽으면 소설 전체에서 깊은 허무주의가 느껴진다. 《인간실격》을 읽는 동안 마음이 많이 아팠다. 어떻게 인간이 저토록 나약할 수 있을까? 스스로 인간실격이라 판정한 그 이면에 거짓과 위선으로 가리고 사는 사람들과 세상에 대한 분노와 부적응, 그리고 여리고 순수한 인간의 외로움과 고독이 느껴져 읽는 내내 가슴이 저려왔다. 그러나 세기말적인 분위기를 드러내면서도 인간의 내면을 꿰뚫는 문장도 매력 있고, 서른아홉살에 자살로 마감하기까지 파란만장했던 그의 삶도 흥미로웠다.

다자이 오사무는 일본 문학사에서도 손에 꼽히는 별난 작가이다. 패전을 전후해 일본 사회가 극도로 피폐했던 시절, 부잣집 아들로 태어났지만 그것을 부끄럽게 여겨 좌익운동에 뛰어들었고, 술병을 끼고 살았다. 그리고 술집 여자와 동반 자살을 기도했고 마약으로 연명하며 살다가 수차례의 자살 시도 끝에 애인과 함께 도쿄 인근의 미타카에 있는 하천에 몸을 던졌다. 이는《인간실격》의 주인공 요조의 삶에 그대로 투영되어 있다.

그의 작품을 읽는 동안 묘하게도 소설가 '이상' 이 떠올랐다. 다자이 오사무보다 한 해 늦게 태어난 이상은 1937년에 도쿄의 병원에서 쓸쓸하게 죽어갔다 비슷한 시기에 데이니 새싱과 타협하지 못하고 허무와 퇴폐로 상징되는 세기말적인 삶을 살았기 때문일까.

생가 '사양관' 이 있는 아모리현 가나기 마을

2010년 1월, 나는 다자이 오사무의 흔적을 찾아 생가가 있는 눈의

다자이 오사무의 고향인 가나기로 가는 츠가루 열차. 겨울에 운행하는 스토브 열차는 일본의 명물 기차로 유명하다.

고장 아오모리 현으로 향했다. 밤하늘에서는 유유히 순항하는 듯한 눈(雪)이 조용히 내리고 있었다. 혼슈 끝자락에 자리한 아오모리의 새벽 추위는 일찍이 경험하였던 것 이상이었다. 유럽의 겨울과 캐나다, 북극까지 여러 번 여행했던지라 영하 20도면 약간 쌀쌀한 정도일 줄 알았는데 다자이 오사무의 고향으로 향하던 이날은 추위를 견디기가 어려웠다.

아오모리 역 개찰구를 통과하여 플랫폼에 대기하고 있던 히로사키 행 기차에 올랐다. 새벽 6시 12분, 기차는 설국을 달리기 시작했다. 차창에 몇 겹으로 끼어있는 성에 너머로 보이는 풍경은 하얀색뿐이다. 성에를 닦아내고 차창 너머 풍경을 살폈다. 해가 뜨려면 한 시간 이상 기다려야 하지만 철도 주변 풍경은 비교적 밝다. 눈 때문이다. 여행하는데 어려움도 많지만 어둠 속에서도 세상이 밝게 보이니 눈이 고맙게 느껴지기도 한다.

설원을 한시간 남짓 달리자 가와베(川都)에 곧 도착한다는 방송이 나온다. 다자이 오사무가 태어나 자란 가나기(金木)는 작은 시골마을 이어서 여러 번 기차를 갈아타야 한다. 기차를 갈아타기 위해 가와베 역에 내렸다. 모두 십여 명 남짓한 사람들이 내렸다. 나는 자판기에서 따뜻한 캔커피를 하나 뽑아 내합실로 들어갔다. 함께 기차를 타고 온 사람들이 난로를 둘러싸고 서 있다.

가와베 역에서 한참을 기다려 고쇼가와라(五所川原) 행 열차를 탔다. 고쇼가와라는 가나기로 가는 관문에 해당하는 작은 도시다. 가와베에서 고쇼가와라로 이어지는 길에는 가끔 작은 마을이 나타났다.

눈으로부터 도로를 보호하기 위하여 차단막을 쳐놓은 모습도 볼 수 있는 한적한 시골이다. 고쇼가와라의 역을 빠져나오자 동쪽으로 나무로 지은 작고 앙증맞은 기차역이 보인다.

개인회사에서 운영하는 츠가루 철도(津輕鐵道)가 서는 츠가루고쇼가와라 역이다. 표를 파는 사무실과 자그마한 대합실은 마치 동화 속에 등장하는 꼬마기차역 같다. 530엔짜리 티켓을 사서 츠가루 열차에 오르자 학창시절 수원과 인천 사이를 오가던 수인선 협궤열차가 떠올랐다. 츠가루 열차는 일본에서도 유명한 명물 기차로, 관광객들도 많이 찾는다.

츠가루 철도는 계절마다 독특한 기차를 운행하는데, 그중에서도 겨울의 스토브 열차가 유명하다. 기차 안에 난로가 있어 오징어를 직접 구워 손님에게 판매하고, 검표원이 있는 것까지 옛날 방식 그대로다. 30분후 자그마한 가나기 역에 도착하였다.

다자이 오사무는 1909년 6월 19일 아모리현 가나기 마을에서 태어났다. 본명은 쓰시마 슈지(津島修治)로, 가나기 마을에 위치한 현재의 사양관(斜陽館, 사요칸)에서 태어나 초등학교 시절까지 살았다. 그의 생가이자 다자이 오사무 기념관의 이름을 '사양관'이라 부르는 소설 《사양斜陽》이 큰 인기를 얻은 데서 연유한 듯하다.

"내가 태어난 집안은 자랑할 만한 가게고 뭐고 없다. 어딘가에서 흘러와 이 쓰가루(津輕) 북단에 정착한 서민이 우리 선조임에 틀림없다. 나는 무지하고 변변히 먹지도 못하는 빈농의 자손이다."

그는 선대가 빈농이었던 것도, 그리고 고리대금업으로 돈을 모아

사양관의 거실과 2층의 모습. 집의 내부를 보면 대단한 부호였음을 알 수 있다. 전시실에는 친필 원고와 물건들이 전시되어 있다.

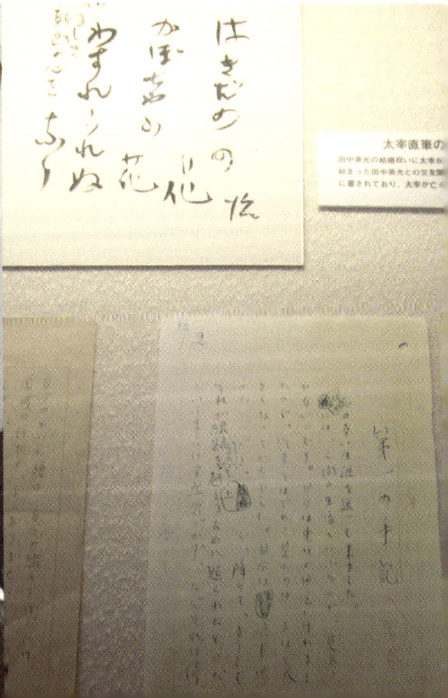

지역 유지가 되고 귀족원 의원이 된 부르주아 계급의 아버지도 부끄럽게 여겼던 듯하다. 청년기 대지주를 고발하는 다수의 습작들도 아버지를 모델로 한 것이다. 이처럼 그는 자신의 존재를 부정하였고 끊임없이 세상과 불화하였다.

가나기 마을은 다자이 오사무의 흔적들을 잘 간직하고 있어 쉽게 둘러볼 수 있다. 역에서부터 곳곳의 사인보드를 따라가면 누구든 사양관을 찾을 수 있다. 붉은 색 담장이 외관을 장식하고 있는 사양관은 2층 목조건물로 한눈에도 대부호의 저택으로 보였다. 물론 겉에서 보면 제법 큰 저택이라는 것을 제외하면 특별히 인상적인 것이 없다. 그러나 겉모습과 달리 안으로 들어갈수록 넓고 화려함에 놀라지 않을 수 없었다.

사양관의 면적은 2,200㎡미터가 넘는다. 2층으로 된 집은 1층 11실 278평, 2층 8실 116평, 정원 등으로 이루어졌다. 집과 은행을 겸했던 이곳에는 사무실과 손님을 위한 거실, 가족과 하인들이 생활한 방과 오사무가 유년시절을 보냈던 방, 소장한 물품을 전시하고 있는 옛 금고 터와 다자이 오사무의 작품과 생필품을 보관해 놓은 자료관까지 볼거리가 많아 꼼꼼히 둘러보려니 꽤 많은 시간이 걸렸다.

먼저 2층 남쪽 모퉁이의 방으로 올라갔다. 오사무가 태어난 방인데, 7~8평에 달하는 큰 방으로 작은 수납장과 멋진 서체의 족자와 문이 그림으로 장식되어 있다. 당시 그대로 복원해 놓은 것이라고 한다. 아늑함이 느껴지는 이곳에서 그는 숙모의 보살핌으로 유년시절을 보냈다.

《인간실격》은 그의 자전적인 이야기를 담은 소설로, 그가 태어난 가나기의 생가와 초등학교, 중학교와 고등학교 시절을 보낸 아오모리와 히로사키, 그리고 대학생활과 성인시절을 보냈던 도쿄 등 그의 인생 궤적과 같이 하고 있어 소설의 무대가 된 곳을 따라가다 보면 고뇌와 좌절, 짙은 번뇌의 근원을 이해할 수 있다. 사실 그는 이 집에서 별로 행복하지 않은 유년 시절을 보낸 듯하다. 소설 속 요조처럼 몸이 약해 병석에 누워있기 일쑤였고, 아버지나 형을 무서워하여 마음을 털어놓지 못하였고, 늘 사람들의 비위를 맞추기 위해 애썼다고 한다.

사양관에는 다자이 오사무에 관한 자료를 모아 놓은 전시관이 있다. 《인간실격》 친필 원고 일부와 그의 소설, 잡지, 생전에 즐겨 입었다는 망토와 물건들과 가족들이 사용했던 물건들까지 전시되어 있었다.

사양관 제일 안쪽에는 츠가루 지방의 생활용품을 전시해 놓은 전시장이 따로 마련되어 있다. 다자이 오사무 집안의 주요 문서와 현금, 귀금속을 보관했던 장소를 전시장으로 활용하고 있다. 과거 금고로 사용했던 공간답게 지금도 두꺼운 철문을 그대로 사용하고 있다. 이곳에 전시된 물품 중 많은 사람들의 시선을 사로 잡는 것은 다자이 오사무가 소설을 집필했던 앉은뱅이 책상과 즐겨 있었던 옷이다.

대부호의 아들이 사용한 책상과 옷은 화려함과는 거리가 멀었다. 생전에 아버지가 고리대금업으로 재산을 축적하여 국회의원까지 오른 것을 무척 부끄러워했던 그의 생각을 보여주듯 전시장에 보관된 책상과 의류는 소박하기만 하다. 반면 제법 넓은 전시장을 가득 메운 그의 가족들이 사용하던 물건들은 집안의 부를 짐작케 해주기에 충분해 보였다.

쓰시마가신좌부는 사양관의 별채로 다자이 오사무가 전쟁 후 소설을 집필하던 곳이다.

사양관에서 가나기 역 방향으로 2~3분 가면 옛 쓰시마가문에서 사용하던 별채가 있다. '쓰시마가신좌부(津島家新座敷)'라고 부르는 이곳에서 다자이 오사무가 기거하며《고향》,《판도라의 상자》,《십오년간》 등의 소설을 집필하였다. 당시 전쟁에서 패하여 황폐해진 도쿄를 떠나 고향으로 돌아온 그는 고향집의 별채에 머물렀다. 그가 소설을 썼다는 방은 전통적인 다다미방으로, 앉은뱅이 책상과 펜 등을 두었는데 실제 사용했던 책상과 필기구는 사양관에 전시되어 있고 이곳은 후에 꾸며놓은 것이다.

사양관의 규모에는 비할 수 없지만, 비밀스러운 이야기를 숨기고 있는 듯한 정원과 집필실 때문에 더욱 정감이 갔다. 평소 찾는 이들이 많다고 하는데, 내가 찾았던 날은 유독 추운 날이어서 찾는 이가 없었다. 덕분에 마음껏 소설의 분위기에 젖을 수 있었다. 한편 관리인 히라가와(白川) 상의 친절한 안내와 추운 날씨에 먼 곳에서 왔다며 커피와 초콜릿을 대접해 주어 마음까지 따듯해졌다. 별채는 오랫동안 일반인에게 개방하지 않다가 2007년부터 개방하고 있다고 한다.

야시노 공원

가나기에서 기념관 외에 그의 흔적을 찾아볼 수 있는 곳으로는 그의 동상과 문학비가 있는 야시노 공원과 가나기 초등학교가 있다. 야시노 공원으로 가는 길에 있는 가나기 초등학교는 시골 초등학교치고는 제법 큰 규모였다. 운동장은 눈에 덮여 더욱 커 보였다.

학교에서 벚꽃나무가 늘어선 신작로가 이어지고, 이 길을 따라 더

야시노 공원에 세워진 다자이 오사무 동상과 인공호수 위에 세워진 문학비.

다자이 오사무 탄생 백주년 행사를 알리는
포스터와 그가 즐겨 먹던 도시락 홍보 전단.

걸으면 아담한 인공호수를 각종 나무들이 에워싸고 있는 야시노 공원이 나타난다. 봄에는 벚꽃축제로 유명한 이 공원의 산책로를 따라 호수쪽으로 오다보면 망토를 입은 다자이 오사무의 동상과 문학비가 눈에 들어온다.

야시노 공원 입구에는 츠가루철도의 야시노 역이 있다. 이곳에는 다자이 오사무와 관련된 자료를 모아둔 카페 에키샤(驛舍)가 있다. 그러나 안타깝게도 내가 찾았던 날은 너무 추워 휴업이었다. 아쉬운 마음을 뒤로 하고 다자이 오사무가 고등학교 시절을 보낸 히로사키로 향했다.

가나기는 작은 마을이다. 그러나 일본인들 사이에는 꽤 유명한 여행지이다. 다자이 오사무라는 걸출한 문학가를 배출하였고, 전통악기인 츠가루 샤미센(津輕三味線)이 처음 만들어진 곳이기도 하다. 일본 내에서 좋은 소리를 내는 샤미센은 거의 츠가루 샤미센이라고 한다.

히로사키의 만찬(万茶ン)

다자이가 고등학교를 다녔던 히로사키(弘前)는 그의 고향 집 가나기에서 차로 30분이 채 안 걸리는 도시이다. 그는 아오모리시에서 중학시절을 보내고, 1927년 히로사키 고등학교에 진학한다. 병약하였지만 수재로 불리던 그는 어렵지 않게 지방의 명문학교에 진학할 수 있었다. 중학시절 이미 동인지에 소설, 희곡, 수필 등의 글을 발표할 정도로 문학에 빠져있었지만 아쿠타가와 류노스케의 자살 소식에 충격을 받고 학업을 멀리한 채 화류계에 출입하기 시작하였다고 한다.

히로사키 시내에는 다자이가 자주 드나들었다는 커피숍 '만찬(万茶ン)'이 있다. 그는 유난히 커피를 즐겨, 만찬에서는 '다자이 커피'로 불리는, 생전의 다자이가 즐겨 마시던 커피를 맛볼 수 있다. 3대에 이르며 지금까지 영업을 계속하고 있는 만찬 커피숍은 다자이를 좋아하는 이들에게 아주 유명한 곳으로, 여러 언론에 소개되기도 했다.

그의 문학적 배경이 만들어지고, 그의 흔적이 곳곳에 남아있는 고향 가나기 여행은 기억 속에 오래도록 남을 듯하다. 다자이 오사무와 함께 일본의 최북단 아오모리 여행을 마무리하며 만찬에서 다자이 커피를 주문하였다. 다자이 커피는 진하고 향기로웠다. 그가 남긴 문학의 향기처럼.

젊은 날의 방황과 상처 - 도쿄, 미타카

그는 1930년 도쿄제국대학교 불문과에 입학한다. 소설 속 요조는 우에노에 있는 아버지의 별장에서 도쿄 생활을 시작한다. 홍문으로 상징되는 도쿄대학은 다자이 오사무가 교정에서 사색하고 고민하던 당시와 크게 달라진 것 같지 않다. 1940년대에 촬영한 흑백사진을 보니 새로 들어선 건물과 조형물, 세월을 더해 위풍당당해진 나무가 달라졌을 뿐이다. 그러나 소설 속 요조는 대학생활은 아랑곳 없이 우에노와 오쿠보, 교바시, 긴자 등 여러 곳을 전전하며 술과 매춘부, 담배에 파묻혀 방탕하게 살아간다.

소설이 쓰인 1940년대와는 상상할 수 없을 정도로 도쿄는 변화되어 그 흔적을 찾기란 거의 불가능했다. 다만 요조가 교바시의 스탠드

다자이 오사무와 연인이 함께 투신한 미타카 다마 강.

바 마담 집에서 남자 첩살이를 하던 당시처럼 인근에는 아직까지 제법 많은 골동품 가게와 선술집이 남아 있었다. 요조는 1년 남짓 교바시에서 살며 조악한 잡지에 만화를 기고하고 술로 세월을 보낸다. 그리고 자신에게 호감을 가진 술집 여자들과 여타 여자들의 집을 전전하며 그렇게 허물어져 갔다.

요조와 마찬가지로 다자이는 기족의 반대에도 불구하고 기생 오야마 하쓰요와 동거를 하고, 긴자의 카페 종업원과 가마쿠라 바다에서 정사(情死)를 일으키고, 사회주의 운동을 하는가 하면 약물 중독에 빠지고 수차례 자살 시도를 하였다. 이런 굴곡진 인생은 문학의 소재가 되어 그의 작품 속에 녹아있다.

다자이 오사무는 1948년 39살에 생일을 며칠 앞두고 연인과 함께 미타카시에 있는 무라사키 다리(むらさき橋)에서 투신했고 생일인 19일, 사체가 발견되었다. 그의 생애는 비록 짧았지만 오늘날 일본 문학을 대표하는 무라카미 하루키, 요시모토 바나나 등 작가들에게 누구보다 지대한 영향을 미친 작가로 남아 있다.

2010년 1월, 그의 흔적을 더듬으며 온통 눈으로 뒤덮인 일본의 최북단 아오모리와 도쿄, 자살로 삶을 끝낸 미타카의 강 등 여러 곳을 여행하였다. 그리고 허위에 가득찬 사람들과 세상을 이해하지 못해 괴로워하면서도 적응하기 위해 눈물겹게 노력했던 순수했던 한 사나이의 삶을 조금이나마 이해하게 되었다. 그의 탄생 100주년을 맞아 아오모리현은 물론이고 일본 전역에서 그를 기리를 행사와 영화 상영, 문화상품 판매 등으로 떠들썩하다. 정작 작가 자신은 세상이 자신을 얼마나 사랑하고 기억하는지 알까. 혼란기의 일본 사회에 속하지 못하고 방황한 다자이 오사무처럼 세상과 불화하며 방황하는 청춘은 세대를 넘어 계속 이어질 듯하다.

가나기
金木

· 가는 길

① 항공편 : 인천에서 아오모리 공항까지 소요시간 2시간 15분.

② 공항에서 아오모리역 : 공항에서 역까지는 버스로 약 40분 소요.

③ 아오모리에서 가나기 : 아오모리 역에서 기차로 고쇼가와라로 이동. 이곳에서 츠가루 철도를 타고 가나기에 도착.

※ 아오모리 → 가와베 → 고쇼가와라(25분, 버스 1060엔, 기차 960엔), 고쇼가와라 → 가나기(30분, 530엔)

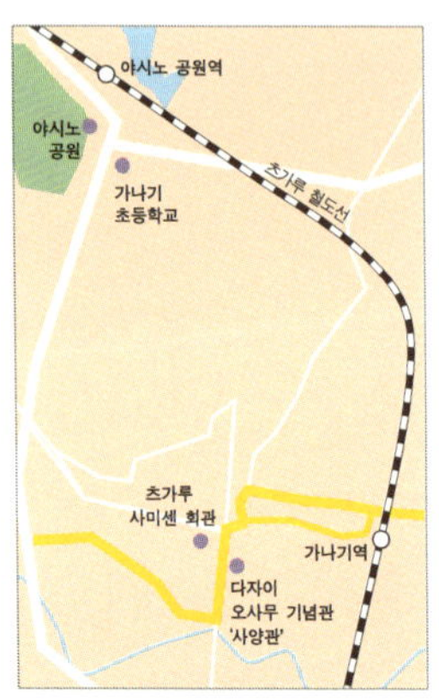

· 교통

- 기차 : 히로사키 → 고쇼가와라 행 직행열차를 이용하는 것이 편리하다.

- 버스 : 아오모리 → 고쇼가와라 1일 17편, 히로사키 → 고쇼가와라 : 1일 6편.

· 숙박

작은 마을인 가나기에는 숙박시설이 많지 않다. 아오모리 혹은 히로사키, 고쇼가와라에 숙박을 정하고 둘러보는 것이 편리하다.

- 잘 시티호텔(Jal City Hotel) : 아오모리 역과 항구 사이에 위치하여 접근성이 좋다. 객실도 넓고 친절하다. www.jalhotels.com/aomori/index.html

- 아오모리 호텔(Hotel Aomori) : 아오모리 시내에 위치한 고급호텔로 극진한 서비스를 제공. 주변경관을 조망할 수 있다. www.hotelaomori.co.jp

· 볼거리

- 쓰가루 샤미센 회관(津島三味線會館) : 츠가루 지방의 전통 악기인 샤미센의 기원부터 발전과정과 명인에 관한 자료를 전시하고 있음.

- 사양관(斜陽館) : 다자이 오사무 기념관이자 생가. 가나기의 대표적인 명소.

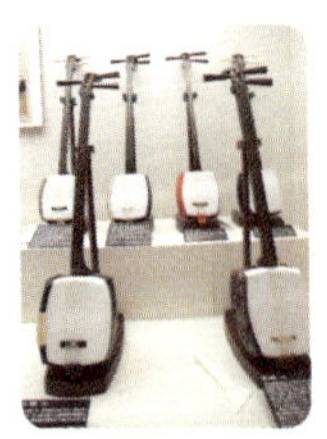

- 쓰시마가신좌부(津島家新座敷) : 다자이 오사무가 집필하던 별채로 그의 흔적을 엿볼 수 있는 작
  업실과 응접실, 어머니가 돌아가신 방, 손님을 위한 방 등이 있다.

· 주변 볼거리

- 히로사키 성(弘前城) : 벚꽃으로 유명한 히로사키를 상징하는 곳으로, 1611년에 축성한 산성이다.
  원래는 5층으로 이루어진 천수각이었지만 벼락으로 소실된 것을 1810년 3층으로 복원하였다.
- 아오모리 네부타 마을(青林 ねぶた村) : 일본 3대 축제 중 하나인 네부타 축제에 사용되는 네부타
  인형을 만드는 마을로, 아오모리 외곽 산속에 자리하고 있다. 커다란 종이에 화려한 그림으로 장
  식한 네부타를 제작하는 과정과 전시된 작품을 볼 수 있다.
- 도와다(十和田湖) 호수 : 일본에서 가장 청정한 호수 가운데 한 곳으로, 유람선 관광과 여유롭게
  온천욕을 즐길 수 있으며, 도와다 겨울이야기라는 축제가 유명하다.

· 기타 정보

- 사양관 : 입장료 500엔, 통합입장료 900엔(사양관 +츠가루 샤미센)
        5~10월 : 8시 30분~18시까지. 11~4월 : 9시~17시까지.
- 문의 : 전화 (0173) 53 2020

  www.goshogawara.net.pref.aomori.jp/16_kanko/dazai/syayoukan.html

About Writer ●

다자이 오사무(太宰治, 1909 ~ 1948)

아오모리현(青森縣) 가나기 출신으로, 본명은 쓰시마 슈지(津島修治). 도쿄대학 불문과를
중퇴하였고, 재학 중에는 좌익 운동에 참가하였다가 가족의 만류에 의해 이탈하였다. 그
러나 그 좌절감을 평생토록 떨치지 못하여 작품에 영향을 남겼다. 1933년 24세에 단편
《열차》를 발표하면서 작품 활동을 시작하였다. 일본 교과서에 실린 《달려라 메로스》를
비롯해 《만원(滿願)》, 《츠가루(津輕)》, 《사양(斜陽)》, 《인간실격》 등이 대표작으로 꼽힌다.
특히 죽기 직전 발표한 중편 《인간실격》은 외부세계와 불화하는 자신을 그린 작품으로 누
적 판매 부수 1천만 부를 넘긴 국민적 스테디셀러다. 드라마, 연극, 만화 등 여러 장르로 숱
하게 각색되었고, 그의 탄생 100주년을 기념하여 영화 《인간실격》이 아라토 겐지로 감독
에 이쿠타 토마 주연으로 제작되었다. 다자이 오사무의 딸인 쓰시마 유코도 소설가로 《웃
는 늑대》, 《불의 산 1, 2》, 《나》, 《산이 있는 집, 우물이 있는 집》이 국내에 번역되었다.

여름비처럼 청신한
사랑과 함께 다가온 풍경

"이제 가야할 시간이야."
- 〈지금 만나러 갑니다〉 중에서 -

여행은 만남이다. 여행을 통해 새로운 사람을 만나고 친구가 되기도 한다. 그리고 경험하지 못한 곳에서 새로운 생각에 빠지기도 하고 예상치 못한 행복과 기쁨을 느끼기도 한다.

여름의 마지막 자락, 여행에서 많은 사람을 만나고 새로운 풍경을 만날 테지만 드넓은 밭에 가득 핀 해바라기를 만나고 싶은 마음이 더 컸다. 어린 시절 마당 한 쪽에 서 있던 해바라기는 꽃이라기보다 특이한 식물이었다. 쭉 뻗은 큰 키도 그렇고 사람 얼굴 크기만한 샛노란

호쿠도의 해바라기 밭과 비오는 날, 미오와 타쿠미, 유우지가 우산을 쓰고 함께 거닐던 모리노나카노 터널.

꽃, 여름에 온 몸으로 더위에 맞서는 듯한 자태는 분명 흔하게 보던 자잘한 꽃과는 달랐다. 더구나 드넓은 밭에 끝없이 펼쳐진 해바라기 밭은 강렬하면서도 얼마나 이국적인가.

영화 〈지금 만나러 갑니다〉의 마지막 장면, 아마 기억할 것이다. 노란 해바라기가 끝없이 펼쳐진 곳에서 남녀 주인공이 서로 사랑한다는 것을 확인하는 장면. 잔잔하게 펼쳐지는 일본의 소박한 도시의 전경과 수줍고 담백한 사랑을 나누던 주인공, 긴 장마에 잠깐 해가 비치는 일본의 여름 풍경은 영화의 스토리와 함께 여름과 아주 잘 어울렸다. 이치카와 타쿠지의 소설《지금 만나러 갑니다》를 원작으로 한 이 영화는 좋아하면서도 쉽게 마음을 표현하지 못하던 지난 시절의 사랑법을 닮아서일까, 마음이 따뜻해지는 영화였다.

개인적으로 해바라기에 끌린 것도 있지만 이 영화를 보고 여행을 떠나게 된 것은 무엇보다 일본의 소박한 아름다움에 이끌려서이다. 주인공 타쿠미와 아들 유우지가 좌충우돌하며 사는 작은 집, 자전거를 타고 출근하는 길에 보이는 정겨운 도시의 풍경, 우산을 쓰고 함께 거닐던 숲길, 시골 병원, 제과점 등. 마치 상상 속의 공간을 완벽한 세트로 만든 게 아닐까 싶을 만큼 오밀조밀하면서도 시골에서 느낄 수 있는 정겨움이 있었다. 그런 모습들을 만나고 싶었다.

처음에 해바라기 밭은 어쩌면 여행길에서 보았던 홋카이도의 어느 곳이 아닐까 생각했다. 그러나 일본에 있는 지인을 통해 알아본 바로는 야마나시현(山梨縣)의 호쿠토(北社)에서 촬영되었다고 했다. 그리고 동계올림픽으로 우리에게 조금은 친숙한 나가노현(長野縣)의 스와

(諏訪)도 영화의 주무대였다. 나는 도쿄 신주쿠 역에서 특급열차 아즈
사 9호를 타고 먼저 야마나시현으로 향했다. 기차가 도쿄를 벗어나 시
외곽으로 달리자 산과 산 사이에 황금색 들판이 눈에 들어왔다. 이제
9월 초인데 벌써 추수를 마친 논도 있고, 벼를 수확하는 농부들의 모
습도 바빠 보인다. 풍요로운 들판이 계속 이어지더니 어느 새 커다란
포도밭이 시야에 들어온다. 야마나시현은 일본 내에서도 포도 산지로
유명한데, 이제 야마나시로 접어든 모양이다. 저 멀리에 일본 제일의
명산 후지산이 보이고 그 옆으로 3,000미터를 자랑하는 가파른 산이
포도밭을 빙 둘러싸고 있는 야마나시현은 언뜻 스위스의 어느 곳 같
았다. 곧이어 야마나시현 현청 소재지인 고후(甲府)시에 도착한다는
안내방송이 흘러나왔다.

고후 역은 생각보다 작았다. 출구를 나오자 아카오카 스게도 씨가
'어서 오십시오, 이형준 상' 이라고 적힌 종이를 들고 기다리고 있었
다. 영화에 나왔던 곳이 여러 군데라 꼼꼼하게 살펴보려고 이 지역에
서 오래 살아온 아카오카 씨에게 안내를 청했다. 연락을 주고 받긴 했
지만 얼굴을 보는 건 처음이라 반가운 마음이 앞섰다.

우리는 자그마한 건물이 늘어선 도심을 빠져 나와 해바라기 밭으
로 향했다. 야마나시현 호쿠토(北杜) 아키노마지(明野町)는 멀리 후지
산만 없었다면 한국이라고 해도 믿을 만큼 우리의 시골 마을과 비슷
했다. 취재 여행이라 약간 긴장했던 마음도 푸근한 풍경에 다 풀리는
듯했다.

조금 뒤, 해바라기 밭에 도착했을 때 나는 탄식에 가까운 한숨을 내

마오와 타쿠마, 그리고 유유지가 함께 산책하던 숲으로, 호쿠토의 명수 공원 내의 산책로에서 촬영되었다.

쉬었다. 해바라기가 다 지고 넓은 황토밭뿐이다. 아쉬운 마음이 컸지만 멀리 후지산을 보며 주변에 흩어져 있는 해바라기 밭을 카메라에 담았다. 아키노마치의 해바라기 밭은 영화의 촬영지로 알려지면서 연인들의 데이트 장소로 유명해졌다. 아카오카 씨에 따르면 원래 아키노마치 최고 명소는 해바라기 밭에서 500미터쯤 떨어진 플라워 파크란다. 네덜란드의 작은 마을을 옮겨놓은 듯한 플라워 파크는 꽃으로 가득한 광장과 타워를 중심으로 크고 작은 10여 개의 건물로 꾸며져 있었다.

꽃밭을 뒤로 하고 우리는 모리노나카노 터널로 향했다. 오이즈미(大泉) 역에서 우측으로 연결된 도로를 따라 약 2킬로미터쯤 가자 숲

270

속에 숨어 있는 듯한 모리노나카노 터널이 눈에 들어왔다. 짙푸른 녹음이 우거진 숲에서는 은은한 향기가 뿜어져 나왔다. 이곳은 미오(다케우치 유코)와 타쿠미(나카무라 시도우), 유우지(다케이 아카시)가 비오는 날 함께 거닐던 숲 속에 위치해 있다. 파란 우의를 입고 엄마 아빠의 손을 잡고 행복해 하던 귀여운 꼬마 유우지의 모습이 떠올랐다. 놀라운 건 길이가 고작 20미터 될까. 숲 속에 이처럼 짧은 터널이 있다는 것이 궁금해서 물었더니, 일본의 대표적 고원지대인 이곳은 산책과 등산을 즐기는 이들이 많아 편의를 위해 터널을 만든 것이라고 한다.

오이즈미 지역과 모리노나카노 터널이 있는 숲 일대를 기요사토 고원(淸里高原)이라고 하는데 그 분위기가 우리나라의 대관령과도 비슷해 보였다. 1,300미터 고원지대에 넓은 풀밭이 펼쳐져 있고 예쁜 상점과 레스토랑, 민박집과 빌라 등 숙박시설까지 잘 갖추어진 리조트 단지에는 가족 단위의 여행객이 많이 찾았다. 이곳은 꽤 유명한 휴양지라고 한다.

기요사토 고원에서 다시 자동차로 30분쯤 달려 명수 공원(明水公園)으로 향했다. 하큐슈(白州) 오하쿠노모리 명수 공원은 큰 숲을 중심으로 계곡과 캠핑장, 노천온천과 숙소가 있는 휴양지이다. 숙박시설 근처의 산책로는 영화 속에서 미오와 타쿠미, 그리고 유우지가 함께 걷던 길이다. 소나무와 전나무가 빽빽한 산책로는 한낮인데도 어둑어둑할 정도였지만 소나무 향기가 코끝을 은은하게 자극해 왔다. 신선하고 상큼한 기운이 온 몸으로 퍼져 영화 속으로 빠져드는 것 같다. 어떤 가족이라도 함께 거닌다면 바로 영화가 될 것 같았다.

아름다운 호수의 도시, 스와

야마나시현 호쿠토 오부치자와 역에서 기차를 타고 20분쯤 가면 나가노현 스와시의 가미스와 역에 닿는다. 나가노는 물론이고 일본에서도 온천휴양지로 손꼽히는 스와는 나가노현의 중심에 위치해 있다. 스와에서 영화에 등장했던 곳을 찾는 것은 그리 어렵지 않았다. 우리는 먼저 도심에 위치한 시립 도서관과 키타하라 의원, 스와 호수 등을 먼저 둘러 본 다음 외곽으로 가기로 했다.

JR 중앙본선을 타고 스와의 가미스와(上諏訪) 역에서 내려 스와 시립 도서관으로 향했다. 역에서 불과 300미터 떨어진 이곳은 시립 도서관으로 사용하다가 현재는 시민들의 자치회 건물로 사용하고 있었다. 타쿠미가 사법서사 사무실에서 근무하던 장면을 이 건물의 2층 남쪽 사무실에서 촬영하였다. 빈 사무실에서 세트 촬영한 것이라 지금은 비어 있다.

영화 속에서 타쿠미의 친절한 상담자이자 조언자이던 노구치 선생의 병원도 가까이 있다. 역 근처의 키타하라 의원(北原醫院)이 바로 그곳인데, 오래된 병원으로 누구에게 물어도 쉽게 찾을 수 있다. 현재도 소아과와 내과 진료를 하고 있는 병원은 주택이 딸려 있는데, 아마 30년 전이라면 모를까 우리나라에서도 이렇게 작고 오래된 병원은 본 적이 없는 듯하다. 일본을 여행하다 보면 이렇듯 오래된 곳들을 어렵지 않게 볼 수 있다. 물질적인 풍요 속에서도 검소하게 생활하는 그들

영화의 주무대가 된 나가노현의 스와 호수. 해질녘 붉은 기운이 호수 위로 퍼지는 모습이 아름답다.

마오와 타쿠미가 결혼식을 올렸던 스와시의 산타모리나 교회. 스와 호수 부근의 그림같은 이 교회는 웨딩 전문 교회로. 내부도 화려한 조명과 스테인드글라스로 꾸며진 아름다운 모습이었다.

의 생활 방식 때문이리라. 진료실은 환자들 때문에 볼 수 없었고 긴 소파가 있는 대기실과 병원 외부를 둘러보았다. 병원에 딸린 주택에는 잘 가꾼 정원과 꽤 큰 관상목이 서 있었다.

키타하라 의원을 나와 서쪽으로 조금 더 가자 이 도시의 자랑인 스와 호수가 나타났다. 둘레가 16킬로미터 정도 되는 스와 호수에는 산타모리나 교회가 서 있다. 미오와 타쿠미가 결혼식을 올린 곳으로, 실제 와보니 호수와 어우러져 상당히 낭만적으로 보였다. 교회에는 커피와 유리제품 등을 파는 작은 가게만 문을 열고 있었다. 결혼식이 있는 날만 교회 문을 연다는데 사장에게 부탁해 안으로 들어갔다. 아름다운 조명과 화려한 색상의 스테인드글라스로 꾸며진 내부를 둘러보니 웨딩 전문 교회였다.

흰 교복을 입은 고등학생 유우지가 배달된 케이크를 받는 장면에서 영화는 시작된다. 유우지는 일곱 살 생일 때 엄마 미오가 사온 딸기 케이크를 떠올리고, 다음 장면은 7살 어린 시절 어느 날 아침으로 이어진다. 케이크는 유우지의 현재와 과거를 이어주는 매개체이다.

우리는 미오가 케이크를 샀던 그 제과점으로 향했다. 스와 도심에서 조금 떨어진 시모스와(下諏訪) 역 근처 후루레(Frere) 제과점은 약 30여 평 정도의 아주 편안한 분위기였다. 직원 미야사카(宮坂, 30세)씨는 영화 덕분에 딸기 생그림 케이크를 찾는 손님들이 많다고 했다. 스와에서는 꽤 유명한 제과점이었는데 영화 촬영 이후 더욱 유명해져 손님이 크게 늘었단다.

그리고 한쪽에는 작은 전시공간을 따로 마련하여 영화와 관련된

미오가 딸기 생크림 케이크를 샀던 후루레 제과점 내부의 모습.

자료를 모아두었다. 그리고 이곳을 찾은 이들이 쓴 방명록만도 4권이나 되는 걸 보니 영화의 인기가 짐작된다. 들춰보니 페이지마다 사연들로 빼곡하다. 가게를 홍보하는 것이기도 하지만 손님들에게 작은 추억거리를 만들어 주는 것이 재미있었다. 제과점을 나와서 다음 장소로 가려는데 아카오카 씨가 선물이라며 작은 봉투를 내밀었다. 쿠키가 담겨 있었다. 이야기 나누고 사진 찍는 사이에 사둔 모양이었다. 작은 친절이 너무 고마웠다.

후루레 제과점에서 택시를 타고 다테노우미(蓼の海) 공원으로 향했다. 이곳은 타쿠미와 유우지가 살던 집 부근의 호숫가이다. 20여 분 정도 걸리는 산 속에 위치해 있었는데 가는 길이 그림처럼 아름다웠

여름 장마가 시작되던 날 미오와 재회하던 곳이자 장마가 끝나던 날 헤어지던 장소. 환생이라는 신비한 느낌이
감돌던 그곳은 스와시의 구 쓰레기 처리장으로, 세트를 만들어 촬영하였다.

다. C자와 S자로 이어지는 가파른 언덕을 오르자 스와 시내가 한 눈에 들어온다. 고개를 넘어 숲길을 2킬로미터쯤 더 가자 타쿠미와 유우지가 살던 집 부근의 호숫가에 이르렀다.

영화 속에서 타쿠미는 늘 단정하게 양복을 입고 자전거를 타고 출근을 한다. 자전거 페달을 힘차게 밟으며 출근하던 모습은 화려하지 않지만 성실하고 순수한 청년의 모습으로 다가온다.

영화의 촬영지를 실제 찾으면 화면과 달라 실망하는 경우도 종종 있는데, 이곳은 영화보다 훨씬 매력적이었다. 영화에서는 호숫가 길과 그 주변을 지나치는 정도였지만 와보니 잘 가꾸어진 다양한 나무들과 멋진 트레킹 코스, 호수와 어우러진 숲길 등 볼거리가 풍성하였다. 무엇보다 자연의 순하고 맑은 기운이 몸과 마음에 쫙 퍼지는 느낌이 좋았다.

다테노우미 공원에서 시내로 내려오다가 언덕 왼쪽 길로 접어들자 낡은 건물이 나타났다. 커다란 굴뚝이 두 개 서 있는 건물은 폐허처럼 보이기도 하는데, 예전 스와 시의 청소센터라고 한다. 영화의 클라이맥스인 타쿠미와 유우지가 미오와 만나고 헤어지던 장면을 촬영한 곳으로, 널찍한 공간에 버려진 기계와 망가진 물건들, 사각 기둥과 붉은 벽돌, 녹색 식물들이 자라는 게 무언가 비밀을 간직한 듯한 분위기를 풍기는 곳이다. 지금은 그 흔적만 남아 있다.

스와시에는 이 외에도 영화의 무대가 된 곳이 여러 곳 있다. 그 중 하나가 미오의 장례식을 치르던 작은 공동묘지이다. 이는 야츠가타케 자연문화원으로, 세트로 만든 미오의 무덤은 지금도 그대로 있어 사람들이 찾는 명소가 되었다.

"이제 가야할 시간이야." 구름이 걷히고 해가 나오자 미오는 이 말을 남기고 아카이브 별로 떠난다. 남겨진 유우지와 타쿠미는 더 이상 슬퍼하지 않고 미오가 남긴 사랑의 추억으로 남은 날들을 살아간다.

여름비처럼 청신한 사랑의 이야기가 더해진 호쿠토와 스와 여행은 일본의 아름다운 자연 경관을 풍성하게 느낄 수 있다. 해발 3,000미터 이상의 빼어난 산들과 푸른 초원의 고원지대, 산들에 둘러싸인 아름다운 호수와 숲. 아마 오래도록 기억될 것 같다. 그리고 또 다른 만남을 위해 발걸음을 옮긴다.

호쿠토 北社

스와 諏訪

· 가는 길

① 야마나시현 호쿠토 : 도쿄 신주쿠 JR역에서 특급열차 '아즈사' 이용, 야마나시현 고후(甲富, Kofu)까지 1시간 28분 소요. 여기서 호쿠토시(北社市) 아키노마치(明野町)까지는 버스나 렌터카를 이용하면 40~60분이 걸린다.

② 나가노현의 스와 : 고후에서 특급열차 '아즈사' 를 타면 스와 역까지 46분이 걸린다. 도쿄 신주쿠에서 스와까지는 2시간 14분 소요.

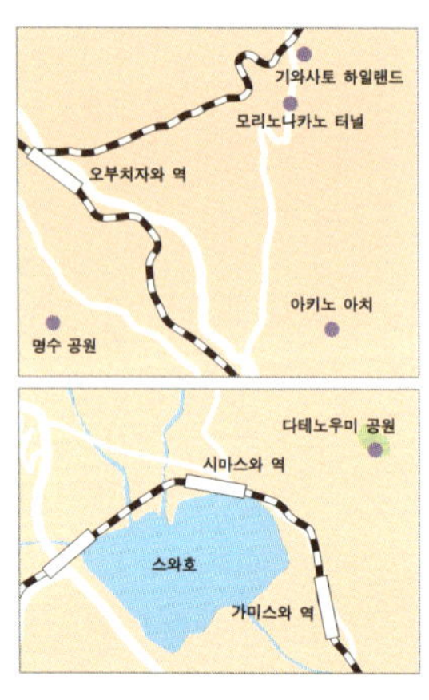

· 교통

이 지역은 렌터카 이용이 가장 편리하다. www.mazda-rentacar.co.jp
T. (0266)73~6005, 경차 7,000엔. 중형차 11,000엔 수준.

· 숙박

호쿠토 지역

- 야스가다케 로얄 호텔 : 산 속에 위치한 호텔.

- 세이센로 : 후지산과 넓은 평원을 감상할 수 있는 에코 호텔. www.keep.or.jp

스와 지역

- 료칸 누노한 : 극진한 서비스와 맛깔스러운 음식, 그리고 온천욕이 가능한 전농 료칸. www.nunohan.co.jp

- 사기노유 호텔 : 교통이 편리한 곳에 자리한 일급 호텔. www.saginoyu.com

· 볼거리

야마나시현 지역

- 야마나시 현립 미술관 : 1978년 개관한 이 미술관은 밀레의 미술관으로 개관 당시

화제를 모았다. 개방시간 오전 9:30~오후 5시. 월요일 휴관.

www.art-museum.pref.yamanashi.jp/

- 현영 직영 목장과 마키나 공원 : 젖소, 말, 양을 사육하는 엄청나게 넓은 목장으로, 후지산과 온천, 에코 민박집, 대여 하우스 등이 자리한 아름다운 휴양지이다.

- 하큐슈(白州) 오하쿠노모리 명수 공원 : 가족 단위의 휴양지이다. 공원 안의 숲과 계곡, 캠핑장, 노천 온천과 숙박시설도 마련되어 있다. 입장료 200엔, 개장 10:00~17:00. 투숙객이나 캠핑장 이용객에게는 24시간 개방.

나가노현 스와 지역

- 하르모 미술관 : 입장료 어른 800엔, 어린이 400엔. 입장시간 9:00~18:00. T. (0266)28-3636.

www.shinshu-online.ne.jp

기타 정보

- 야마나시현 관광정보 : www.yamanashi-kankou.jp/korean 한글 지원
- 스와시 : www.city.suwa.nagano.jp

About Movie ●

지금 만나러 갑니다 (2004)

감독 : 도이 히로야스, 주연 : 타케우치 유코, 나카무라 시도, 다케이 아카시

'이마아이(いま會い)' 라는 애칭으로도 알려진 이 작품의 원작은 작가 이치카와 타쿠지의 동명 소설. 2003년 3월에 발간된 소설은 입소문을 통해 화제를 모으면서 2004년 영화화되었다. 감독은 〈뷰티플 라이프〉, 〈오렌지데이즈〉, 〈러브스토리〉 등의 드라마를 연출했던 도이 히로야스가 맡았다. 여자 주인공 다케우치 유코는 〈천국의 책방-연화〉, 〈소생〉 등에서 생과 사후를 오가는 애절한 사랑의 히로인으로 인기를 모았고, 남자 주인공 니카무라 시도는 가부키 배우 출신으로 〈낭인가(浪人街)〉에서 망나니로, 첫 주연 영화 〈아카센(赤線)〉에서 개성 있는 연기를 보였다.

영화 개봉 이후 원작이 소설 부문 베스트셀러 1위, 다케우치는 TV탤런트 이미지 조사에서 1위를 차지하기도 했다. 또한 주연을 맡은 다케우치 유코와 나카무라 시도우는 이 작품을 통해 실제 부부가 되어 화제를 모았으나 얼마 후 헤어졌다.

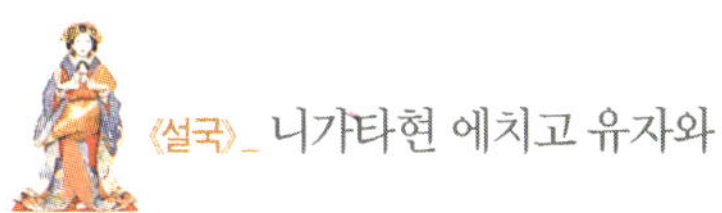

눈처럼 순수한 고마코와의 추억을 따라

"국경의 긴 터널을 빠져나오자, 눈의 고장이었다. 밤의 밑바닥이 하얘졌다.
신호소에 기차가 멈춰 섰다."
- 《설국》 중에서 -

도쿄 역에는 비가 한두 방울 내리기 시
작했다. 이아와 나는 《설국》의 고장 에치고 유자와(越後湯沢)로 가기
위해 신칸센에 올랐다. 도심을 빠져 나와 산과 산 사이의 작은 들녘을
질주하자 빗방울은 점점 굵어지면서 차창에 와 부딪친다. 역에서 산
도시락을 먹고 커피 한 잔을 마시려는 차에 에치고 유자와에 도착한
다는 안내방송이 나오고, 이어 우리는 터널의 어둠 속으로 들어갔다.
"국경의 긴 터널을 빠져나오자 눈의 고장이었다."라고 쓴 작가 가

와바타 야스나리(川端康成)처럼 드디어 우리는《설국(雪國)》, 눈의 고장에 들어선 것이다. 작가가 소설에서 말하던 시미즈(淸水) 터널은 아니지만, 신칸센은 또다른 터널을 지나 니가타현 에치고 유자와에 도착하였다.

《설국》의 주인공 시마무라는 역에 마중 나온 여관 안내인의 소방수처럼 엄청난 눈 웃을 보고 눈 지방의 겨울에 완전히 압도되고 만다. 그러나 우리는 역에서 이곳의 맑고 깨끗한 가을 하늘과 신선한 공기에 매료되고 말았다. 도쿄의 흐린 하늘은 흔적조차 찾아볼 수 없는 날씨였다.

먼저 관광안내소에 들러 소설의 주요 무대가 표시된 '설국 문학산보도'를 구했다. 에치고 유자와는 몇 번 왔던 곳이라 소설의 무대를 찾는 것이 어렵지는 않다. 또한 오랜 여행 경험으로 지도 한 장 들고도 찾아갈 수 있지만, 딸과 함께 가는 길이라 서툰 일본어를 써 가며 정확한 위치를 다시 확인하였다.

소설 《설국》의 무대가 되었다는 것을 자랑으로 여기는 이 마을에서는 가는 곳마다 소설의 흔적을 만날 수 있다. 이 작품으로 가와바타 야스나리는 일본인 최초로 노벨문학상을 수상하였고, 작은 산골에 불과한 이곳을 세계에 알렸으니 당연한지도 모르겠다. 수설의 무대를 따라가는 여행이라면 에치고 유자와 역 광장에서 시작하는 것이 좋을 듯하다. 작은 산촌 마을임에도 신칸센이 서는 이 역은 천 년의 온천 역사를 지닌 곳이다. 작가는 《설국》에서 이곳을 "산에서 내려오자 이 동네의 조촐한 풍경이 지닌 한가로움을 발견하고 여관에서 물어보니,

산으로 둘러 싸인 에치고 유자와의 겨울과 가을 풍경.

역 근처에 있는 설국관. 가와바타 야스나리가 기증한 애장품과 《설국》의 초판본, 친필 등이 전시되어 있다.

과연 이 눈 지방에서도 가장 살기 좋은 마을 가운데 하나라는 것이었다."라고 쓰고 있다.

도쿄에서 가끔 무용 평론이나 쓰며 무위도식하는 시마무라는 어느 겨울, 에치고 유자와를 찾아온다. 그곳에서 온천장에서 일하는 게이샤 고마코(駒子)를 만난다. 가와바타 야스나리는 고마코를 "여자의 인상은 믿기 어려울 만큼 깨끗했디. 빌가락 오목한 곳까지 깨끗할 것이라고 생각했다."라고 묘사하였다. 그녀를 만나기 위해 세 번이나 이곳을 찾는다는 것이 소설의 거의 전부이다. 그럼에도 세계적인 고전으로 꼽히는 것은, 작가가 13년에 걸쳐 다듬고 다듬어 완성한 아름다운 문체에 있다고 하겠다. 설국 지방의 아름다운 정경과 인물을 매우 섬세하면서도 감각적으로 묘사한 이 소설은 읽을수록 그 맛이 나는 듯하다.

이아와 나는 역을 나와 500여 미터 떨어진 '설국관'으로 향했다. 이 지방의 역사민속자료관인 설국관에서 소설과 관련한 자료들을 만날 수 있다. 입구에 걸린 고마코의 조각을 따라 2층 전시장으로 들어서자 온천의 고장이자 눈의 고장인 이 지역 생활용품과 사진들이 눈에 들어온다. 100여 평에 이르는 전시장에는 주민들의 삶과 문화를 짐작할 수 있는 물품들이 전시되어 있었다. 그리고 다다미 방에는 살림살이를 그대로 재연해 놓아 연중 6개월을 눈과 함께 살아가는 설국 지방의 생활상을 짐작해 볼 수 있었다. 설국관을 먼저 둘러본 다음 마을을 돌아본다면 소설을 이해하는 데에도 도움이 될 것 같았다.

3층에는 소설에 관한 자료를 모아둔 자료실이 있었다. 1937년 첫 출간된 《설국》의 초판본을 비롯해 10여 권의 개정판과 한글로 번역된 책과 가와바타 야스나리의 단편을 실었던 '문예춘추'도 있다. 이아는 가와바타 야스나리가 세계적인 유명 작가라는 것을 알고는 그가 쓰던 물건들에 큰 흥미를 보였다. "이 시계는 진짜로 작가가 쓰던 거예요? 저 옷과 찻잔, 그릇도 그런 거예요?" 궁금한 게 많은 모양이었다. 이곳에 전시된 두 벌의 옷과 주머니 시계, 두 개의 찻잔은 작가가 직접 기증한 것이라고 한다. 설국과 관련된 자료관과 전시장으로 이루어진 지하층 역시 흥미로웠다. 가로 3미터 세로 4미터쯤 되는 스미즈 터널의 대형 사진에는 《설국》의 첫 문장이 작가의 친필로 쓰여져 있다.

설국관을 둘러보고 밖으로 나오면 야외에 작은 족탕이 있다. 누구나 무료로 이용할 수 있는 족탕에서 우리는 잠시 발을 담근 다음, 주인공 시마무라가 산책을 즐기던 타카자와 공원(瀧澤公園)으로 향했다. 설국관에서 시마무라가 산책했던 샛강과 폭포가 위치한 곳까지는 걸어서 10여 분 정도가 걸린다. 아스팔트로 포장된 길과 잘 정리된 계곡을 따라 오르니 숲길 사이로 이어지는 계단이 나왔다. 완만한 계단을 30개쯤 오르자 작은 저수지가 보였다. 도쿄의 번잡함을 피해 온 시마무라는 아마 이 길에서 편안함을 느꼈으리라. 둘레가 200여 미터 되는 작은 저수지 옆으로 오솔길이 나 있어 걸어 보았다. 짧은 산책이지만 가을의 맑은 공기를 마시며 걸으니 여행의 피곤이 씻기는 듯했다.

소설 속에서 시마무라가 자주 산책을 즐겼던 곳이 또 있다. 바로 후도 폭포 주변으로, 사계절의 변화를 뚜렷하게 느낄 수 있다. 이아와 내가 후도 폭포를 찾았을 때는 한 부부가 이야기를 나누며 산책하고 있었다. 그 광경이 소설 속에서 시마무라와 고마코를 연상케 했다. 그들과 가볍게 인사를 나누고 우리는 작은 시냇물과 숲길을 지나 후도 폭포에 도착하였다. 폭 3~4미터에 높이 10미터 남짓한 작은 폭포는 소설 속 묘사처럼 편안하게 산책을 즐기다가 한번쯤 쳐다보면 눈이 시원해지는 그런 폭포였다.

후도 폭포를 배경으로 이아 사진을 찍은 다음 유자와 스키장으로 이어지는 숲길을 따라 걸었다. 숲길에는 키 큰 억새가 가을 햇살을 받아 눈부시게 빛나고 있었다. 시마무라가 갈대로 착각했던, 그 억새가 지금도 눈부신 은빛으로 흔들리고 있었다. 그 모습이 아름다웠다.

오솔길을 벗어나면 바로 스키장이다. 작은 풀과 야생화가 어우러진 이곳은 겨울엔 스키장으로 사용하고 봄부터 가을까지는 유자와 고

가와바타 야스나리가 《설국》을 집필한 다카한 료칸. 그가 머무른 2층 객실에는 당시의 장지문과 난로, 경대, 문살,
천정까지 그대로 보존되어 있다.

원으로 오르는 로프웨이를 이용하는 방문객의 주차장으로 이용하고 있다. 스키장 주변에는 소설에서 묘사된 것처럼 다양한 숙박시설들이 있었다. 그런데 숙박료가 2,900엔이라니, 물가가 비싼 일본에서 놀랄 만한 가격이었다.

스키장 인근의 민박집과 료칸이 있는 곳을 지나 300미터쯤 언덕으로 더 오르면 다카한 료칸(高半旅館)이 나온다. 스키장이 있는 산기슭에 위치한 다카한 료칸은 가와바타 야스나리가 6개월 동안 머물며 설국을 집필했던 곳이다. 료칸은 1930년대와는 비교할 수 없을 정도로 변화되었다. 1970년대 관광객들이 몰려오면서 시설이나 규모가 현대화된 것이다. 그 가운데도 가와바타 야스나리가 머물며 설국을 집필했던 방은 당시의 모습 그대로 보존하고 있었다. 2층에 있던 객실은 문살이나 천장, 기둥까지 그대로 옮겨왔다고 한다. 료칸 주인의 마음 씀이 대단하다는 생각을 지울 수 없다.

전형적인 온천 료칸의 분위기인 이 객실은 '가쓰미노마(안개의 방)'라고 불린다. 지금은 설국 전시실로 꾸며 관람료 500엔을 내면 자유롭게 둘러볼 수 있도록 하였다. 고마코와 시마무라를 비추던 경대와 책상, 난로가 그대로 놓여 있었다. 나는 추운 겨울 밤 유리문을 열어젖히고 난간에 기대 밖을 보던 고마고처럼 객실의 창문을 열고 밖을 내다보았다. 마을과 주변의 산, 신사, 스키장과 비탈길까지 훤히 내려다 보였다.

다카한 료칸의 전시장에는 설국의 초판본을 비롯하여 가와바타 야스나리와 관련된 잡지, 사진 등이 전시되어 있었다. 작가는 소설을 탈

고마코 온천. 소설에서 시마무라와 고마코가 걷던 거리로, 고마코의 이름을 따서 만들었다. 이 마을에는 온천 이름뿐만 아니라 술, 도시락, 떡 등 '고마코' 의 이름을 붙인 상품들이 많다.

고한 이후에도 여러 번 이곳을 방문하였다고 한다. 그 때의 기념사진과 소설 속에서 게이샤들이 입던 코트와 생활용품들도 보였다.

다카한 료칸에서 200여 미터쯤 내려오면 스와 신사(諏訪神社)가 나온다. 신사가 있는 삼나무 숲은 시마무라와 고마코가 함께 산책을 하며 사랑의 감정을 느끼던 곳이다. 신사 앞의 이끼 낀 사자 석상과 넓은 바위, 그리고 높이 10미터가 넘는 삼나무 등은 소설에서 묘사된 것과 거의 비슷했다. 이아는 소설의 내용은 모르지만 이끼가 가득 낀 사자 석상과 우리나라에서는 좀처럼 볼 수 없는 거대한 삼나무가 신기했는지 디지털 카메라로 사진을 찍느라 분주했다.

스와 신사에서 마을로 내려오는 오솔길은 시마무라와 고마코가 마

시마무라와 고마코가 자주 찾던 스와 신사.

을과 여관을 오가던 길인데, 지금은 그 길을 따라 마을로 내려오면 주인공 고마코의 이름을 딴 온천 고마코의 탕(駒子の湯)을 만난다. 이 마을에서 '고마코'는 소설 속 인물이 아니라 마치 실존 인물처럼 친숙한 존재인 듯하다. 온천에 그 이름을 붙인 것도 그렇고 마을의 가게에는 고마코의 모습을 캐릭터화해서 만든 술과 도시락, 떡 등의 상품을 팔고 있었다.

이곳에서 100여 미터 떨어진 산기슭에 십여 개의 묘가 자리한 무덤이 나타났다. 마을의 공동묘지 격인 이곳에 게이샤인 요코가 애인 유키오 무덤을 매일 찾고 참배를 한다. 시마무라는 세 번째 방문에서 고마코와 함께 이 묘지를 찾는다. 그리고 쓸쓸한 묘지 옆 선로 너머 흰

꽃이 핀 메밀밭이 펼쳐져 있다고 묘사하고 있다. 유자와 고원의 산기슭 억새의 은빛 물결과 어울린 가을 풍경을 보면서 소설의 한 구절 한 구절은 이 마을의 자연과 사람을 아름답게 옮겨놓은 것임을 다시금 생각해 본다.

작가는 《설국》을 통해 이 지방의 독특하고 아름다운 풍습과 전통 방식을 상세하게 소개하고 있다. 세 번에 걸쳐 에치고 유자와를 찾은 시마무라는 붉은 단풍과 볏단 말리는 모습을 매우 자세하게 묘사하고 있다. 특히 나무 줄기와 줄기 사이에 대나무를 장대처럼 몇 단이고 연결해 벼를 걸어놓고 말리는 '핫테'는 이 지방의 고유한 방식이다. 우리가 찾은 10월 중순에도 이 장면을 볼 수 있었다. 아직도 전통적인 방식으로 벼를 말리는 모습은 경이로웠다. 우리 시골에서도 보기 힘든 모습인데, 이아는 나무 키 만큼이나 쌓여있는 볏단을 보고 신기해했다. 일본의 산촌이나 어촌을 여행하다 보면 우리보다 전통적인 방식으로 살아가는 것을 종종 본다. 손이 많이 가고 시간도 많이 걸리지만 자연적인 방식으로 살아가는 설국 지방 사람들의 삶은 기계에 의존하여 편리함을 좇는 우리에게 생각할 거리를 주는 듯하다.

산기슭에서 마을로 내려와 소설의 마지막 대목에 나온 고치 창고를 찾았지만 지금은 찾을 수 없었다. 다만 마지막 장면을 떠올려 볼 뿐이다. 고치 창고에 불이 붙으며 활활 타오르는 가운데 요코는 창고의 2층에서 뛰어 내린다. 흰 눈과 어둠 사이로 피어오르는 붉은 불길과 고마코의 붉은 속옷, 검은 하늘의 빛나는 은하수가 슬프도록 아름답게 묘사되었다. 지금은 젊은 게이샤도, 고치 창고도 찾아볼 수 없지만

마을길을 걸으며 소설 속 장면을 상상해 본다.

역으로 가는 길에 《설국》의 기념비가 있는 몬도공원(主水公園)에 들렀다. 가와바타 야스나리의 친필 기념비에는 그 유명한 소설의 첫 구절이 쓰여 있다. 멀리에서 온 여행객을 따뜻하게 환대하는 것 같다. 작은 공원이라 특별한 볼거리는 없었지만 이아와 나는 이곳에서 해가 넘어갈 때까지 이런저런 이야기를 나눴다. 산촌의 가을 해가 유난히 짧은 것이 아쉬울 따름이다.

나는 이전에도 몇 번 에치고 유자와를 찾은 적이 있다. 주로 겨울이었는데 여행객의 눈에는 설산에 둘러 싸인 이 마을이 금방이라도 눈에 파묻힐 듯 아름답고 신비롭게 보였다. 산간의 이 작은 마을이 이국 여행객의 발길을 끄는 것은 무엇보다 그림처럼 떠오르는 가와바타 야스나리의 글 때문이라는 것을 다시 말해 무엇하겠는가.

에치고 유자와 越後湯澤

・가는 길

① 에치고 유자와 : 인천에서 니가타 공항까지 운행하는 대한항공을 이용, 1시간 40분 소요. 니가타 공항에서 기차역까지 버스로 30분. 니가타 역에서 에치고 유자와까지 1시간 소요.

② 도쿄 경유 : 도쿄 역에서 에치고 유자와 역까지 신칸센으로 1시간 20분 소요.

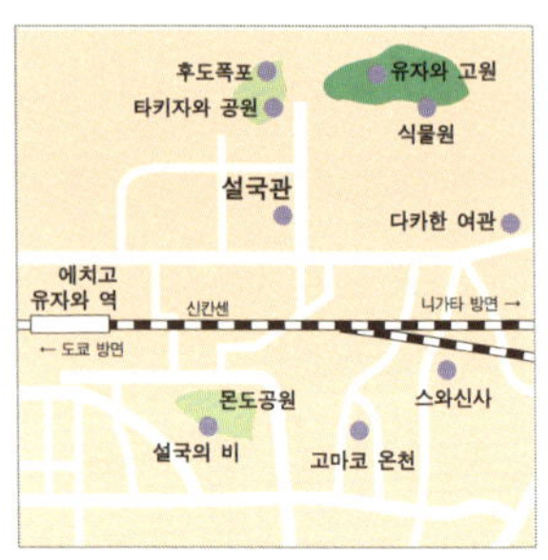

・숙박

스키와 온천으로 유명한 에치고 유자와는 고급 료칸부터 저렴한 민박집까지 다양한 숙박시설이 있다. 역 앞 관광안내소에서 숙박시설을 안내 받을 수 있다.

- 다카한 료칸 : 가와바타 야스나리가 묵으며 《설국》을 집필한 곳.
  T. (025)784-3333 www.takahan.co.jp
- 후타바 호텔 : T. (025)280-1010 www.hotel-futaba.com
- 유자와 도에이 호텔 www.toei.co.jp/hotel/yuzawa

・볼거리

- 설국관 : 《설국》 초판본부터 작가가 사용하던 물건들이 전시되어 있다. 이 지역의 생활상을 볼 수 있는 향토 전시관으로 입장료 어른 500엔, 어린이 250엔, 개관시간 9:00~16:30. 사진촬영 불가

- 다카한 료칸 : 가와바타 야스나리(川端康成)가 소설을 집필한 방과 주변을 자료관으로 꾸며 놓았다. 입장료 500엔. 어린이 무료. 사진 촬영 가능.

- 후도 폭포 : 시마무라가 산책을 즐기던 숲 속
  의 작은 폭포. 오솔길이 멋지다.
- 스와 신사 : 시마무라와 고마코가 들르던 곳.
- 고마코의 탕 : 소설의 주인공 고마코의 이름
  을 딴 온천. 입욕료 1000엔.
- 설국 기념비 : 역에서 가까운 몬도 공원 내에
있다.

• **기타 정보**

- 에치고 유자와 관광협회 : www.e-yuzawa.gr.jp/

About Writer ●

가와바타 야스나리 (川端康成 , 1899~1972)

1968년 노벨 문학상을 수상한 일본의 대표적 소설가. 우수에 젖은 서정성을 통해 고대 일본문학의 전통을 현대어로 되살려낸 작가이다. 그는 노벨상 수상 소감으로, "작품 속에서 죽음을 미화하고 인간과 자연, 그리고 허무 사이의 조화를 추구하고자 했으며 평생 동안 아름다움을 얻기 위해 애썼다."고 말했다. 제자인 미시마 유키오가 자결한 뒤 얼마 되지 않아 스스로 목숨을 끊었다.

1899년 오사카에서 태어난 그는 어려서 부모를 잃었으며, 병약한 체질로 문학에 강한 그늘이 드리워져 있다. 대표작인 《이즈의 무희》(1926)로 작가적 위치를 확실히 하였으며 《설국》, 《천 마리 학》(1951), 《산의 소리》(1949~54)가 그의 최고 걸작으로 꼽힌다. 노벨 문학상을 받은 《설국》은 1935년에 쓰기 시작해 1948년에 출판되기까지 13년만에 완결된 중편 소설이다. 그는 노년에도 정본 설국을 집필하는 등 마지막 순간까지 《설국》에서 손을 놓지 않았다.

일본의 격동기를 살아 낸 '오싱'의 인생

"모든 것이 다 변했지만
창고 건물과 거목만이 그대로 남아있다."
- 《오싱》 중에서 -

동해를 사이에 두고 한반도와 마주 보고 있는 야마가타현(山形縣)은 척박한 지역으로 알려져 있지만 때묻지 않은 자연 환경으로 일본 내에서도 손에 꼽히는 몇 안 되는 청정지역이다.

야마가타현 사가타는 소설 《오싱》의 배경이 된 곳으로, 척박한 환경에서도 좌절하지 않고 낙천적으로 살아가는 주인공의 이야기가 펼쳐진다. 야마가타현 모가미 강가에서 가난한 소작농의 딸로 태어나 어릴 때부터 남의 집 더부살이를 하고 평생에 걸쳐 온갖 고난을 겪는 오싱 이야기는 많은 이들에게 가슴 찡한 감동을 주었다.

당시 우리나라는 일본 대중문화에 대한 개방이 이루어지지 않은 터라 《오싱》은 불법으로 번역 출판된 셈이었는데, 그럼에도 베스트셀러가 되었고 많은 독자가 밤을 새워 읽었다. 비록 소설 속의 이야기지만 많은 사람들이 공감한 것은 우리도 못 살고, 못 먹던 시절이 있었기 때문이리라. 요즘같이 풍요로운 시대를 사는 청소년들은 쉽게 이해할 수 없겠지만 오싱 이야기는 불과 몇십 년 전 우리들의 이야기이기도 했다. 그때 그 시절의 아련한 회상을 떠올리며 나는 《오싱》의 무대로 발걸음을 옮겼다.

오싱의 이야기가 살아 숨쉬는 곳 - 사카타

사카타는 인구 10만 명이 조금 넘는 중소도시로 모가미 강(最上川) 하구에 위치해 있다. 에도 시대 주산물인 쌀을 교토와 오사카 지방으로 운반하는 항구로 유명했다. 이후 대형 선박까지 오가는 공업항으로 발전했고 현의 중심에 위치해 있지만 관광객은 그리 많지 않았다. 그러다 이곳이 드라마와 소설 《오싱》의 무대라는 사실이 알려지면서 사정이 달라졌다

오싱은 1983년 4월부터 1년 간 일본의 국영방송인 NHK에서 매일 아침 15분씩 방영하던 아침드라마였다. 한 여성의 80년 인생 역정을 그려낸 이 드라마는 방영된 지 얼마 지나지 않아 폭발적인 반응을 보였다. 평균 52.6퍼센트의 시청률이 나날이 치솟더니 급기야 62퍼센트

소마루에서 히에신사로 이어지는 계단. 100미터쯤 가면 오싱과 어머니가 안타깝게 스쳐 지난 우물을 볼 수 있다.

산쿄창고 내에 있는 오싱 자료관에는 오싱 인형과 포스터가 전시되어 있다.

대를 넘어서는 공전의 히트를 기록했다.

　총 297부작으로 방영된 오싱은 일본 드라마 사상 유례를 찾아볼 수 없을 정도로 큰 사랑을 받았다. 이후 60개국으로 수출, 중국과 우리나라에서도 큰 인기를 모았다. 중국에서는 드라마 방영 시간대에 인적이 끊기고 범죄율이 떨어질 정도였고, 멕시코와 이란에서는 80퍼센트가 넘는 시청률을 올렸다고 한다. 이는 우리나라 드라마 〈대장금〉을 떠올리게 한다. 중국, 일본, 중동지역, 중남아메리카와 아프리카까지 수출되어 인기를 모으고 있는 것을 보며 당시 〈오싱〉의 인기를 상상해 볼 수 있을 것이다.

　우리나라에서는 영화로 제작되어 최루 영화의 고전으로 남았다.

'똑순이' 김민희가 주인공으로 나왔던 이 영화를 아직 기억하는 이들이 있을 것이다.

드라마의 성공으로 '오싱'은 소설로 쓰여졌다. 작가 하시다 스가코에 의해 대하소설로 쓰여진 《오싱》은 좀 더 치밀한 구성과 탄탄한 이야기 구조로 드라마 못지 않은 사랑을 받았다. 가난한 집에 셋째 딸로 태어난 오싱이 어린 나이에 남의 집 더부살이를 하며 온갖 설움을 당하고, 관동대지진으로 남편과 맏아들을 잃고, 시어머니의 구박을 받으며 고생하는 이야기는 사람들의 심금을 울렸다. 그야말로 오싱의 이야기가 아니라 '나'의 이야기인 듯 구구절절 공감하는 이들이 대다수였다. 그래서일까, 소설 속에서 교묘히 드러나는 일본의 군국주의와 태평양 전쟁에 대한 해석이나 평가는 관대한 편이었다. 아마도 역사적 사실이 아닌 오싱의 낙천적 인생관과 사업가로서 자수성가하는 인간적인 모습을 기대했는지도 모르겠다. 사실 이런 부분이 한국인에게는 마음에 걸리는 대목이기도 하다.

19세기 말 일본 여성의 삶의 단면을 보다 - 산쿄창고

사카타가 오싱의 주요 배경지가 된 데에는 재미난 이야기가 숨어 있다. 27년 전 일본 NHK 방송국 드라마 팀 작가와 스태프들이 방송 소재를 찾아 일본 전역을 돌아다니던 중 사카타(酒田)라는 지명에 관심을 갖고 이곳에 들르게 되었다.

제작팀은 사카타에 숙소를 잡고 시내를 둘러보던 중 산쿄창고(山居倉庫)를 발견하고 흥미를 가졌다. 곧이어 '야오항'이라는 이름의 아주머니를 만나게 됐는데 그녀는 당시 제법 커다란 슈퍼마켓을 경영하고 있었다. 그녀는 젊은 시절 산쿄창고에서 쌀가마를 운반하는 일을 하며 무척 고생을 했고, 그 끝에 작은 성공을 이뤘다는 이야기를 들려주었다. 제작팀은 무릎을 쳤다. 이만한 이야깃거리가 없다고 느낀 것이다. 이것이 계기가 되어 〈오싱〉이 만들어졌다.

19세기 말 일본의 사회상과 여성의 삶을 드라마틱하게 보여주는 데 산쿄창고가 제격이었다. 그 당시 산쿄창고 인부의 대부분은 여성이었다. 남자들은 군대에 가거나, 진학을 위해 공부를 하는 것이 주된 일이어서 가장으로서의 의무는 여성에게 있었다. 이는 당시 일본의 사회상을 반영한다. 얼핏 믿기지 않을 이야기지만 여성이 남성보다 1.5배나 많은 임금을 받을 정도로 노동량이 많았고, 60킬로그램짜리 쌀가마니를 5개까지 지는 여성도 있었다고 한다.

사카타 최고 명소로 알려진 산쿄창고는 일본 내 쌀 보관 창고 가운데 가장 큰 규모이다. 거대한 목조건물이 12개나 연이어 늘어선 산쿄창고는 1893년, 이 지방 최고 부호인 혼마(本間) 가문에서 건설했고, 사카미(酒井) 집안에서 관리하고 있다. 매년 많은 방문객이 이곳을 찾는데 2004년에는 65만 명이 찾았다.

시집간 오싱이 어머니가 보고 싶어 찾아왔던 곳이자, 훗날 초로의 노인이 되어 어머니를 생각하며 다시 찾는 산쿄창고. 오싱은 이 앞에서 "모든 것이 다 변했지만 창고 건물과 거목만이 그대로 남아 있다." 며 과거에 대한 강한 애착과 그리움을 드러냈다.

소설 속에서 오싱이 1월 1일 히나 인형을 구경하기 위해 찾았던 요정 소마루의 안채와 정원.

가난했지만 행복했던 시절을 그리며 - 히에신사와 소마루 요정

사카타 북쪽에 위치한 소마루(相馬樓) 요정과 바로 이웃한 히에신사(日吉紳士)는 어린 오싱이 잠시나마 행복을 느꼈던 곳이다.

교토의 고급 요정을 연상시키는 소마루는 소설과 드라마 속에서 오싱이 히나 인형을 구경하기 위해 찾았던 곳이다. 작품 속에서는 꽤 화려하게 묘사되어 있고, 당시에도 세력가나 부호만 드나들 수 있었던 곳이지만 지금은 단아한 시골 가정집의 정취가 느껴진다. 제아무리 화려한 것일지라도 세월 앞에서는 그 빛이 바래는 것처럼, 예전의 무도회장이자 요정으로 명성을 날렸던 곳이 지금은 누구나 음식을 먹고 공연을 관람할 수 있는 대중 음식점이 되었다.

소마루 옆에는 유명한 요리집인 카메자키(香梅味)가 자리잡고 있다. 카메자키는 야마가타현의 전통음식을 맛볼 수 있는 곳으로, 일본 내에서도 꽤 알아주는 식당이다. 카메자키 식당이 유명세를 타게 된 데에는 '천황이 찾는 식당' 이라는 별칭이 붙으면서이다. 일본 천황 아키히토가 왕세자 때 이곳을 방문하여 음식을 먹었는데 그 맛이 무척 흡족했던 모양이다. 그래서 천황이 된 후에도 꾸준히 찾고 있다고 한다.

소마루 요정에서 도로를 따라 200여 미터쯤 가면 히에신사가 보인다. 신년이 되면 이곳을 찾아 한 해 동안의 건강과 행운을 비는 이들이 많다. 히에신사는 울창한 가로수와 아담한 정원이 소담스럽게 어우러져 고즈넉하다. 소마루에서 이어지는 계단을 100미터쯤 오르면 오싱이 어머니와 스쳐 지나간 우물도 볼 수 있다.

오싱이 더부살이를 하러 가기 위해 건너던 모가미 강. 유람선 '오싱 호'를 타고 오싱의 배경을 돌아볼 수 있다.

더부살이의 서러움을 안고 떠나던 길 - 모가미 강

사카타에서 긴잔 온천을 향해 가다 보면 모가미 강(最上川)을 만나게 된다. 남의 집 일을 하러 가기 위해 오싱은 이 강을 건너야 했다.

최근 오싱의 무대가 되었던 지점을 유람선으로 돌아보는 관광 상품이 나왔는데, JR 후루구치(古口) 역에서 10분 정도 걸어가면 유람선 선착장이 나온다. 이곳에서 하류방향으로 12킬로미터에 이르는 지역을 돌아오는 코스인데 1시간 정도 걸린다. 가이드가 해당 지점마다 오싱 이야기를 상세하게 들려주는데, 설명이 어찌나 감칠맛 나는지 마치 드라마 한 편을 보고 있는 듯하다. 이들은 모두 후루구치 마을의 주민이어서 누구보다도 오싱의 삶과 이 지방 특징을 잘 알고 있다. 오싱

이야기 외에도 이 지역에서 전해 내려오는 옛날 이야기도 들려주고, 흥이 날 때는 뱃사공 노래도 불러 준다.

어머니와의 애잔한 정이 서린 곳 - 긴잔 온천

모가미 강에서 자동차로 30분쯤 달리면 긴잔 온천(銀山溫泉)에 이른다. 골짜기를 따라 조그만 온천들이 옹기종기 모여 있는 긴잔 온천은 외지인의 발길이 드문 오지 온천 중 하나이다. 이곳 역시 소설과 드라마의 무대가 되었던 곳으로, 80년 전에 지어진 건물이 아직도 잘 보존되어 있다. 긴잔 온천 중에서도 노토야(熊登屋) 온천은 오싱의 어머니가 일하던 온천이다.

오싱이 알려지기 전까지만 해도 긴잔 온천은 찾아오는 사람이 거의 없어 어느 때고 어렵지 않게 숙박을 할 수 있었다. 하지만 지금은 몇 주일 전에 예약을 해야 할 정도로 인기가 높다. 사계절을 만끽할 수 있는 노천 온천과 맛깔스러운 음식, 아름다운 숲길과 폭포, 과거 은(銀)을 채굴했다는 광산 등 자연과 어우러진 온천 주변의 볼거리가 최근 새롭게 주목 받고 있다. 특히 오싱과 관련된 관광상품도 많이 개발돼 있어 드라마 속 분위기를 한껏 느껴볼 수 있다.

온천에서 조금 떨어진 사가에미치(西川町) 오오이시마도 둘러볼 만하다. 전체 주민이 300여 명 되는 오오이시마 마을은 소설에도 여러 번 등장했다. 마을 주차장에서 메밀밭을 지나 삼나무 숲을 지나면 작은 강이 나오는데, 바로 오싱이 빨래를 하고 어머니가 아이를 지우기 위해 물 속에 뛰어들던 곳이다. 마을과 강 사이에 자리한 메밀밭 사이를 남북으로 연결하는 길은 장례식을 치른 곳이고 마을 바로 뒤에 있는 울창한 삼나무 숲이 아버지의 사냥터가 되었던 곳이다. 오오이시마 마을은 메밀 산지로 유명하다. 인근 지역에서 생산된 질 좋은 메밀과 자연산 버섯, 고사리를 이용하여 만든 소바(메밀국수)는 일본 최고로 꼽힐 정도이다. 그래서 소바를 먹기 위해 먼길을 마다 않고 찾는 사람들도 많단다.

오오이시마 마을에서 좀 더 떨어진 나카야마마치(東村山郡 中山町)에 가면 오싱의 생가를 둘러 볼 수 있다. 현재는 오싱기념관으로 사용하고 있는데, 내부에는 오싱의 가족 사진과 이 고장 서민들의 생활용품 등이 전시되어 있다. 생활용품을 둘러보면 당시 고되고 힘들었던 서민들의 삶을 짐작할 수 있다.

오싱은 강인한 여성이었다. 그리고 동시대를 살아가는 이들은 시련 앞에 당당히 맞서는 그녀의 용기와 한결같은 신념을 보며 인간의 존엄성과 시련이 주는 참된 가치를 배웠다.

오싱의 목숨을 구한 은인 순사쿠는 오싱의 이름에서 많은 의미를 찾았다. 오싱의 '싱'은 믿음(信), 마음(心), 사물의 한가운데를 의미하는 중심(芯), 새로움(新), 건강한 몸(身), 두려움 없이 앞으로 나아가는 발걸음(進), 진실(眞), 참고 견디는 인내(忍)라고 여겼다.

험난한 시대를 신념으로, 진실로, 새로움으로, 인내로 이겨낸 오싱은 허구의 인물이라기보다 일본 근대사가 낳은 누이이자 어머니의 전형이다. 그래서 오싱에게, 그 시대를 살아온 어머니들에게 깊은 감동과 박수를 보내는 것이리라.

사
카
타
酒
田

· 가는 길

① 아키타 경유 : 인천에서 아키타까지 직항 편을 이용(2시간 15분), 아키타 공항에서 아키타 역까지 버스로 20분, 아키타 역에서 사카타까지 특급 열차로 1시간 45분 소요. 총 4시간 20분 소요.

② 센다이 경유 : 인천에서 센다이까지는 직항편인 아시아나를 이용하면 1시간 50분 소요. 센다이 공항에서 역까지 30분, 센다이 역에서 쾌속열차로 야마가타까지 이동 후(79분 소요), 신칸센 츠바사호로 신조 역까지(43분) 이동 후 쾌속 모가미가와호로 사카타 역 도착(53분) 총 2시간 55분 소요.

· 숙박

상업 도시로 발전한 사카타에는 다양한 숙박시설이 있다.

- 유노하마 뷰 우미노 호텔 : 가족이 함께 머물기 좋다. www.uminohotel.com
- 텐도 온천 사쿠라모모노 하나유이치라뉴 www.itiraku.com
- 호텔 선루트 사카타 : 비즈니스급 호텔 www.sunroute.jp
- 호텔인 사카타 www.hotelinn.jp

· 먹을거리

일본 내에서도 소바로 유명한 사카타 지역의 맛집들.

- 호코테이 : T. (0234)21-1036
- 고라이칸 : T. (0233)72-3303
- 데와야 : T. (0237)74-2323
- 스이야 나마소바 : T. (023)653-2576

· 볼거리

- 산쿄창고 : 1893년에 세워진 거대한 쌀 창고로, 지금은 오싱 자료관과 인형관, 그리고 레스토랑으로 사용되고 있다. 입장료는 자료관 300엔, 인형관 300엔. 두 곳

을 함께 관람하면 500엔.

- 소마루 : 오싱이 히나 인형을 구경하기 위해 갔
  던 고급 요정. 입장료를 내면 내부를 볼 수도 있
  다. 입장료 어른 1000엔, 중고생 700엔, 어린이
  500엔.

- 히에신사 : 오싱이 1월 1일 소원을 기원하던 곳.
- 긴잔 온천 : 이 지역의 가장 유명한 온천으로, 사
  카타에서 자동차로 1시간 소요. 인천에서 도쿄
  까지 직항 이용. 도쿄역에서 야마가타 신칸센을 타고 오이시다(大石田)역에서 내림. 전철역 바로
  앞에 긴잔온천행 셔틀버스 운행. 40분 정도 소요. www.ginzanonsen.jp
- 긴잔 온천 지역의 대중 온천탕 : 마을 입구 다리에서 100미터 위치에 있음. 입욕료 500엔, 입욕시
  간 9:00~17:00

• 기타 정보

- 사카타 : www.city.sakata.yamagata.jp

하시다 스가코 (橋田壽賀子, 1929~)

하시다 스가코는 한국에서 태어난 일본인으로 일본여자대학, 와세다대학교 문학부를 졸
업했다. 우리나라의 드라마 작가 김수현에 필적할 만한 방송 작가로, 일본인의 정서를 엄
격하면서도 심도 있게 표현한다는 평가를 받고 있다.

1950년 일본 송죽영화사에 입사해 텔레비전 드라마 작가로 활약했다. 1989년 친구인 출
판사 사장의 권유로 필생의 작품인 《오싱》을 집필했다. 전 6권의 오싱은 시즈오카 아따미
에 있는 그녀의 작업실에서 1년 반에 걸쳐 쓰여졌다. 《오싱》의 성공 이후, 그녀는 소설가
로 발돋움 할 수 있었고, 누구보다도 용기와 격려를 아끼지 않은 출판사 사장에게 그 영광
을 돌렸다. 그녀의 대표작으로 《생명》, 《바깥세상》, 《대가족》, 《부부》, 《이혼》, 《오싱 인생
론》 등이 있다.

Chapter 4
홋카이도
北海道
きらく食堂
きらく
ほろまい
幌 舞
HOROMAI
きたほろまい
KITAHOROMAI

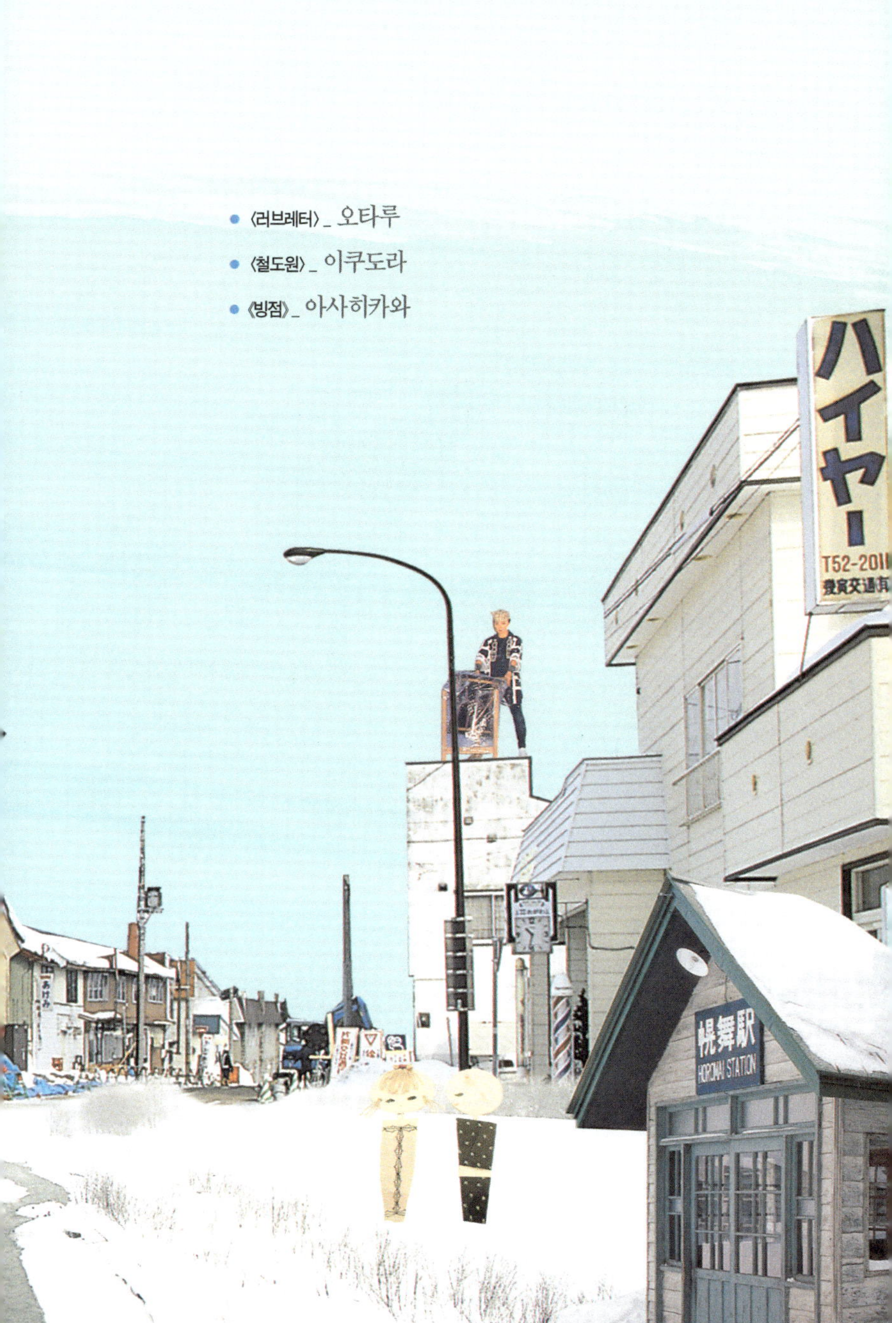

- 《러브레터》_ 오타루

- 《철도원》_ 이쿠도라

- 《빙점》_ 아사히카와

運 会社
小樽

〈러브레터〉 _ 오타루

이곳에 오면 누구에겐가
러브레터를 보내고 싶어진다

'그는 나의 연인이었습니다. 당신이 그리워하고 있는 그는 제 기억 속에 살아 있습니다.
당신이 가지고 있는 소중한 추억을 저에게도 나누어 주세요. 기억 저편에 사라졌던
그의 모습들이 하나 둘 떠오릅니다. 하지만 그 추억은 당신의 것이기에 돌려 드립니다.
가슴이 아파서 이 편지는 보내지 못할 것 같습니다.'
- 〈러브레터〉 중에서 -

낭만적인 오타루를 여러 차례 여행하였
지만 2010년 2월만큼 무거운 마음으로 찾았던 적은 일찍이 없었다. 지
난 해 가을, 미국에서 돌아오는 비행기 안에서 가슴 아픈 뉴스를 들었
다. 모일간지의 일본 특파원이 전하는 기사에 따르면, 영화 〈러브레
터〉의 주요 무대가 되었던 반 테르코 씨의 주택이 화재로 소실되었다
는 것이다. 나에게는 아름다운 추억이 서려있던 주택이 잿더미가 되
었다는 기사가 믿기지 않아 몇 번이나 읽었다. 그리고 집에 도착하자

마자 오보를 기대하며 인터넷을 검색하였다. 그러나 기사의 내용은 현실이었다. 나의 가슴은 무언가 커다란 것을 잃어버린 것 같아 곧장 달려가고 싶었지만 결국 반년이 지난 후에야 오타루를 다시 찾게 되었다.

처음 쓰는 연애 편지처럼 가슴이 아련해지는 영화 〈러브레터 Love letter〉, 지금 나는 러브레터의 무대였던 오타루(小樽)로 간다.

삿포로 북서쪽에 있는 낭만적인 항구도시 오타루, 과거에는 유럽 및 러시아와의 곡물 교역 중심지로 번창했지만 지금은 관광도시로 더 유명하다. 이곳은 영화 〈러브레터〉의 전 장면을 촬영한 곳이며, 이영애가 인상적인 연기를 보여줬던 조성모의 '가시나무새' 뮤직 비디오를 찍은 곳이다. 일본에서도 본토와 다른 이국적인 분위기를 지니고 있어 인기 있는 관광 명소 가운데 한 곳이다. 낭만으로 가득한 거리 풍경과 아기자기한 볼거리도 빼놓을 수 없지만 영화 〈러브레터〉에 나오는 사랑의 추억을 느낄 수 있는 흔적들이곳곳에 있다.

함박눈이 내리던 1996년 2월 어느 날, 나와 오타루와의 인연은 시작되었다. 그 날 이후로 14년동안 오타루를 열 차례나 찾았다. 어느 도시보다도 낭만적인 오타루가 내 발길을 잡아끌었는데, 이곳이 낭만적으로 느껴지는 이유는 비고 영화 〈러브레터〉 때문이다.

오타루에서 〈러브레터〉의 흔적을 찾기란 어렵지 않다. 영화 속에서 후지이 이츠키(나카야마 미호)가 입원한 병원의 무대가 되었던 시청을 시작으로 도서관으로 나왔던 옛 일본유우센주식회사의 오타루 지점, 고베와 오타루의 글라스 공방, 그리고 후지이 이츠키의 집 등 영

영화 첫 장면에서 "오겡끼데스까"라고 소리치던 장면의 배경이 된 곳, 오타루 텐구산.

오타루의 후지이 이츠키와 고베에서 온 와타나베 히로코가 만난 오타루 이로나이 교차로와 우체국.

오타루에서 만든 술을 파는 가게들.

와타나베 히로코의 선배가 일하던 더 글라스 스튜디오 공방.

화 속의 중요 장소만도 20여 곳이다. 여기에다 영화 속에서 잠시 스쳐 지나가는 장면을 촬영한 곳까지 합하면 그야말로 오타루 전체가 러브 레터를 위해 만들어진 도시같이 느껴진다.

영화의 첫 장면이자 가장 유명한 장면인 하얀 눈밭은 텐구산(天狗山)이다. 텐구산 중턱엔 케이블 승강장이 있는데, 이곳이 와타나베 히로코(나카야마 미호, 1인 2역)가 설원에 누웠다가 일어서며 "오겡끼데스까?"라고 소리치던 영화의 도입 장면을 촬영한 장소다. 영화에서는 고베의 산으로 나오지만 실제는 오타루 텐구산 중턱에 있는 제2주차장 바로 위쪽이다. 현재도 영화 속에 등장했던 자작나무와 주택을 비롯해 촬영 당시의 모습을 고스란히 간직하고 있다.

텐구산 지역에는 배경지가 두 군데 더 있다. 한 곳은 영화 속에서 와타나베 히로코와 선배 아키바 시게루(토요카와 에츠키)가 키스를 했던 공방으로, 이름은 '더 글라스 스튜디오 인 오타루The Glass Studio in Otaru' 이다. 도입부의 눈밭 장면을 촬영한 텐구산 제2주차장에서 불과 300미터 거리에 있다. 1층은 작업장, 2층은 쇼핑 공간인데 커다란 유리창을 통해 작업 모습을 자세히 볼 수 있다. 유리제품을 직접 만들어 보는 참여 프로그램도 있어 잠시 영화 속 와타나베와 아키바가 되어 유리공예품을 만들어 볼 수도 있다.

이제 후지이 이츠키의 집으로 가보자. 2년 전 등반 사고로 목숨을 잃은 연인 후지이 이츠키의 추도식에 참석하고 돌아오는 길에 그의 어머니를 따라 집에 온 와타나베 히로코가 히나 인형을 보며 이야기를 나눴던 장면과 중학교 졸업앨범에서 후지이 이츠키의 주소를 발견

倉庫

해 ‘오타루시 제니바코 2-24’ 라고 손목에 메모하던 장면을 촬영한 곳
은 구스하라 저택이다. 스이텐구우(水天宮)라는 유적지 인근에 위치
한 역사건축물 27호로 지정된 이 저택은 현재 사람이 살고 있지 않다.
1912년 건축된 이 건물은 겉보기에는 3개 동으로 구분되어 보이지만
내부로 들어서면 계단으로 모두 연결되어 있다. 집도 멋지지만 정원
이 일품이다. 자그마한 돌로 만든 길과 일본 정원답지 않게 자연의 미
를 그대로 살린 편안함이 좋았다.

러브레터에는 두 명의 후지이 이츠키가 등장한다. 한 명은 와타나
베 히로코의 연인이었던 남자 후지이 이츠키, 그리고 한 명은 그의 첫
사랑이었던 여자 후지이 이츠키다. 이번엔 그녀의 집을 찾아가 보자.

영화에서 주된 공간은 단연 여주인공 후지이 이츠키의 집이다. 실
제 촬영된 곳은 오타루 도심에서 20킬로미터쯤 떨어진 제니바코 역
인근이다. 자동차나 택시를 타면 집 앞까지 갈 수 있지만 기차를 이용
하는 경우 제니바코 역에서 20분쯤 걸어야 한다. 영화 속 분위기를 그
대로 간직한 이츠키의 집은 현재 남아있지 않다. 내가 이곳을 처음 찾
았던 것은 5년 전으로, 당시 반 테르고 씨와 부인 반 아키코 씨가 살고
있었다. 예전에 오타루시 농업위원으로 근무하던 반 테르고 씨는 영
화 촬영 당시 집을 대여해 주었다고 한다.

영화에서 후지이 이츠키의 방은 원래 집의 거실이다. 이츠키가 창
문 아래 침대에 누워 고베에서 온 편지를 읽던 장면에서 보았던 장소
는 그대로인데 지금은 소파가 놓여져 있다. 전체적인 분위기는 영화
와 똑같다. 할아버지가 이츠키에게 ‘이츠키’ 란 이름의 나무를 알려주

눈이 펑펑 내리는 오타루의 겨울. 따뜻한 거리 음식이 몸과 마음을 녹여준다.

후지이 이츠키가 근무하던 도서관으로
실제는 일본 유우센 주식회사 오타루 지점.

고열로 쓰러진 후지이 이츠키가 입원했던 병원으로,
실제 오타루 시청 복도이다.

영화에서 '후지이 이츠키'의 집으로 나온 반 테르고 씨의 주택. 안타깝게도 2009년 화재로 소실되었다.

었던 정원의 모습도 그대로이다. 그리고 영화의 마지막 부분, 학교 도서 대출증에 그려져 있는 자신의 초상화를 보면서 어린시절의 첫사랑을 확인하게 된 이츠키와 후배들이 만난 집의 입구 철재 문은 영화 촬영을 위해 만들어 놓은 세트였고 실제 대문은 없었다.

이츠키의 방을 비롯하여 집안 곳곳의 주요 장소를 자세히 보고 이야기를 나눌 수 있었던 것은 커다란 행운이었다. 동행했던 오타루시 비서실에 근무하는 에지 호스하나 씨와 와다나베 씨 덕택에 가능한 일이었다. 지금은 집이 사라졌지만 그때 집안 곳곳을 안내해 주던 반 테르고 씨와 맛깔스러운 과일과 음료를 내놓던 그의 부인을 잊을 수 없다. 그들을 다시 만날 수 없어 안타까울 뿐이다.

이츠키의 집에서 나와 자동차로 10여 분쯤 가면 아담한 학교가 눈에 들어온다. 이곳은 영화 속에서 소년, 소녀였던 이츠키가 다니던 아사리(朝理) 중학교. 시립 중학교로 한적한 마을 외곽에 위치해 있는데 나지막한 3층 건물과 운동장의 모습이 참으로 정겨웠다. 두 명의 이츠키가 공부했던 교실, 그리고 고베에 살고 있는 와타나베 히로코의 부탁을 받아 이츠키가 눈 내리는 운동장 사진을 찍은 장면 등이 이 학교에서 촬영되었다.

〈러브레터〉의 도시답게 오타루 시내에는 영화의 무대가 되었던 곳이 많다. 우선 쉽게 찾을 수 있는 곳은 영화 속에서 이츠키가 우편함에 편지를 넣은 후 자전거를 타고 거리를 지나는 장면을 촬영했던 곳이다. 자전거를 타고 지나가는 이츠키를 향해 고베에서 온 히로코가 "후지이 상"이라고 부르던 장면, 이 때 돌아보는 후지이 이츠키의 얼굴이 생생하다. 호텔 오센트에서 도시의 최고 명소로 꼽히는 캐널 지역으로 이동하는 중간지점 사거리가 바로 그곳이다. 오타루 우체국이 위치한 이 거리에 서면 영화 속의 한 장면이 자연스레 떠오른다.

오타루 도심에는 러브레터의 주요 무대인 항구에 인접한 옛 일본유우센주식회사의 오타루 지점과 시청, 그리고 공방이 있다. 이츠키가 근무했던 도서관 건물은 화물운송과 금융업무를 취급했던 옛 일본유우센주식회사(舊日本郵船株式會社) 오타루 지점이다. 홋카이도의 대표적인 서양건축물 중 하나로 2층 석조 건물이다. 이츠키와 동료가 고베에서 날아온 편지를 읽고 의논했던 장소이자, 중학교에 다니던 두 명의 이츠키가 함께 책을 정리하거나 소년 이츠키가 창문에서 책을 읽던 도서관 장면도 이 건물에서 촬영했다.

중학생 시절 이츠키의 추억을 촬영한 테미야 공원.

옛 일본유우센주식회사 오타루 지점에서 남쪽으로 이어진 길을 따라 500미터쯤 가면 오타루 역사 박물관 옆에 위치한 오타루 운하공예관(運河工藝館)을 만나게 된다. 두 개의 돔이 옥탑에 건설되어 있는 오타루 글라스 공방은 영화 속에서 오타루에 있는 유리공방 장면을 촬영했던 곳이다. 영화와 꼭 같은 운하공예관은 유리공예품을 판매하는 상점과 유리공예품을 만드는 공방, 그리고 전망대로 이루어져 있다. 공방은 누구나 자유롭게 제작과정을 관람할 수 있도록 공개되어 있다.

이곳에서 절대로 놓칠 수 없는 것은 옥상에서 바라본 오타루의 풍광이다. 텐구산을 비롯하여 항구와 도심 지역을 모두 볼 수 있어 한 번쯤 옥상에 올라 주변을 살펴본 후 목적지로 이동하는 것이 좋다.

오타루 도심에서 지나치기 쉬운 곳이 시청인데, 이츠키가 입원한 병원이다. 고열로 쓰러진 이츠키를 할아버지가 업고 병원의 복도를 달렸던 곳은 2층 복도의 남쪽이며 병실은 실제 시청 직원들의 보건소로 지금도 사용되고 있다.

오타루에는 이 외에도 영화에서 스쳐 지나가는 장면의 촬영지가 여러 곳이 있다. 방과 후 자전거를 타고 가던 소년 이츠키가 소녀 이츠키에게 종이봉투를 뒤집어 씌웠던 장면을 촬영한 아름다운 테미야 공원(手宮公園)이 있고, 바로 위에 있는 테미야 공원 경기장은 운동 경기 장면을 촬영한 곳이다. 그리고 와타나베 히로코와 아키바 시게루가 차를 마시며 오타루로 여행을 떠나자고 이야기했던 낭만적인 고베의 찻집도 있다.

이 외에도 오타루에는 일본을 대표하는 명소가 여러 곳이 있는데, 대표적인 장소가 사카이마치 거리와 캐널 지역이다. 수십 개가 넘는 크고 작은 공방과 음식점 등이 늘어선 사카이마치 거리에는 흥미로운 볼거리가 많다. 조성모의 '가시나무새' 뮤직 비디오를 촬영했던 오타루 오르골 광장 주변도 그 중 하나다. 여러 편의 영화와 뮤직 비디오의 배경으로 등장할 정도로 유명한 오르골당은 오타루 명물인 스팀 시계를 비롯하여 수많은 종류의 오르골과 다양한 종류의 유리제품, 그리고 앙증스러운 공예품과 체험장이 갖추어져 있어 오타루 최고의 관광명소다.

여덟 번째 오타루 여행, 세계 곳곳을 다녀 보았지만 오타루만큼 떠나고 나면 또 그리워지는 곳도 없다. 러브레터의 흔적이 고스란히 남아 있는 거리를 걷다 보면 누구나 영화 속 주인공이 되는 이곳, 오타루에 오면 누구에겐가 러브레터를 보내고 싶어진다.

오타루 캐널 지역의 아름다운 설경과 눈 조형물.

오타루 小樽

· 가는 길

① 오타루 : 인천에서 삿포로 신치토세 공항까지 대한항공 직항편을 이용하면 편리하다.(2시간 30분 소요) 신치토세 공항 역에서 오타루까지 기차로 1시간 10분, 셔틀버스는 1시간 30분 정도 걸린다. JR패스를 이용한다면 기차를 타는 편이 유리하다.

② 삿포로에서 오타루까지는 열차와 버스가 수시로 운행된다. 기차의 종류에 따라 30~45분, 버스는 1시간 정도 걸린다.

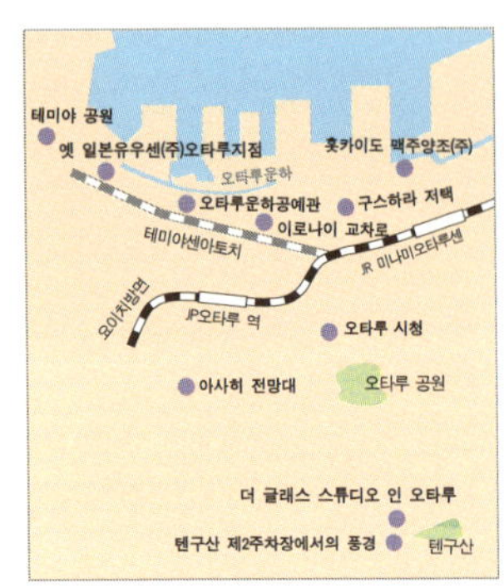

· 숙박

오타루는 국제적인 체인호텔을 비롯하여 다양한 숙박시설이 즐비하다. 기차역 왼편에 있는 숙소 안내소에서 저렴한 숙소를 안내받을 수 있다.

- 오센트 호텔 : 가족이 함께 묵기 좋다. Authent Hotel, www.authent.co.jp
- 오타루 유스호스텔 : www.jyh.or.jp/yhguide/hokaido/otaruvila/index.html
- 민박집 메르헨 : T. (0134)24-5266

· 볼거리

기차역 관광안내수에서 관관 안내 지도 '러브레터 로케지를 찾아서'를 먼저 챙기자. 지도에는 주요 장면 촬영지 사진이 있어 편하게 둘러볼 수 있다.

- 더 글라스 스튜디오 인 오타루
  T. (0134)33-9390

www.glassstudio-otaru.com

4월부터 10월까지 10:00~19:00, 11월부터 3월까지는 10:00~18:20분까지 개장한다. 유리 공예 체험에 1,890~2,415엔이 든다. 오타루 역에서 버스로 15분 소요됨(#7번 버스)

- 오타루 운하공예관 : T. (0134)29-1111 www.otaru.nu

- 오타루 오르골당 : 입장료 무료. T. (0134)21-3380 www.otaru-orgel.co.jp

- 옛 일본유우센주식회사 : 입장료 어린이 300엔, 고등학생 150엔, T. (0134)22-3316

- 텐구산 전망대 : 리프트 요금 어른 왕복 1,000엔, 어린이 500엔

• 기타 정보

오타루 여행정보 : www.welcometojapan.or.kr

About Director •

이와이 슈운지 (岩井俊二, 1963~)

1963년 미야기현에서 태어난 이와이 슈운지는 요코하마 국립대학에서 미술을 공부하며 영화 동아리에서 8㎜ 영화에 빠져 지냈다. 대학을 졸업한 후 1988년 〈언젠가 어디에서〉 라는 뮤직 비디오로 데뷔하였고, 1993년 후지TV의 드라마 〈불꽃놀이, 옆에서 볼까, 밑에서 볼까?〉가 일본영화감독협회 신인상을 수상하면서 주목 받기 시작했다.

1995년작 〈러브레터〉는 그의 상업용 장편영화 감독 데뷔작. 1996년에는 베를린영화제 신문기자상을 수상한 〈피크닉〉과 두 번째 장편영화 〈스왈로우테일〉이 상영되면서 '이와이 월드' 라는 신조어가 생겨나기도 하였다. 그리고 1998년에는 〈4월 이야기〉로 부산 국제영화제에서 관객상을 수상하였다. 그 이후 〈릴리 슈슈의 모든 것〉, 〈하나와 앨리스〉, 〈언두〉 등의 작품을 통해 영상작가라는 평을 들으며 영화뿐만 아니라 TV드라마, 광고, 뮤직비디오 등 다양한 장르에 걸쳐 자신의 세계를 펼치고 있다.

幌舞駅
HOROMAI STATION
鉄道員

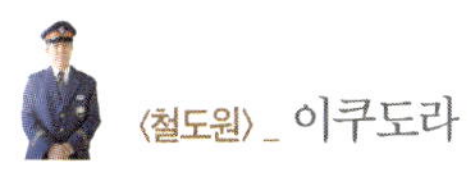

그리움이 서는 곳, 호로마이 역

'건강을 해쳐 가며 깃발을 흔들고 눈물을 삼키며 호각 소리를 울린다.
눈 속에 슬픔을 묻어라. 철도원이여……'
- 〈철도원〉 중에서 -

아내와 아이마저 기적 소리 너머로 묻어 버린 채 묵묵히 철도원으로 살아가는 한 남자, 영화 속 철도원의 노래처럼 완행열차는 홋카이도 산길을 달려간다.

영화 〈철도원〉은 일본에서 가장 권위 있는 문학상인 나오키상을 수상한 아사다 지로(淺田次郎)의 단편 소설을 영화로 만든 것으로, 1999년 일본에서 상영되어 그 해 일본 아카데미상 9개 부문을 석권한 명작이다.

이쿠도라 마을회관에 마련되어 있는 철도원 자료실에는 대형 포스터가 눈길을 끈다.

우리나라에도 개봉되어 많은 관객에게 가슴 뭉클한 감동을 주었던 〈철도원〉의 주요 배경은 호로마이(幌舞) 역이다. 그러나 여행자들이 지도에서 이 작은 역을 찾기란 여간 힘든 일이 아니다. 호로마이 역은 실제 존재하는 곳이 아니라 어느 작은 마을의 간이역을 배경으로 세워진 가상의 역이기 때문이다. 영화에서 호로마이 역의 모델이 된 곳은 눈이 많이 내리기로 소문난 홋카이도 중부 이구노라(幾寅) 역.

영화 〈철도원〉의 무대를 찾기에는 역시 겨울만한 계절이 없을 듯하다. 다른 계절도 좋지만 겨울에 영화의 분위기를 실감할 수 있기 때문이다. 삿포로(札幌) 역에서 작은 간이역 이쿠도라 역까지 이어지는 완행열차에 올랐다. 칙칙폭폭, 차창 너머로 전개되는 풍경은 아름답다 못해 쓸쓸해 보이기까지 한다. 1미터가 넘는 고드름, 어느 곳이 집의 지붕이고 어느 곳이 눈인지 구분이 안 될 정도니 말이다.

온통 백색뿐인 창밖 풍경에 한참을 빠져 있을 무렵 이쿠도라 역에 도착했다. 작은 간이역에 내린 사람은 나를 포함하여 다섯 명에 불과했다. 승객 몇 사람 없는 간이역에서 영화 속 주인공처럼 언제나 미소로 맞아주던 가토 역장이 보이지 않는다. 그는 절도 있는 인사와 강한 인상이 언제나 흐트러짐 없었던 철도원의 주인공 오토 마쓰(다카쿠라 켄)를 연상시켰다. 그를 만나기 위해 역무실로 향했다. 작은 역무원실에도 가토 역장은 보이지 않았다.

이곳에서 친절하게 방문객을 맞아주며 관광안내원처럼 철도원에 관한 숨은 이야기를 구수하게 전해주던 가토 역장은 보이지 않고 대신 촬영에 사용되었던 다양한 세트와 소품들이 역무실에 가득 차 있었다.

얼마 전까지만 해도 이쿠도라 마을회관에 전시되어 있던 영화 〈철도원〉에 관한 자료가 이곳 역무실로 옮겨져 있었다. 오토 마쓰 역장이 쓰던 모자, 근무복, 외투, 신발, 수신용으로 사용하던 깃발과 손전 등. 그리고 기차 시간표, 요금표, 영화 제작자와 출연진 사인, 방명록까지 전시품은 달라진 것이 없다. 다만 한 가지 아쉬운 것은 오토 마쓰 부부와 딸 '유키코'가 함께 생활했던 작은 다다미방이 마을회관에서 옮겨온 전시품으로 인하여 사라진 점이다.

과거 가토 역장이 근무하던 역장실이자 영화 속에서 오토 마쓰가 근무하던 곳과 역내는 과거 모습 그대로 보존되어 있다. 차선 변경을 조정하는 기계장치와 홋카이도 철도청 본사인 삿포로에 전화를 걸었던 전화기, 매일 일어난 일들을 꼼꼼히 기록하던 책상과 의자, 서랍 등 영화 속 모습 그대로였다. 마치 시간의 흐름을 멈추어놓은 듯하다. 그러나 근엄한 표정과 달리 따뜻한 마음으로 이방인과 방문객을 맞아주던 가토 역장이 보이지 않는 것을 보면 세월의 흐름을 비켜가는 곳은 없는 듯싶다.

가토 역장에 관한 궁금증을 가슴에 담고 밖으로 나섰다. 역무실 밖의 풍경도 예전과 크게 달라진 것은 없었다. 호로마이 역을 표시해 놓은 현판, 빨간 우체통, 세월의 무게를 느끼게 만드는 나무로 된 외벽 등. 영화 속 내용 그대로였다. 다만 영화촬영에 사용되었던 기차를 옮겨놓아 볼거리가 더 많아진 느낌이다.

역무실 동쪽에 세워진 작은 오두막도 예전대로인지 궁금해졌다. 입구에 붙어 있는 변소라는 한자가 눈에 들어왔다. 글자를 보자 처음 이곳을 찾았던 감동이 밀려온다. 마치 영화 속으로 들어온 것처럼. 이곳은 영화 속에서 유키코가 어느 날 밤에 나타나 동생이 잃어버린 인형 이야기를 하며 오토 역장과 우유를 나누어 마시던 장면과 도중에 화장실로 향했던 장면을 촬영했던 곳이다.

나무로 만든 세트 번소, 바로 옆에는 영화 촬영을 기념하여 심은 기념식수의 키가 조금은 자란 것 같다. 그러나 추운 지방인 탓에 몇 해 전에 왔을 때와 키가 그대로인 것 같다. 반은 눈 속에 묻혀 있는 사철나무 앞에 세워진 "영화 철도원 기념식수"라고 적혀 있는 글씨의 색이 조금 바랬다. 이 작은 마을에 이런 기념식수가 세워진 것 하나만 보아

<철도원> 무대가 된 이쿠도라 마을의 세트.

영화 촬영에 실제 사용되었던 기차로,
이쿠도라 세트장에 전시되어 있다.

도 이쿠도라에서 영화 철도원이 차지하는 비중이 어느 정도인지 쉽게 감지할 수 있다.

기념식수 바로 옆에는 전에 볼 수 없던 새로운 명물이 등장했다. 〈철도원〉 촬영에 사용되었던 기차이다. 색 바란 붉은색 열차 앞에는 영화 속 주인공 오토 마쓰로 분장한 다카쿠라 켄이 수신호 깃발을 들고 있는 사진이 붙어 있다. 비록 한 칸짜리 기차지만 분위기만큼은 신칸센이나 어떤 고급 열차와 비교해도 손색이 없다. 이 기차는 홋카이도 동남쪽 구시로에서 키타미 지역을 운행하던 증기 기관차인데, 영화 촬영을 위해 이쿠도라로 가져왔다고 한다. 영화 촬영 후 본래의 노선에서 운행되다가 열차의 역할을 다하고 은퇴한 다음 〈철도원〉의 무대인 이쿠도라에 옮겨왔다는 것을 호텔 주인을 통해 들을 수 있었다.

한편 새롭게 등장한 기차 주변에는 영화를 촬영했던 여러 세트가 옛날처럼 나를 맞아주었다. 영화 속에서 광부들이 술을 마시고 싸움을 하던 식당을 비롯하여 오토 마쓰 부인이 운영하던 미용실, 그리고 창고 등 하나같이 영화 속 모습을 고스란히 간직하고 있다.

역 주변에 조성되었던 세트와 마을 풍경도 그대로다. 이쿠도라는 철도원 영화를 제외하면 특별한 볼거리가 없다. 그러나 이 작은 시골 마을은 영화로 인해 많은 이야기와 추억을 간직한 상소가 되었다. 처음 영화 촬영 당시 적당히 내린 눈으로 순조롭게 진행되었지만 이후 폭설이 계속 내리면서 배우들과 제작진은 아예 마을의 작은 민박집에 머물러야 했단다. 이로 인해 이쿠도라에 이전에는 찾아볼 수 없던 아담한 여관이 두 곳이나 생겼다. 그리고 제작진과 마을 사람들과도 친

이쿠도라 역사 안에 새로 단장한 〈철도원〉 전시실과
주인공들의 사인.

샷포로 눈 축제의 전야제 행사가 열리고 있는 샷포로 도청.

해졌다. 그래서 방문객들이 기차시간에 구애받지 않고 머무를 수 있게 되었다.

마을을 둘러보는 내내 마음은 가토 역장에 관한 궁금증으로 가득했다. 점심을 먹을 겸 가토 역장에 대해 물어보기 위해 이른 시간에 식당을 찾았다. 멋진 실내장식은 고사하고 변변한 그림조차 한 점 없는 식당에 앉자마자 음식을 주문하고 가토 역장에 관해 물어보았다. 식당 주인의 이야기를 듣자 이쿠도라 역에 도착한 후 두 시간 동안 가슴을 누르고 있던 궁금증이 봄 햇살에 눈이 녹듯 풀렸다. 홋카이도 일본 철도에서 경비절감 차원에서 이용객이 적은 이쿠도라 역을 무인역으로 두고 가토 상을 아사히가와 인근 역장으로 전보발령을 냈다는 것이다.

이름조차 생소했던 시골 마을 이쿠도라는 철도원이 방영된 이후 홋카이도의 새로운 명소가 되었다. 우리나라 정동진과 남이섬처럼 영화와 드라마의 무대를 순례하는 열차 투어를 비롯한 관광 상품이 개발되어 제법 많은 방문객이 찾는다. 이를 증명하듯 겨울시즌이면 이쿠도라를 찾는 단체 여행객도 꽤 있다. 또한 마을의 숙박시설에 머무는 이들도 제법 있다.

뭐라 말할 수 없는 아쉬움을 뒤로하고 삿포로를 향하여 발길을 잡았다. 철도원의 주요 무대는 이쿠도라 외 홋카이도의 여러 도시에서 촬영되었다. 그중 한곳이 눈 축제로 유명한 삿포로이다.

삿포로에서 영화 〈철도원〉의 흔적을 찾아볼 수 있는 곳은 홋카이도의 상징인 도청이다. 영화 속에서 오토의 절친한 친구인 센의 아들 히데오가 근무했던 곳으로 히데오가 오토에게 그의 생명줄인 호로마이선 열차의 운행이 3월이면 중단될 것이라는 사실을 미리 전화로 알려주면서 마음 아파하는 장면을 촬영한 곳이다.

물론 도청 청사라 관광지는 아니지만 삿포로를 찾는 이들이 철도원의 흔적을 찾아 이곳에 많이 들린다고 한다. 영화 속에서 호로마이선 열차가 사라진다는 안타까운 소식을 전하던 곳이라서 그런지 남다르게 다가온다.

삿포로는 눈 축제인 유키 마츠리(雪まつり)가 열리는 1월 말에서 2월 초 사이에 방문하는 것이 최고다. 삿포로 눈 축제는 방문객만 300만 명이 넘고 눈으로 만든 거대한 조각상과 동원되는 인력 등 세계 3대 축제로 꼽힐 만큼 화려하고 큰 규모의 축제다.

눈 축제가 열리는 중심은 삿포로 도청 광장과 오도리 공원이다. 도청에 세워지는 조각의 숫자와 크기는 오도리 공원에 비교할 수 없을 정도로 작지만 이곳은 사람들에게 무척 인기 있는 장소다. 축제의 개막식과 폐막식이 열리는 곳이기도 하고, 가족과 연인들이 직접 작은 눈사람을 만드는 이벤트도 열린다. 또한 조각상에 소망을 적은 쪽지를 꽂아 놓기도 한다.

평생 시골 간이역에서 전통적인 직업관에 따라 묵묵히 살아 온 한 철도원의 삶을 진솔한 영상으로 보여 주고 있는 〈철도원〉은 옛 향수를 사랑하고 그리워하는 일본의 기성세대에게 큰 인기를 얻은 영화 가운데 하나다. 끝없이 내리는 눈을 벗삼아 오직 주어진 일에 최선을 다하는 주인공과 외로운 삶을 살다간 가족들. 화려하지도 않고 특별하지도 않은 이 이야기가 그렇게 많은 사람들의 눈물을 흘리게 만들었던 이유는 무엇일까? 그건 사람의 냄새가 배어 있어서일 것이다. 시대가 아무리 변해도 변하지 않는 진실함이 스며 있어서다.

삿포로를 벗어나는 기차에서 창 밖을 본다. 어젯밤 내린 눈 때문일까? 눈이 시리다. 영화 속에서 마지막 대사가 떠올라 더더욱 눈이 시리다.

"그리우면 만니리 가아 한나. 서 산을 넘어 그리운 사람을 만나러 가야 한다……."

이쿠도라 정경처럼 푸근한 인상의 남푸테이 레스토랑 주인.

이쿠도라
幾寅

· 가는 길

① 홋카이도 신치토세 공항 : 인천공항에서 대한항공을 이용, 홋카이도 신치토세 공항까지 2시간 30분 소요. 신치토세 공항에서 이쿠도라까지 특급 열차, 아사히카와에서 로컬기차를 타고 후라노까지 이동한다. 3시간 30분 소요.

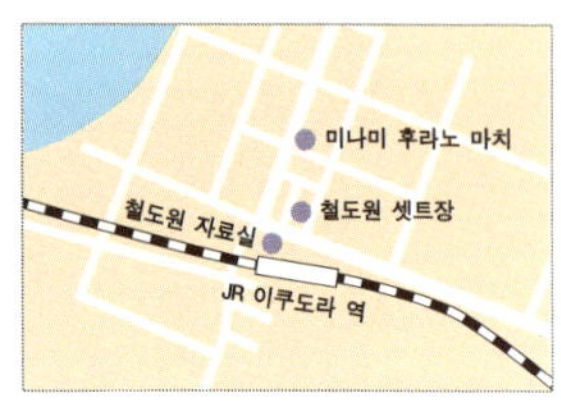

② 삿포로에서 이쿠도라 : JR삿포로 역에서 특급 토카치호 혹은 수퍼 오오조라 열차로 신토쿠(新得)까지 약 2시간, 신토쿠 역에서 후라노(富良野) 다키가와 방면 열차로 두 정거장. 신토쿠 역에서 이쿠토라 역까지 40분 소요. 당일 여행이라면 반드시 시간표를 확인할 것.

※ 이쿠도라 역 정보 : 버스로 후라노 역에서 이쿠도라 역까지 약 2시간 30분, 후라노 역에서 JR신토쿠, 오비히로 방면 승차. 이쿠토라 역까지 약 1시간 소요. www.minami-furano.jp/event-kankou/poppoya.htm

③ 겨울 시즌 임시 관광열차 : 삿포로 역에서 이쿠도라와 후라노 지역을 돌아보는 관광열차가 한시적으로 운행되고 있음. JR홋카이도 홈페이지. www.jrhokkaido.co.jp

· 숙박

작은 농촌마을 이쿠도라는 영화 〈철도원〉으로 숙박 시설이 두 곳 생겼다. 인근의 후라노 지역 비에이(びえい)에 숙소를 정하고 둘러보아도 좋다. 고급 숙소는 시로가네 온천 지역에 모여 있고, 비에이 역 주변에 저렴한 숙소들이 있다.

- 난푸테이 여관 : 1박 2식 - 6,300엔 www0.oon.ne.jp/~nanputei/
- 사카이여관 : 0167)52 - 2889, 1박 2식 5,880엔
- 미나미후라노마치(南富良野町) : www.minami-furano.jp/tomaru.htm
- 민숙 이와모토 : www.minami-furano.jp/shop/minnsyuku-iwamoto/index.htm
- 비바우시 리바티 유스호스텔 : www.biei.com/Japanese/

· 볼거리

이쿠도라 인근의 비에이는 일본 최고의 웰빙 관광지로, 독특한 볼거리와 체험거리가 즐비하다. 승마와 가축사육 체험, 시로가네 숲을 둘러보며 생태계를 관찰하는 자연투어 체험, 스노모빌을 타고 눈 덮인 언덕을 순회하는 스노모빌 체험, 농장에서 버찌와 감자 캐기 체험 등 다채로운 행사가 연중 개최되고 있다.

· 기타 정보

www.welcometojapan.or.kr,
www.town.biei.hokkaido.jp
- 이쿠도라역 정보 : www.minami-furano.jp

철도원 (1999) | 감독 : 후루하타 야스오, 주연 : 다카쿠라 켄, 히로스에 료코

· 영원한 철도원, 다카쿠라 켄 : 1955년 토에이 2기로 영화계 입문, 1956년 〈전광 공수치기〉 주연으로 데뷔. 한 해 최고 15편의 작품에 출연하며 연기력을 쌓았다. 이후 11편의 시리즈물 〈일본협객전〉, 9편의 〈쇼와잔협전〉으로 일본 최고의 협객 영화 배우로 부상했다. 이후 4편의 할리우드 영화에 출연, 1989년 〈블랙 레인〉에서는 마이클 더글라스와 공연해 할리우드에서도 그 능력을 인정받았다. 〈철도원〉은 통산 202번째 작품.

· 철도원의 딸, 히로스에 료코 : 1994년 P&G의 '제1회 반짝반짝 페이스 콘테스트'에서 그랑프리를 차지, CF와 드라마에 데뷔. 1997년에는 싱글 '사랑하기 5초 전'으로 가수로도 데뷔했다. 영화 〈20세기 노스탤지어〉로 1998년 요코하마 영화제를 비롯한 각종 영화제 신인상을 휩쓸었고 1999년에는 〈철도원〉으로 일본 아카데미 여우주연상을 수상한다. 이후 뤽베송의 영화 〈와사비〉에 장르노와 함께 출연해 세계의 주목을 받았다.

《빙점》_ 아사히카와

눈처럼 아름답고 깨끗한 삶을 살다간 '미우라 아야코'

하루 이틀, 끝없이 내리는 눈을 바라보노라면 무아지경에 빠지게 된다. 눈이 온 세상을 감싸안으면 새로운 세상이 펼쳐진다. 사물의 선과 형태만 보이다 어느덧 그 경계도 흐려지고 하늘과 땅이 하나가 되는 풍경은 겨울이 선사하는 고요이고 사색이다. 어떤 이들은 수십 미터씩 쌓이는 눈을 보고 당혹해 하거나, 끝없이 내리는 눈이 지겹다고 생각할지도 모르겠다. 그러나 눈을 유별나게 좋아하는 나는 홋카이도의 겨울 풍경에 언제나 마음이 설레었다. 1990년 이후 홋카이도에 열 번 이상 간 것도 눈 때문이었다.

일본의 최북단에 위치한 홋카이도는 겨울이면 추위와 눈을 즐기기 위해 모인 사람들로 넘쳐난다. 특히 삿포로 유키 마츠리는 홋카이도 최대의 축제이자 일본을 대표하는 세계적인 축제이기 때문이다.

홋카이도는 남한 면적의 80퍼센트에 해당하는 아주 넓은 지역이며, 깨끗하고 웅장한 자연 경관으로 일본 내에서도 드라마나 영화 촬영지로 인기가 높다. 어느새 나의 여행의 목적도 '눈 내리는 홋카이도'에서 자연스럽게 '이야기가 있는 여행'으로 이동하고 있었다. 그러다가 일본의 여류 소설가 미우라 아야코(三浦綾子)의 부음 기사를 접하게 되었다. 그 때가 1999년 6월. 홋카이도 아사히카와(旭川)에서 태어나 마지막 순간까지 그곳에서 살았던 작가의 부고를 읽으며 학창 시절 큰 감동을 받았던 소설 《빙점》이 떠올랐다. 강렬한 인상을 받았던 소설이었지만 작가에 대해서는 별로 아는 게 없었다. 당장 책과 신문 등 자료를 찾아보았더니 지금까지 전혀 몰랐던 작가의 삶을 알게 되었다.

그녀는 20대의 젊은 나이에 결핵에 걸려 13년 간 투병하였다. 거의 움직일 수조차 없는 상태였지만 아사히카와 영림국에 근무하던 미우라 마쓰요의 간병에 힘입어 극적으로 37세가 되던 1959년에 그와 결혼했다. 1964년 42세라는 늦은 나이에 아사히 신문 1천만 엔 현상공모에 《빙점》이 당선되면서 그녀는 소설가의 길을 걷게 되었다. 온갖 병마에 시달린 그녀는 1966년부터는 직접 글을 쓸 수 없는 상태가 되어 구술을 하면 남편 미우라 마쓰요가 받아 적는 형식으로 작품을 발표하

홋카이도 제2의 도시 아사히카와 겨울 전경. 《빙점》의 무대이자 작가 미우라 아야코의 고향이다.

였다. 혈소판 감소증, 만성 편도선염, 심장발작, 파킨슨병까지 다 열거하기도 힘든 고통 속에서 창작을 이어갔다. 병든 아내의 손과 발이 되었던 남편 미우라 마쓰요는 수필《나의 아내 미우라 아야코》에서 혼자서는 눕거나 화장실에 가는 것조차 힘든 상황에서도 그녀는 짜증 한 번 내는 일 없이 숲처럼 조용했다고 적고 있다.

아, 이렇듯 아름다운 사랑이 있을까? 육체의 고통 속에서도 한결같은 마음으로 작품을 썼던 미우라 아야코. 부인을 위해 평생의 손과 발이 되었던 남편의 헌신적인 사랑. 감동으로 가슴이 일렁여 한동안 아무것도 할 수 없었다. 진작 아사히카와에 가야했는데 하는 후회가 밀려왔다. 아사히카와는 삿포로에서 1시간 20분 남짓이면 닿을 정도로 가까운 곳인데 말이다.

호젓한 숲을 따라 비에이 강변에 이르다

《빙점》을 처음 읽었던 1976년 겨울, 나는 고등학생이었다. 꽤 긴 장편이었는데도 방에 틀어박혀 단숨에 읽어 내려갔다. 의사인 게이조는 딸이 유괴되어 숨지던 날 부인이 자신의 병원 젊은 의사와 있었다는 사실을 알고 부인에 대한 복수심으로 범인의 딸을 데려다 키운다. 뒤늦게 그 사실을 알게 된 부인 나쓰에는 남편과 아들 몰래 양녀 요오코를 괴롭힌다. 장성한 아들은 양녀를 사랑하게 되고, 자신이 범인의 딸이라는 사실을 알게 된 요오코는 극약을 먹고 자살을 시도한다는 줄거리는 큰 충격이었다.

그리고 꼭 24년이 흐른 2000년, 나는 삿포로에서 아사히카와 행 열차를 탔다. 눈보라 속을 얼마쯤 달렸을까. 끝없이 내리는 눈 속으로 자그마한 농가와 마을이 하나 둘씩 스쳐갔다. 엽서나 영화에서 보았을 법한 아름다운 설경이었다. 조금 더 달리자 제법 커다란 건물들이 보였다. 아사히카와에 다다른 모양이다.

아사히카와 역에 도착하니 하염없이 함박눈이 내리고 있었다. 역은 생각보다 아담했다. 한산한 역내의 관광 안내소에서 작은 지도를 받아 소설의 주무대가 된 비에이 강변(美瑛川)과 외국수종 견본림의 위치를 확인하고 무작정 걷기 시작했다.

온통 눈으로 덮여 인도와 차도의 구분조차 없는 길을 한 시간 남짓 걸었을까, 소설 속의 어린 딸 루리코가 살해된 곳이며, 요오코가 자살

웅장한 견본림 뒤로 미우라 아야코 기념 문학관이 보인다.

온통 흰 백색의 세계를 고요히 흐르는 비에이 강. 어린 루리코가 유괴된 곳이자 양녀 요오코가 자살을 기도한 곳이다.

을 기도한 비에이 강변에 다다랐다. 해가 지기에는 아직 이른 시간인데도 강변은 어두웠다. 하늘이 흐린 탓도 있겠지만 주변에 온통 키 큰 소나무들이 빽빽이 늘어서 있어 긴 그림자를 드리우며 어두운 분위기를 연출하고 있었다. 하얀 눈으로 덮여 있는 비에이 강의 전경은 침묵의 세계처럼 고요했다. 강변을 따라 산책이라도 하면 좋으련만 눈은 계속 내리고 있었다.

이 소설은 아주 작은 오해에서 비롯된다. 그리고 오해는 더욱 큰 의혹을 만들면서 주인공들을 끊임없이 괴롭히고 불행에 빠트린다. 언제나 밝고 씩씩한 요오코는 살인범이 친아버지라는 사실을 알고 그 죄를 씻고자 스스로 죽음을 택한다. 타인의 죄를 속죄하기 위해 자신의 목숨을 내놓는 요오코, 그리고 그녀를 둘러싼 이들의 깊은 후회와 반성. 한순간도 눈을 뗄 수 없게 만들었던 소설의 주무대인 이사히카와의 모습과 십 미터가 넘는 키 큰 나무들로 빽빽한 숲, 강변의 풍경을 머릿속에 그려보곤 했다.

나는 비에이 강변에서 숲길을 따라 걸었다. 스트로부스 소나무, 유럽 카라 소나무 같은 50여 종류의 나무가 큰 숲을 이루며 하늘을 향해 솟아 있다. 숲은 소설에서 묘사된 것처럼 서늘하고 고요했다. 간간이 툭툭 눈 떨어지는 소리에 놀랄 정도로 적막하다. 요오코가 숲 속 나무 그루터기에 앉아《폭풍의 언덕》을 읽던 모습과 그것을 지그시 바라보는 기다하라. 둘이 걸으며 나무마다 분비나무, 스트로부스 소나무, 캐나다가문비, 독일가문비 하나씩 읊어대던 장면이 생각났다. 요오코가 가장 행복했던 순간이 아니었을까? 숲은 호젓하고 한적하여 혼자서 소설의 장면을 떠올리며 사색하기에 더없이 좋았다.

《빙점》의 주무대가 된 이 숲은 아사히카와 영림국 관할의 국유림이다. 1898년에 서양에서 수입한 침엽수들이 이 고장에서 어떻게 성장하는지를 관찰하기 위하여 조성했다고 한다. 독일가문비, 스트로부스 소나무, 유럽 적송 등이 종류에 따라 숲을 이루며 하나의 커다란 산림을 조성하고 있다. 소설의 주인공 쓰지구치 게이조의 집 뜰은 이 시범림의 입구에 있는 키 큰 스트로부스 소나무 숲과 연결되어 있다.

소설에서 숲은 집이 있는 공간적 배경일 뿐 아니라 요오코와 오빠 도우루가 뛰어 놀던 추억의 장소이자 요오코의 마음을 달래주는 위안의 공간이었다. 또한 언제나 그들을 말없이 지켜보는 커다란 존재, 신의 모습처럼 느껴지기도 했다. 《빙점》이 발표될 1964년 당시에도 숲은 수령이 60년을 넘은 나무들로 가득했을 것이다. 그리고 40여 년이 흐른 지금 내 앞에 있는 이 숲은 그 당시와는 또다른 모습이리라. 소나무에는 눈과 얼음이 엉긴 수빙(樹氷)이 붙어 있었다. 얼음 꽃과 눈꽃을 피워내는 나무들의 모습은 북유럽의 동화 마을 같은 느낌이다.

독자들의 정성으로 세워진 미우라 아야코 기념 문학관

다양한 수종이 멋진 숲을 이루고 있는 외국 수종 견본림 한쪽에는 미우라 아야코 기념 문학관이 있다. 2층의 기념관은 주변의 커다란 나무들로 인해 마치 숲 속의 작은 오두막처럼 보였다. 그러나 그곳에 담긴 뜻만큼은 어느 문학관보다 크고 아름답다. 작가를 사랑하는 독자 1만 5천여 명이 2억 엔이라는 기금을 모아 이곳에 기념 문학관을 지었다. 1998년 6월, 개관식에 참석한 미우라 아야코는 파킨슨 병으로 목소리를 잃어 감사의 말조차 할 수 없었다고 한다. 다음 해 그녀는 세상을 떠났다. 기념 문학관은 그녀의 작품세계와 삶을 돌아볼 수 있는 곳으로, 일본 전역에서 그녀를 사랑하는 독자들의 발길이 끊이지 않고 있다. 그녀로 인해 아사히카와는 문학의 도시가 되었다.

기념 문학관 입구에는 생전에 그녀가 쓰던 피아노아 대형 컬러사진이 걸려 있다. 그리고 사진을 중심으로 빛과 사랑과 생명이라는 5개 테마 전시실이 있는데 제1관은 당시 파격적인 상금 1천만 엔 현상공모에서 당선된《빙점》의 오리지널 작품과《길은 여기에》등 그녀의 작품들이 설명과 함께 전시되어 있다. 2, 3, 4 전시실은 그 동안 출간된

독자들의 기금으로 건립된 문학관에는 그녀의 친필 원고와 쓰던 물건 등이 전시되어 있다.

氷点
一
三浦綾子

……眺めているかのように……
辻口家は、その稲荷のすぐ傍らにひっそ
りと、近所には数へる程の人家も無い。

一

蒸し暑い七月の午後であった。
村井は椅子から立上ると大股に部屋の
ドアの処迄行って、彼はドアに手をかけた。
椅子がガタリと音を立てた。
思いがけなく大きい音であった、
彼は夏枝に背を向けたまま言った。
「どうして結婚なんかなさったんですか」
激しい語調であった。長い沈黙が破られ
と夏枝はふっとめまいを感じて傍らのピ
アノに寄りかかった。
「奥さん、あなたはどうして子供なんか
なのです、……」
「ぼくはいやだ！」
信夫はくるりと振返るとピアノに寄り
ている夏枝をみて近づいて来た。
夏枝はすばやく姿を退きを……

250여 점에 이르는 작품 가운데 대표작에 해당되는 50여 작품에 관한 자료와, 남편 미우라 마쓰요와 결혼할 당시의 사진이 있다.

2층에는 작품 가운데 영화로 제작되었던 《총구》, 《어머니》, 《양치는 언덕》 등의 촬영 장소와 포스터 등 자료가 전시되어 있다.

그녀의 작품은 일본 내에서 영화나 텔레비전 드라마로 많이 제작되었는데, 우리나라에서도 그 인기는 대단했다. 소설이 소개된 다음 해인 1967년, 당대 최고 인기 배우인 김진규, 김지미, 남정임 등을 주연으로 한 김수용 감독의 《빙점》이 크게 흥행하였다. 이미자의 주제곡도 유행하였다. 1981년에도 남궁원, 김영애, 원미경, 이영하가 출연한 영화 《빙점 81》이 개봉되었고, 1990년대에는 텔레비전 드라마로 만들어져 청춘스타 이미연과 손창민이 큰 인기를 누렸다. 2004년에도 아침 드라마로 제작되었으니 가히 세대를 초월한 인기라 할 만하다.

또 다른 전시실에서 그녀가 쓰던 물건들과 그림들이 눈에 들어왔다. 작품을 쓸 때 사용하던 세 자루의 만년필과 소형 사진기, 수첩 등 그녀의 물건은 모두 소박했다. 일본 전역에 붐을 일으킬 정도로 유명해졌지만 그녀는 고향을 떠나지 않고 죽는 그 순간까지도 숲처럼 고요하게 살았다고 한다. 평소 그림 그리는 것을 즐겼던 작가의 화구와 두 점의 풍경화도 걸려 있다. 남편과 가족에 관한 것, 작품을 쓰게 된 사연과 강연회에서 자신의 문학 세계에 대하여 이야기한 내용은 그녀의 육성 테이프로 들을 수 있었다.

전시실을 다 둘러본 다음 쉼터에서 차를 마시며 창 밖의 풍경을 물끄러미 바라보았다. 울창한 나무들 사이로 보이는 눈 덮인 비에이 강변의 풍경은 한편의 자연 다큐멘터리를 보는 듯 맑고 깨끗했다. 작가가 이곳을 떠나지 않고 평생 살았던 그 마음이 나에게 전해져 오는 듯했다.

아사히카와는 문학의 도시이자 예술의 도시로 유명하다. 또한 겨울이면 환상적인 유키 마츠리가 열려 많은 이들이 찾는다. 마츠리가 아니더라도 겨울에 아사히카와를 여행하는 것이 제격일 듯하다. 눈덮인 강변과 숲의 모습을 본다면 왜 그런지 충분히 이해가 가리라.

아사히카와 旭川

· 가는 길

① 인천에서 직항편 이용 : 아시아나 직항편을 이용. 아사히가와까지 2시간 40분 소요. 아사히가와 공항에서 시내까지 20분 소요.

② 혼슈(本州)에서 기차를 이용하는 경우 : 도쿄 등 어느 곳에서 출발하건 아오모리와 하코다테, 삿포로를 경유하여 아사히카와로 간다. JR(일본철도패스)을 이용하는 것이 좋다.

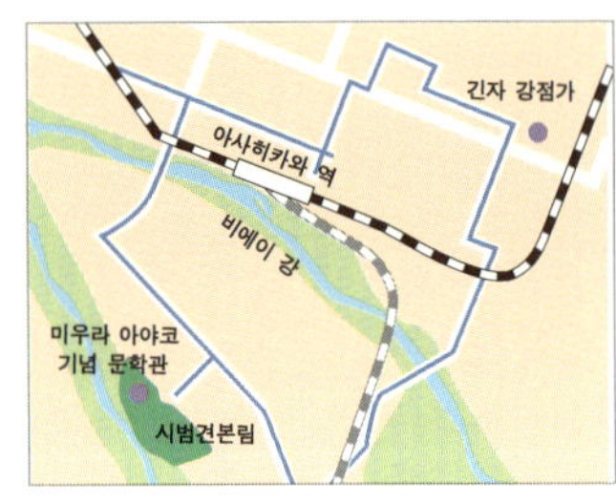

· 숙박

홋카이도 제2의 도시인 아사히카와에는 다양한 숙박시설이 있지만, 미리 예약하는 것이 좋다. 특히 눈 축제가 열리는 2월 초에는 예약 필수. 그렇지 못할 때는 역 구내에 위치한 관광안내소에서 숙소를 안내 받을 수도 있다.

- 아사히카와 팔래스 : 가족이 함께 묵기에 적당하다.
  www.asahikawa-palace.com
- 토요코 호텔 아사히카와 : 비즈니스급의 저렴한 호텔. www.toyoko-inn.com
- 아사히카와 유스호스텔 : 가족, 친구와 함께 묵기 적합한 숙소.
  www.youthhostel.or.jp/index.htm
- 아사히카와 다이미치 호텔 : 비즈니스급 호텔로 편안하게 묵을 수 있는 곳.
  www.thorondaiichi.co.jp/

· 볼거리

미우라 아야코 기념 문학관

· 개장 : 오전 9:00~17:00
· 휴관일 : 매주 월요일과 연말 연시
· 입장료 : 어른 500엔, 고교생과 대학생 300엔, 초 · 중등학생 100엔

- 눈 축제 행사장 : 2월 첫째 주말부터 둘째 주까지 토키와 공원
- 아라시야마 공원 : 홋카이도 원주민인 아이누 족의 문화를 엿볼 수 있는 곳

• 기타 정보

www.asahikawa-daisetsu.info , www.asta.or.jp

About Writer ●

미우라 아야코 (三浦綾子, 1922~1999)

《빙점》의 작가로 널리 알려진 일본 여류 소설가. 다장기부전으로 77세에 생을 마감할 때까지 평생 병마와 싸우면서도 소설과 수필 2백50여 점을 남겼다. 병을 '신이 주신 십자가'로 표현한 그녀는 혈소판 감소증, 만성 편도선염, 직장암, 파킨슨 병 등 온갖 병마로 1966년 이후부터 남편 미우라 마쓰요의 도움을 받아 구술로 창작활동을 해 나갈 수 있었다. 1964년 아사히 신문 현상 공모에 《빙점》이 당선되면서 소설가로 등단하였다.

그 때의 나이가 42살. 초등학교 교사를 잠깐 했던 그녀는 폐결핵과 척추 이상으로 13년간을 투병하던 중 미우라 마쓰요를 만나며 기적적으로 회복하여 1959년 37살의 나이로 결혼한다. 아사히카와에서 잡화점을 하며 가난한 살림을 꾸려가던 그녀는 가게 문을 닫은 후 밤부터 새벽까지 홋카이도의 추운 날씨 때문에 꽁꽁 언 잉크에 만년필을 찔러가며 《빙점》을 집필하였다. 그리고 당시로도 파격적인 1천만 엔 현상소설에 당선되면서 일본 전역에 '빙점 신드롬'을 일으키기도 했다. 《양치는 언덕》, 《신도의 벗》, 자서전 《잡초의 노래》, 《길은 여기에》 등의 작품이 있으며 1999년 일본인이 가장 좋아하는 작가 4위로 선정되기도 했다.